옛 그림으로 본 조선 ❷ —강원

옛 그림으로 본 조선 ❷ ─강원

강원이여, 우리 산과 강의 본향이여

최열 지음

혜화
11
17
.

강원, 우리 산과 강의 본향

설악산의 이름은 살뫼다. 그러니까 설악雪嶽이란 저 살뫼를 한자로 바꾼 것이다. 말을 쪼개보면 살뫼의 살은 살린다이며 뫼는 산이다. 사람을 살리는 살림의 산이다. 실제로 강원도는 평야 대신 온통 산과 강이다. 백두대간의 허리이자 한강과 낙동강의 발원지인 강원도는 산과 강의 본향이다. 흐르는 냇물은 대지를 적시는 어머니의 젖줄이다. 생명의 근원이요 살림의 원천이다. 그리고 보면 강원도는 사람의 땅이 아니라 하늘의 땅으로 사람을 살리는 대지의 모신이요 생명의 땅이다.

어린 시절 나에게 강원은 유람의 땅이었다. 중학생 시절 말로만 듣던 그곳에 처음으로 갔다. 광주에서 출발해 속리산 법주사를 거쳐 강원도 강릉에서 하룻밤 묵은 뒤 설악산에 올랐다. 태어날 때부터 눈을 뜨면 내 고향 덕유산이 늘 있었다. 성장기에는 무등산을 곁에 끼고 살았다. 기회가 있을 때마다 지리산에 올랐다. 설악산을 마주하며 나는 산의 뜻을 바꿨다. 그동안 보아온 산들과는 한참 다른 감동을 느꼈다.

성장한 나에게 강원은 인문의 땅이었다. 역사의 증거인 문화유산에 탐닉하던 나의 발걸음은 유람자가 아닌 연구자의 것이었다. 사람의 향기, 문학의 서사, 미술의 서정에 담긴 아름다움에 빠져들었다. 산의 뜻이 또 한 번 바뀌었다.

언젠가부터 나에게 강원은 그저 자연이다. 설악산 북쪽에는 신성한 땅 금강산이, 남쪽에는 슬기의 땅 오대산과 신령의 땅 두타산과 태백산이 이어진다. 강원도는 그야말로 자연의 세계, 천연의 세계다. 자연은 스스로 '자'自와 그러할 '연'然이므로 그냥 그렇게 있다. 살고 죽는 것은 자유자재하며 누구의 강요와 재촉에 의하지 않는다. 흔히들 사람에게 이로운 것을 올바르다 하고 해로운 것을 그르다고 하나 이는 근대 인본주의가 만들어낸 생각일 뿐이다. 조물주가 먹빛 어둠을 뚫고 우주를 창조할 때 그 주인을 사람이라고 명령했을 리 없다. 오직 조물주가 펼쳐내는 사물의 질서만이 존재할 뿐이다. 오늘날에도 강원 땅을 다닌다. 오늘날 강원은 예전의 그 땅이 아니다. 바뀌지 않은 데가 없다. 아예 마음을 내려놓지만 속상한 순간마저 사라지는 건 아니다. 이미 많은 이들은 이 땅에서 일어나는 일을 알고 있다. 가는 곳마다 베어내고 파헤치며 깎아낸다. 인제군 원대리에서는 2019년부터 축구장 70개 넓이의 천연림을 베어냈고[1] 양양에서는 설악산의 대청봉을 10여 분만에 올라가 즐기게 하겠다며 케이블카를 놓고 있다. 유리로 장식한 시멘트 고층 건물이 양양의 청초호를 포위했고 하늘을 찌르는 건축물이 강릉의 경포호 주변을 점령했다. 흙과 나무가 휘영청 정겨웠던 수변길마다 목책 같은 인공 시설로 감싸두고 호반길이니 둘레길이니 한다. 자연 호수들마다 인공 연못으로 바꿔놓았다.

강원을 그린 옛 그림을 정리하면서 내내 떠올린 것은 자연 중심주의였다. 그럴 수 있다면 얼마나 좋으랴. 한 개인이 감당할 수 없는 그저 이상일 뿐이다. 인간과 자연의 조화로움을 이룰 수 있다면, 하는 상상만으로 그나마 위로를 삼을 뿐이다. 조화라는 말도 문득 돌아보니 공허하다. 자연의 일부일 뿐인 인간이 그 틀에서 뛰쳐나와 자연을 막무가내로 소비해온 것이 이미 오래되었다. 제맘대로 지배하고 제멋대로 개발해왔다. 그런 처지에 자연과의 어떤 조화를 꿈꿔야 하는가.

상상도 생각도 멈춘 나는 그저 기억하려 애쓸 뿐이다. 힘없는 개인이 할 수 있는 일이란 기억하는 것이 전부다. 강원을 그린 옛 그림을 펼쳐보면서 예전의 풍경

속으로 들어가 그때로 빠져 들어간다. 그 시절을 살던 옛사람들은 어떻게 이 풍경을 누렸을까 상상한다. 마치 사라져버린 고향 집과 마을을 추억하듯 옛 그림에서 그 풍경을 찾는다. 오늘과 무엇이 다르고 같은지 굳이 비교할 것도 없이 그 시절 그 풍경 속으로 깊이 들어간다. 어느 순간 설악산에서는 살림의 기운이, 오대산에서는 슬기의 기운이, 두타산과 태백산에서는 신령의 숨결이 흘러나오는 걸 느낄 수 있다. 그 기억을 품고 지내노라면 굳이 강원 땅을 밟지 않아도 한강을 건널 때 문득 남한강의 고향 태백시 창죽동 검룡소가, 북한강의 발원지 금강의 온정령 기슭이 떠오르기도 한다. 강원의 기운이 여기에까지 이르고 있음을, 이 땅에 살고 있는 내 몸에 흐르고 있음을 안다. 이 나라 조선 산하의 본향이 강원임을, 그곳에서 보내오는 살림의 기운이 나를 지탱하고 있음을 저절로 깨우친다. 옛 그림을 통해 옛 풍경을 기억하는 의미가 어쩌면 여기에 있는지도 모른다.

이 책은 많은 저작들이 그러하듯 최초의 기록자와 선행 연구자의 노고에 빚지고 있다. 그분들의 업적에 대한 존경과 깊은 감사의 뜻을 여기에 밝힌다. 본문에 수록한 옛 그림들의 소장처를 비롯한 기본 정보는 물론 지역명 및 위치에 대한 서술을 최신의 것으로 확인하고, 정확한 서술을 위해 최선을 다했지만 옛 그림을 수집하고 공부해온 시기가 워낙 오래된 데다 옛 그림이 제작된 시기와 오늘날의 지역명 및 위치에 대한 정보의 차이가 크고 사실 관계가 복잡하여 뜻하지 않은 오류의 가능성을 완전히 배제할 수 없음을 또한 밝힌다. 이와 관련한 잘못이 있다면 모두 나의 탓이다. 이후에도 이에 대한 연구를 계속해나갈 것이며 그렇게 하여 새롭게 확인한 사실에 대하여는 추후 수정 및 보완할 것을 약속한다.

2024년 5월
시경루詩境樓에서
최열

특별히 감사의 말씀을 전할 분들이 있다. 이 책에 사용한 옛 그림의 작가와 후손, 소장처와 소장가 여러분이다. 그 이름을 하나하나 적어둠으로써 깊은 감사의 뜻을 전한다.

지금껏 확인한 곳은 간송미술관, 강릉오죽헌시립박물관, 건국대박물관, 고려대박물관, 관동대박물관, 국립광주박물관, 국립중앙박물관, 삼성미술관리움, 서울대규장각, 서울대박물관, 서울역사박물관, 선문대박물관, 성균관대박물관, 아라재, 영남대박물관, 왜관수도원, 이화여대박물관, 일민미술관, 평양 조선미술박물관, 한국정신문화연구원 장서각, 호암미술관이다. 미처 확인하지 못한 곳이 있다면 알려주시기 바란다. 개인 소장품을 국공립 박물관에 기증하신 손세기·손창근 부자, 이건희·이재용 부자, 수정 박병래, 동원 이홍근을 비롯한 이들에게 찬사를 보낸다. 문화예술 유산은 개인이 아닌 모두의 소유였을 때 그 가치가 더욱 빛날 수 있음을 보여주었다. 또한 개인 소장가들께도 감사 드린다.

이 책에서는 실경 그림 가운데 속화俗畫, 다시 말해 민화라고 부르는 작자 미상의 작품은 일부만을 다루었다. 그 까닭은 이런 그림들이 실제의 형태와 많이 다르기도 하고, 책에 실을 만한 도판을 구하기 어려웠기 때문이기도 하다. 그런 이유로 다루지 못한 그림이 여럿 있음을 밝혀둔다.

'옛 그림으로 본' 연작을 시작한 때가 엊그제 같은데 서울에서 제주를 돌아 금강과 강원과 경기·충청·전라·경상까지 아우르게 되었다. 책을 읽고 공감해주신 독자 여러분에게 감사를 드린다. 읽어주신 덕분에 계속해서 쓸 수 있었다. 책을 보시고 추천해주신 분들에게 그동안 변변한 감사의 말조차 전하지 못했다. 이제야 비로소 인사를 드린다. 글에서 글로, 입에서 입으로 전해지는 힘이 여기까지 이르게 했다. 처음부터 함께한 디자이너 김명선 님의 노고를 기억한다. 끝으로 출판사 '혜화1117'이 아니었다면 불가능했을 일이니, 편집자이자 대표인 이현화 님에게도 같은 마음을 전한다.

차례

02
"이곳도 절경,
저곳도
승경이라"
219

부록

일러두기

1. 이 책은 국내에서 강원도 실경화를 집대성한 최초의 저술이자, 미술사학자 최열이 30여 년 동안 이어온 조선 실경화 연구의 집성이다.

2. 본문에 나오는 작품명은 홑꺾쇠표(〈 〉), 화첩과 도첩 및 병풍명은 겹꺾쇠표(《 》), 시문이나 논문 제목은 홑낫표(「 」), 문헌과 책자 제목은 겹낫표(『 』), 전시와 간접 인용문 또는 강조하고 싶은 내용 등은 작은 따옴표(' ')로 표시하였다.

3. 본문에 수록한 도판의 기본 정보는 아래와 같은 순서로 정리하였다.

   작가명, 작품명, 화첩명, 크기(세로×가로, cm), 재질, 시기, 소장처

   조선시대의 작품명은 대부분 작가가 지은 것이 아닌, 뒷날 연구자에 의한 것이 많다. 이 책에서는 기존 작품명을 따르긴 하되 일부는 그 의미가 잘 드러나도록 저자가 다시 붙였다. 이외 관련 정보가 밝혀지지 않았거나 정확하지 않은 경우 항목을 생략하였다. 부분을 넣을 때는 크기를 생략하였다.

4. 주요 지명과 인물의 한자 및 생몰년 등을 밝힐 때는 가급적 최초 노출 시 병기하였으나 필요한 경우 더 적합한 곳에 병기를 하기도 하였다.

5. 같은 그림의 세부도를 같은 페이지에 배치한 경우 별도의 표시는 생략하였다. 다만 다른 그림의 세부도를 넣은 경우에는 일부임을 표시하였다. 해당 장에 실린 그림을 함께 모아 디자인한 각 장 표제지를 비롯하여 디자인 요소로 이미지를 활용한 경우 별도의 표시는 생략하였다.

6. 고전 문집을 직접 참고하거나 인용한 경우 그 출처를 밝혀 주석으로 제시해두었으나, 그밖에 참고한 문헌 및 자료 등은 '주요 참고문헌'의 목록으로 따로 정리하였다. 본문에 언급 및 인용한 고전 문헌 번역문의 경우 기본적으로는 주석과 참고문헌 등의 번역문을 참고하였으나 해당 번역을 그대로 옮기지 않고 재구성을 한 것도 있음을 밝힌다. 이런 경우 본뜻에 어긋나지 않도록 유의하였다.

7. 고지도를 제외한 지도는 오늘날의 지도를 참고하여 저자가 직접 손으로 그린 것을 편집 과정에서 새롭게 작업하여 배치하였다. 본문의 이해를 돕기 위해 기존 지도의 주요 위치를 참조하되 본문에 언급한 관련 지명을 추가 표시한 것으로, 대략의 위치를 파악하기 위한 용도임을 밝힌다.

서장

강원, 깊고 넓어
끝없이 아득한 땅

강원도 원주 땅이 배출한 탁월한 문인 김금원金錦園, 1817-1853은 여행기인 「호동서락기」湖東西洛記에 다음처럼 썼다.

"세상을 잘못 만나 옥같이 아름다운 재주를 지니고도 초목과 더불어 썩어간 사람이 있지만 누군가는 문장으로 이름을 날리기도 하고 또 시와 술에 빠져 즐기기도 하는데 또 누군가는 그 뜻을 고상하게 하여 산수에 방황하기도 한다"

"비록 그렇다 해도 눈으로 산의 거대함을 못 보고, 마음으로 사물의 많음을 겪지 못한다면 변화에 통달하고 그 이치에 이를 수 없으므로 그릇이 비좁고 앎이 트일 수 없다. 그래서 어진 사람은 산을 좋아하고 슬기로운 사람은 물을 좋아하는 것이다."

참으로 그러하다. 산과 물을 좋아한다는 요산요수樂山樂水의 마음이야말로 곧 고상한 것이요 그 뜻에 따라 산수를 찾아 떠도는 일은 스스로를 드높이는 일이다. 김금원은 이곳 강원을 고향으로 둔 사람답게 자신이 '관동의 봉래산 사람'이라고 당당하게 말한 다음, 자신이 '남자로 태어나지 않고 여자로 태어난 것이 불행'인데 그런 까닭에 '깊은 담장 안에서 문을 닫아걸고 규방에 갇혀 살아야 옳은가'라고 되물었다. 그리고 답변했다.

"나는 결정했다. 아직 결혼하지 않은 나이지만 강과 산이 아름다운 경치를 두루 돌아보겠다고. 강에서 목욕하고 언덕에

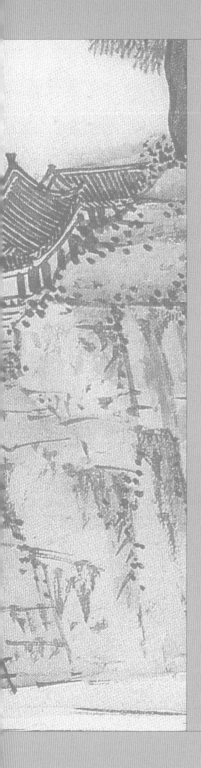

서 바람을 쏘인 뒤 노래하며 돌아온 공자의 제자 증점을 본 받겠다고 하면 성인께서도 마땅히 뜻을 함께 하실 게다."[2]

실제로 김금원은 강원 유람을 거듭한 끝에 동해바다가 펼쳐지는 모습을 마주할 무렵 '깊고 넓어 끝없이 아득하다'고 탄식하고는 다음처럼 깨달음에 이르렀다고 했다.

"이제야 알았네 하늘과 땅이 크다 해도 내 가슴속에 담을 수 있음을."[3]

관동팔경과 빼어난 승경을
자랑하는 이곳

조선 제일의 인문지리학자 청담淸潭 이중환李重煥, 1690-1752은 『택리지』에서 강원도를 다음 한마디로 끝냈다.

"높은 데 오르면 푸른 바다가 망망하고 골짜기에 들어가면 물과 돌이 아늑
하여 경치가 나라 안에서 처음이니 실로 국중제일國中第一이다."[4]

왜 그러한가. 이중환은 먼저 동해안에 접해 있는 영동 땅 아홉 고을을 둘러보니 남북으로 거리가 거의 천 리나 되지만 동서는 백 리도 못 된다고 했다. 그럼에도 불구하고 높고 높은 태산 밑이어서 비록 좁지만 들판이 평평하여 명랑수려하다는 것이다. 아홉 고을의 동쪽은 이처럼 밝고 환할 뿐 아니라 곱기도 해서 참으로 빼어난 땅이었다.

아홉 고을의 서쪽은 어떠한가. 백두대간 줄기에 금강, 설악, 두타, 태백과 같은 큰 산이 즐비한데 그 기슭이 서쪽을 향해 퍼져나간다. 백두대간 서쪽인 영서의 땅은 또 어떠한가. 수도 없는 산줄기가 마치 부챗살 전개되듯 쫙 펼쳐진다.

강원도를 한 번 둘러본 이중환은 '골짜기가 그윽하고 깊숙하며 물과 돌이 맑고 빠른데 간혹 신선의 신비로운 흔적이 남아 전해온다'며 이처럼 '두메산골이다보니 논은 매우 적고 기후가 차고 땅이 메말라 불태워 경작하는 화전火田이 많다'고 지적한 뒤 다음처럼 말했다.

> "비록 시내와 산의 기이한 경치가 있어 한때 난리를 피하기에는 좋은 곳이
> 지만 여러 대를 이어 살기에는 합당하지 못하다."[5]

도시인이었던 이중환에게 강원도는 사뭇 낯설기도 했을 것이다. 오히려 그런 까닭에 이중환의 시선, 유람객의 시선에 비친 강원도는 더욱 경이로운 곳이었다.

> "동해에는 조수가 없는 까닭에 물이 탁하지 않아 짙푸른 벽해라 부른다. 항
> 구와 섬 따위 앞을 가리는 것이 없어 큰 못가에 임한 듯 넓고 아득한 기상이
> 자못 굉장하다. 또 이 지역에는 이름난 호수와 기이한 바위가 많다."[6]

강원도는 기암괴석으로 이루어진 계곡과 산악 그리고 폭포와 물안개 자욱한 절경이 즐비하여 일찍부터 신선이 모여드는 신성한 땅이었다. 어떤 이들에게는 심신을 수련하는 도장이었고 예술가에게는 선망의 대상이었으며 먼 지역 사람들에게는 평생에 한 번은 다녀와야 할 명소였다.

지형을 놓고 볼 때 강원도는 백두대간의 허리이자 강들의 발원지다. 백두대간이 한 번 꺾이는 분수령을 기점 삼아 금강산과 설악산, 오대산에서 대관령을 지나 두타산, 태백산, 소백산까지 즐비하게 치솟아 있고보니 산의 본가요 또한 남한강과 북한강, 낙동강이 이곳에서 발원하여 흐르고보니 강의 고향이다. 어디 그뿐이랴. 동쪽에는 쪽빛 바다와 흰 백사장에 거울 같은 호수가 즐비하고 새벽이면 붉

관동팔경과 빼어난 승경을 자랑하는 이곳

은 해가 천지를 붉게 물들이며 치솟아오르고보니 참으로 태양의 본향이다. 그런 까닭에 '생업을 돌보지 아니하고 평소 산수에 방랑하면서 좋은 경치를 만날 때면 시를 읊고 구경도 하기를' 지극히 즐긴 매월당梅月堂 김시습金時習, 1435-1493은 1460년 강원의 금강산과 오대산을 유람한 끝에 「유관동록」에서 말하기를 '골짝이 깊고 나무가 빽빽하여 세속 사람이 드물게 오는 곳으로 말하면 오대산이 으뜸'이요 강릉 땅을 밟으니 '하늘은 맑고 바다는 깨끗하여 거울같이 비인 것이 한이 없었다'고 한 뒤 아직 가지 못한 곳까지 후일 다시 유람할 수 있다면 '죽어도 또한 만족하리라'고 다짐했다.[7]

어릴 때부터 오래 그리고 자주 강원을 떠돌았으나 매월당의 경지는 참으로 깊고 넓어 감히 다가설 수조차 없다. 다만 옛 그림을 만나 공부까지 하고보니 강원은 아득한 풍경을 넘어 그저 거대한 나무가 되었다. 내게 저 백두대간은 수억만 년을 살아온 생명의 줄기다. 그 줄기 으뜸 지점에 치솟아오른 금강은 사람으로 치면 심장이요, 꽃으로 치면 꽃 중의 꽃 모란처럼 환하게 피었다. 대간 줄기의 동해바다를 따라 매화며 진달래, 목련, 개나리, 장미, 수선화, 국화를 닮은 여덟 송이가 관동팔경이라는 꽃으로 영롱하게 맺었다. 그 줄기 왼쪽 내륙으로는 머루며 다래, 사과와 배를 닮은 열매들이 금강, 설악, 오대, 두타, 태백, 소백이라는 탐스런 열매로 반짝반짝 빛을 뿜어낸다. 어디 그뿐일까. 강원의 끝 소백산 자락이 품은 단양팔경은 강원 땅이 다하지 못한 아쉬움을 채우듯 세상에 없을 진귀한 향기를 흩날린다. 아직 끝나지 않았다. 속리산에서 덕유산을 넘어 저 남쪽 지리산이 안개 자욱한 구름 바다 펼치고 그 너머 바다를 건너면 탐라의 영혼 한라산이 아득하다.

강원의 지리는 어떻게 이루어졌을까. 먼저 동서로 나뉜다. 백두대간 허리에 위치한 오대산 자락을 가로지르는 대관령이 기준이다. 그 동쪽은 영동이라 하고 서쪽은 영서라고 한다. 말하자면 영동과 영서의 경계선은 백두대간이다. 영동은

서장 - 강원, 깊고 넓어 끝없이 아득한 땅

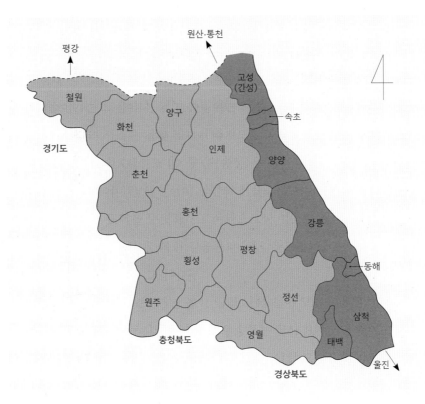

강원도 주요 지역

백두대간 동쪽 해안선을 따라가는 땅이고 영서는 백두대간 서쪽 내륙 땅이다.

　　강릉을 중심으로 하는 영동 땅은 원산부터 통천, 고성, 속초, 양양, 강릉, 동해, 태백, 삼척을 거쳐 울진까지 남북으로 이어진다. 남북으로 길고 동서로는 비좁지만 서쪽의 산은 하늘을 찌를 듯 드높고 동쪽의 바다는 한없이 드넓다. 그래서 바다를 생업의 터전으로 삼는데 평야는 없어도 농사지을 만한 땅이 있어 농업을 병행한다. 지금은 국토의 분단과 함께 군사분계선을 경계삼아 남북으로 나뉘어 있다. 산과 바다가 전부인 영동 땅은 승경의 집합처다. 백두대간 줄기에 하늘을 찌를 듯 치솟은 봉우리들이 동쪽 바다를 향해 급하게 달려가다보니 계곡이 가파르고 깊

미상, 〈강원도〉 부분, 《해좌승람》, 종이, 19세기 후반, 영남대박물관.

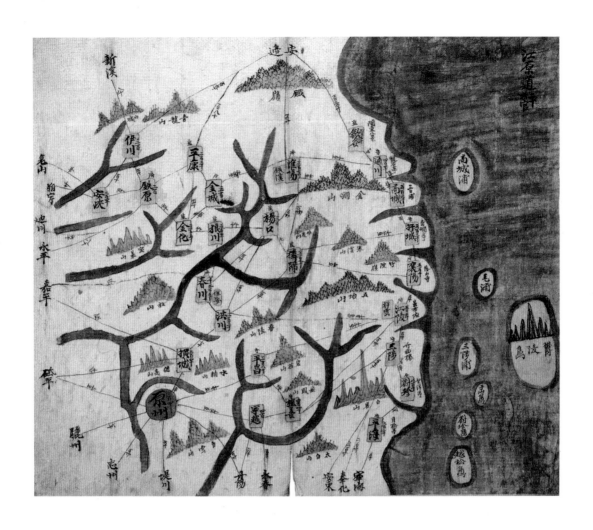

미상, 〈강원도〉 부분, 《지도》, 종이, 19세기, 이찬 기증, 서울역사박물관.

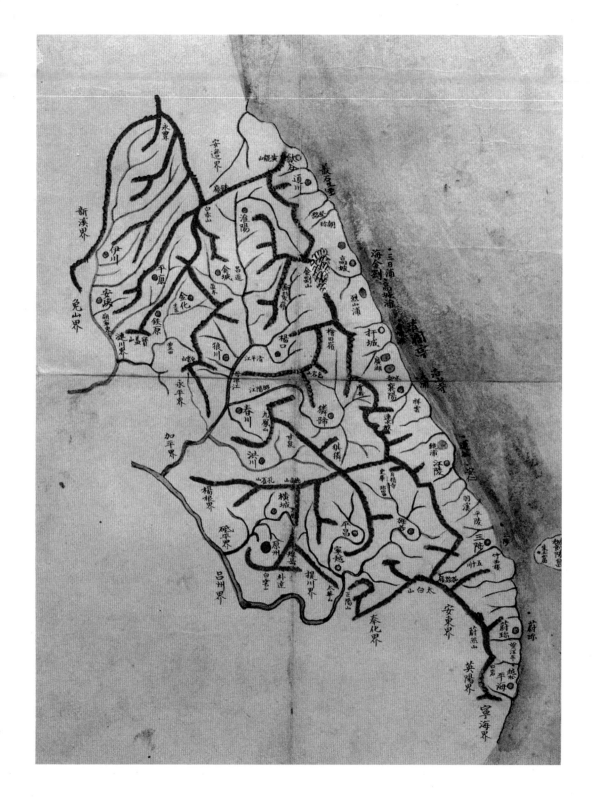

미상, 〈강원도〉 부분, 《조선지도》, 종이, 19세기 전반, 이찬 기증, 서울역사박물관.

다. 그러니 물길도 워낙 빨라 기암괴석이 거칠게 속살을 드러낸다. 기이하고 신묘한 풍경을 만들어낼 수밖에 없다.

춘천을 중심으로 하는 영서 땅은 평강, 철원부터 화천, 양구, 인제, 춘천, 홍천, 횡성, 평창, 정선, 원주, 영월로 펼쳐진다. 산과 강이 전부인 영서 땅은 계곡마다 발원한 물길이 구비치며 이 강 저 강으로 모여들어 산하를 적신다. 이토록 깊고 넓으니 참으로 생명의 젖줄이요 강들의 본향이다. 거쳐가는 구비마다 처음 보는 절경이요 나루마다 쌓인 사연이 서글프니 사람 사는 세상이다. 바다도 없고 평야도 없어 산악의 화전민이 널리 퍼져 있었다. 분단으로 말미암아 남북으로 나뉘어 있지만 사람이 막을 수 없는 강물은 남북을 가리지 않고 흐른다.

산과 강과 바다와 계곡만 있는 것처럼 보이지만 강원은 이토록 잘게 나눌 수 있을 만큼 각자의 고유성을 지닌 땅으로 발달했다. 고을 하나하나마다 감히 넘볼 수 없는 정체성을 키워나갔는데 아주 오래전, 그러니까 청동기시대에 영서 땅의 춘천은 평화의 나라 맥국貊國, 영동 땅의 강릉은 물의 나라 예국濊國이었다. 그러니 그 많은 동네는 스스로 삶을 가꾸어 성장해온 하나의 나라였고 역사와 전통을 지닌 문명의 땅으로 자부심 넘치는 고향이었던 게다. 남북국시대 이래 서쪽은 삭주朔州, 동쪽은 명주溟洲였고 고려시대에 영서는 춘주春州, 교주交州, 영동은 강릉이었다. 조선시대에 이르러 강릉江陵과 원주原州에서 앞 글자 '강'江과 '원'原 하나씩을 따서 강원이라 했다. 다시 말해 외지인들에게는 스쳐지나가는 풍경뿐일지라도 주민들에게는 그 어느 한 곳인들 그냥 지나칠 수 없는 곳곳이다.

저 망망한 바다 동해라는 이름은 언제 생겼을까. 『삼국사기』에 고구려 동명왕 때 '북부여는 고구려 건국을 피해 동해 가섭원으로 나라를 옮겼다'는 기록을 생각하면 삼국시대 이전부터 동해라고 불렸음을 알 수 있다.

강원도를 소재로 삼아 그린 옛 그림은 관동팔경을 본령으로 삼는다. 수도 없

관동팔경과 빼어난 승경을 자랑하는 이곳

이 많은 강원의 승경 가운데 여덟 가지만을 고른 관동팔경은 꿈에서나 거닐 몽환의 세계였다. 통천의 총석정은 세상에 둘도 없는 풍경이요 고성의 삼일포는 관동의 얼굴이다. 고성(간성)의 청간정과 양양의 낙산사에서는 해맑은 인생을 노래하고 강릉의 경포대에서는 거울에 비친 나를 본다. 삼척의 죽서루에서는 아름다운 사람의 손을 잡고 울진의 망양정에서는 해 뜨는 세상을 꿈꾸며 역시 울진의 월송정에서는 꽃두들에서 추는 칼춤을 상상한다. 이 모든 것들은 현실에 엄연히 존재하는 풍경 속에 숨쉬고 있지만 보는 이가 느끼지 못하거나 깨우치지 않으면 없는 것이다. 풍경은 자연의 것이고 그 풍경에 숨은 꿈은 사람의 것이기 때문이다.

오늘날 군사분계선 남쪽 사람들에게 통천의 총석정과 고성의 삼일포는 갈 수 없는 땅이다. 하지만 가볼 수 없는 아쉬움보다 훨씬 큰 안타까움이 있다. 언제나 마음만 먹으면 갈 수 있는 나머지 여섯 곳 주변도 이미 가볼 수 없게 되었다. 단 한 곳도 예외 없이 온통 사람의 손을 탔기 때문이다. 그로 인해 원래의 풍경도 기운도 다 사라졌다. 그 이전은커녕 나 어릴 때 가서 보던 풍경도 사라진 지 오래다. 살아생전에 그 모습은 되찾지 못할 것이 분명하다. 옛 그림을 펼치는 까닭이 여기에 있다.

관동팔경이 화가들의 마음을 온통 앗아갔지만 그곳이 아닌 경치 또한 그곳들에 견주어 결코 밀리지 않는다. 설악산과 오대산은 물론 대관령을 경계 삼아 동쪽인 영동과 서쪽인 영서 땅에도 명승이 즐비하다. 어디 그뿐인가. 강원의 해가 서쪽으로 달아나는 저 화천 땅에는 곡운구곡이 씩씩한 자태를 뽐내고 있어 유람객의 발걸음을 붙잡는다.

강원 승경의 첫째는 설악산과 오대산 일대다. 금강산의 명성에 가려졌으나 남아 전해오는 그림만 보더라도 빼어남은 으뜸이다. 바쁜 걸음 붙잡는 강원도 곳곳마다의 승경을 그려놓은 옛 그림은 발걸음 닿는 그곳이 바로 금강이요 설악이며 팔경인 것 같은 착각을 불러일으킨다.

다음은 영동과 영서 땅이다. 둘을 나누는 대관령에서 시작하여 영동 땅으로 접어든다. 영동의 가장 큰 도시 강릉을 그린 옛 그림을 먼저 살핀 뒤 해안을 따라 고성, 동해, 삼척, 울진으로 내려간다. 영서 땅은 강릉에서 대관령을 넘어 평창, 영월, 원주, 춘천으로 휘돌아간다.

화천의 곡운구곡은 영서 땅에 속하나 따로 떼어 살핀다. 곡운구곡은 영서 지역이 영동 지역에 못지 않은 승경지임을 상징하는 땅이다. 동해바다를 따라 자리 잡은 영동의 관동팔경과 달리 내륙의 흰구름도 쉬어가는 백운산 산골을 따라 자리 잡고 있다. 꽃물결 넘실대는 화천의 제일경이요, 내륙의 경이로운 장관이다. 이곳은 또한 수도 없는 유람객이 즐겨 찾는 승경지가 아닌 숨어사는 선비, 즉 은일지사의 터전이다. 춘천 북쪽 아홉 구비 지촌천 줄기에는 경물의 어여쁜 자태만이 아니라 숨어사는 깨끗한 인간의 기운이 물들어 있다. 그래서일 것이다. 이 땅이 더욱 신비롭게 여겨지는 까닭은.

빼어난 절경임에도 이 책에 담지 못한 곳이 참으로 많다. 옛 그림이 아예 없을 수도 있으나 발견하지 못한 탓도 있을 것이다. 책에 담지 못한 숱한 고장의 풍경을 담은 옛 그림이 언젠가 모습을 드러낸다면 기꺼운 마음으로 여기에 덧붙이련다. 그때까지는 우선 이것으로 족할 수밖에 없음을 독자들과 더불어 아쉬워한다.

관동팔경과 빼어난 승경을 자랑하는 이곳

강원을 그린 화가들, 다녀온 인물들

이 책은 조선시대 강원도를 유람한 이들이 남긴 글과 그림에 빚지고 있다. 본문에
필요한 대로 그들의 유람 경위에 대해 밝혀두긴 하였으나, 읽기 전 미리 파악을 해
두면 가늠을 하는 데 도움이 될 듯하여 책에 등장하는 주요 인물들에 대해 밝혀둔
다. 순서는 경중이 아닌 가나다 순에 따랐다. 각 인물 옆의 이미지는 초상화가 있
는 경우에는 초상화를, 본문에 실린 그림 가운데 그린 이로 추정되는 인물이 있다
면 그 부분을 실었다. 그 외에는 본문에 실린 그림 가운데 그린 이의 그림 한 점을
축소하여 실었고, 관련 이미지가 없는 경우는 생략하였다.

강세황姜世晃, 1713-1791 **1**

아호는 표암豹菴. 76살 때인 1788년 9월 금강산을 포함한 관동 유람을
다녀왔다. 당대의 도화서 화원 복헌 김응환, 단원 김홍도와 함께였는데
김홍도는 관동 일대의 승경을 그려오라는 정조의 명을 받은 처지였다.
여기에 동행한 막내아들 강빈은 김홍도와 동갑내기 친구였다. 마침 첫째
아들 강인이 금강산 초입 지역인 회양부사로 재임하고 있었으므로 유람의
조건은 완벽했다. 이때의 결실로 그는 6점의 실경화를 묶은《풍악장유첩》
중 〈가학정〉을 비롯 관동팔경에 포함된 〈청간정〉, 〈죽서루〉를 남겼다.
강세황은 18세기 미술사의 새로운 시대를 열어간 거장으로 비평과
창작을 겸전한 당대 절정의 화가이자 비평가였다. 특히 그 문하에서 단원
김홍도와 자하 신위를 배출했다.

2 거연당巨然堂, 18세기 후반

아호가 거연당이라는 사실 이외에 알려진 바 없는 화가다. 따라서
유람객인지 강릉 출신의 강원도 토박이 인물인지도 알 수 없다. 현재
전해오는 〈옹천〉과 관동팔경에 포함된 〈경포대〉, 〈낙산사〉는 모두 해안
승경이다. 대담한 생략과 구도, 단숨에 그린 먹선에 가볍게 설채한 인상적
분위기, 주저 없이 능숙한 솜씨로 대상을 함축한 필치가 돋보이는 신비의 화가다.

3 김금원金錦園, 1817-1853

어린 나이에 여자의 신분으로 여행을 실행한 김금원은 의지와 열정으로 넘치는 인물이었다. 1830년 3월 원주를 출발해, 제천·단양을 거쳐 금강산과 설악산을 유람했다. 여행한 지 20년이 흐른 1850년「호동서락기」를 탈고했다. 여행을 다녀온 이후 기생으로 지내다 김덕희의 소실이 되었다. 거기에 그치지 않고 그는 한양에서 같은 처지의 여성 부용 김운초, 경산 김경춘, 박죽서 그리고 화가 죽향과 더불어 삼호정시사를 결성, 문예 활동을 펼쳤다.

4

김오헌金梧軒, 20세기

아호는 한남산인漢南散人과 금강산인金崗山人, 양주산인襄州散人. 양양 출신의 강원도 토박이 인물로 추정하는 까닭은 여러 아호 중 양주襄州를 근거로 유추하는 것이다. 양주는 고려 때인 1221년 그 이름을 처음 얻었고 조선 태종 때인 1416년에 양양으로 바뀌었다. 강릉 오죽헌시립박물관 소장품으로 〈총석정〉, 〈삼일포〉, 〈청간정〉, 〈낙산사〉, 〈경포대〉, 〈죽서루〉, 〈망양정〉, 〈월송정〉이 포함된 《관동팔경 8폭 병풍》이 전해오고 있다.

5

김유성金有聲, 1725-?

아호는 서암西巖. 39살 이전에 관동 유람을 다녀온 듯하다. 도화서 화원 화가로 39살 때인 1763년 제10회 통신사로 일본에 갔을 때 현지에서 금강산과 관동 승경을 그려주었기에 그렇게 보고 있다. 그때 그린 〈금강산〉이 일본 시즈오카 현 세이켄지에 소장되어 있다. 통신사행 때 부산의 화가 탁지 변박과 동행했으며 일본에서는 남화의 대가 이케노 다이가와 교유했다. 남아 있는 작품도 많지 않고 기록이 없어 행적도 알 수 없지만 탁월한 기량을 발휘한 실경화가였다.

6

김윤겸金允謙, 1711-1775

아호는 진재眞宰. 46살 때인 1756년, 58살 때인 1768년 두 차례에 걸쳐 금강산 및 관동 유람을 다녀온 듯하다. 국립중앙박물관 소장품으로 선면화인 〈진주담〉이 1756년 작이고 화첩 《봉래도권》은 1768년 작이기 때문이다. 관동 승경으로 〈낙산사〉를 비롯해 곡운구곡을 그린 〈농수정〉, 〈명월계〉, 춘천의 〈소양정〉을 그린 작품이 전해온다. 조선후기 집권 250년을 누린

명문세가 장동김문의 서자로 태어나 1764년부터 1770년까지 7년 동안 사재감 주부 및 소촌찰방을 역임했을 뿐 생애 내내 국토 유람을 그치지 않았다. 이를 통해 전국 각지의 숱한 실경을 그렸으며 모든 작품이 한결같이 전에 없는 기법과 감각으로 신실경의 세계를 구현해낸 걸작이다.

7

김응환 金應煥, 1742-1789

아호는 복헌復軒. 1788년 9월부터 금강산을 포함한 관동 유람을 다녀왔다. 이때 일행은 선배로 당대 예원의 총수 표암 강세황과 후배로 천재 화원 단원 김홍도 그리고 강세황의 막내아들이자 김홍도의 벗 강빈이 함께 했다. 김응환이 여기에 낀 까닭은 친분 관계도 있겠으나 일찍이 1772년 김응환이 누군가의 금강산 그림을 모사한 〈금강전도〉를 김홍도에게 선물로 주었던 때부터 시작한다. 강세황, 김홍도와 함께 유람하고서 그린 방대한 화첩 《해악전도첩》이 전해온다. 김응환은 개성김씨 화원 명문가를 일군 도화서 화원으로 조카 김득신, 김석신, 김양신과 사위 이명기, 장한종이 모두 저명한 화가다.

8

김하종 金夏鍾, 1793-1875년 이후

아호는 유재蕤齋. 1815년 금강산 유람을 다녀왔다. 그뒤 1865년에 한 차례 더 다녀왔는지는 알 수 없다. 국립중앙박물관 소장품으로 1815년에 그린 화첩 《해산도첩》, 개인 소장품으로 1865년에 그린 화첩 《풍악권》이 전해온다. 《해산도첩》과 《풍악권》은 무려 50년 차이를 두고 그린 것인데 구도는 거의 같지만 수법이 완연 다르다. 김하종은 개성김씨 화원 명문가 출신의 긍재 김득신의 셋째 아들이며 형 김건종, 김수종이 모두 화원이다. 19세기 도화서 화원 세계를 휩쓴 단원화풍을 계승한 적장자였으나 만년에 온전히 자신만의 화풍을 확립해 거장의 반열에 올라섰다.

9

김홍도金弘道, 1745-1805

아호는 단원檀園. 43살 때인 1788년 정조의 명으로 관동
승경 사생 여행을 다녀왔다. 스승 표암 강세황, 선배 복헌
김응환과 벗 강빈이 함께 했다. 이때 김홍도는 승경지마다
밑그림인 초본을 그렸고 귀경한 이후 이를 바탕삼아 작품을
완성했다. 초본은 지금《해동명산도》라는 화첩으로 묶여
국립중앙박물관 소장품으로 전해 오고 또 완성본은《해산도첩》혹은《금강사군첩》이라는
화첩으로 묶여 개인 소장품으로 전해오고 있다. 김홍도는 경기도 안산 단원에서 태어나 스승
강세황으로부터 배운 뒤 상경하여 정조의 눈에 들어 왕의 화가로 군림하였다. 조선 오백
년 역사상 가장 뛰어난 기량을 과시한 천재로서 산수화에서 의경은 물론 실경화 분야에서
새로운 시대를 열었다. 이뿐만 아니라 초상을 제외한 인물화의 거의 모든 분야, 다시 말해
신선도·고사화·기록화·평생도·춘의도에서 전무후무한 걸작을 즐비하게 탄생시킨 최대의
거장이다.

박사해朴師海, 1711-1778 **10**

아호는 창암蒼巖. 언제 누구와 금강산 여행을 다녀왔는지 알 수 없다.
개인 소장품으로〈총석정〉,〈낙산사〉,〈경포대〉가 전해 오고 있다.
간략하고 빠른 필치와 시원하고 대담한 구도를 구사한 작품이다. 겸재
정선에 대한 비평에서 '선비가 세상에 태어나 부귀를 누리다 사라져
기록조차 없기보다는 차라리 한 가지 기예로라도 이름이 나야 한다'고
했는데 박사해야말로 그런 인물이 되었다. 대사간을 역임하면서
동지부사로 청나라에도 다녀왔다. 1778년 순흥부사 재임 중 별세했다.

11 심사정沈師正, 1707-1769

아호는 현재玄齋. 1738년 8월 이창효 일가와 함께 금강
유람을 다녀왔고 1754년 아버지 3년상을 마치고 또 한 번
다녀왔다. 별도의 화첩으로 묶여오는 건 없지만〈장안사〉,

강원을 그린 화가들, 다녀온 인물들

〈보덕굴〉, 〈만폭동〉을 비롯 금강산을 소재로 하는 작품이 여러 곳에 소장되어 있다. 한양 일대의 실경을 그린 〈경구팔경도〉가 여러 점 전해온다. 소론당파 명문 세가였지만 할아버지의 영조 시해 미수 사건으로 가문이 몰락하여 아버지와 더불어 평생 화가로 살아갔다. 개성에 넘치는 호방한 필법과 화사한 색채로 타의 추종을 불허하는 독자한 걸작을 즐비하게 남겼다. 겸재 정선과 더불어 18세기 회화의 황금 시대를 수놓은 쌍벽으로 군림한 거장이다.

12

엄치욱嚴致郁, 1770년 무렵-?

아호는 관호觀湖. 언제 누구와 금강산 여행을 다녀왔는지 알 수 없다. 〈구룡폭〉, 〈묘길상〉과 같은 금강 실경과 《가장첩》중 〈죽서루〉가 국립중앙박물관 소장품으로 전해온다. 기록이 드물어 생애를 알 수 없지만 충청도 단양팔경은 물론 그가 살던 한양 실경도 전해오고 있다. 1795년 화성 성역에 동원되었을 때 훈련도감 소속이었고 다음 해에는 화성성역의궤청 화사, 1804년 인정전 영건도감 의궤 제작 때는 방외화원으로 참가하였다. 도화서 화원으로 나가지 않은 화가였으며 단원 김홍도의 화풍을 따르는 19세기 단원화풍 계보에 속한다.

13

오명현吳命顯, 1730-1795)

아호는 기곡箕谷. 언제 누구와 금강산 여행을 다녀왔는지 알 수 없다. 〈총석정〉과 같은 관동 실경이 개인 소장품으로 전해온다. 평양 땅을 의미하는 기곡이라는 아호를 쓴 평양 출신으로 평생 관직에 나가지 않았다. 『승정원일기』 1790년 2월과 3월에 서원 및 문묘종사 관련하여 경상도 유생 연명 상소에 이름을 올린 것으로 보아 생애의 말년에는 경상도에서 살아간 것으로 보인다.

14

이방운李昉運, 1761-1822년 이후

아호는 기야箕野. 언제 누구와 금강산 여행을 다녀왔는지 알 수 없다. 개인 소장품으로 《관동팔경 8폭 병풍》, 이화여대박물관 소장품으로 〈경포대〉가 전해온다. 평양을 뜻하는 기야 이외에도 20개나 되는 아호를 사용했는데 기야箕埜, 기로箕老, 기옹箕翁을 사용한 것으로 미루어 평양 출신이 아닌가 싶다. 현재 심사정의 먼 친척인데 심사정과 마찬가지로 평생 관직에 나가지 않은 채 그림에 탐닉하며 생애를 보냈다. 국민대박물관 소장품으로 단양 일대를 그린 화첩 《사군강삼선수석》은 19세기 실경의 새로운 단계를 여는 걸작으로 가득하다. 1802년 가을 청풍부사와 함께 한 유람길에 그린 작품이다. 심사정, 강세황과 같은 이들의 뒤를 이어 소략하고 산뜻한 감각으로 개성에 넘치는 화풍을 구사하였다.

이윤영李胤永, 1714-1759   **15**

아호는 단릉丹陵. 언제 누구와 금강산 여행을 다녀왔는지 알 수 없다. 동갑내기 벗인 이인상이 1737년 금강 유람을 다녀왔는데 어쩌면 이때 함께 다녀왔을 가능성이 높다. 고려대박물관 소장품으로 부채에 그린 〈화적연〉과 〈능파대〉가 전해온다. 화적연은 경기도 포천, 능파대는 강원도 삼척에 있는 승경이다. 화적연은 한양에서 금강산을 향해 가는 길목에 들르는 곳이고 능파대는 관동 유람 길에 들르는 곳이다. 한산이씨 명문가 출신이지만 관직에 나가지 않고 평생 시서화에 탐닉하며 유람을 즐기는 은일의 생애를 살았다. 만년에 단양의 구담을 사랑하여 이곳에서 살기도 했다. 소탈하고 기이한 유가 화풍의 화가 이인상, 예서의 명필 송문흠 같은 이들과 어울렸다.

16

이의성李義聲, 1775-1833

아호는 청류淸流. 1825년 7월부터 1830년 7월까지 강원도 흡곡현감으로 재임하는 중 1826년 금강산, 1828년과 1829년 두 차례 설악산을 포함한 관동 승경을 유람했다. 1826년에는 신임 강원도 관찰사 홍경모, 1828년에는 후임 관찰사 정원용, 1829년에는 신임 강원도 관찰사 이기연과 함께였다. 이때 그린 화첩 《산수화첩》이 개인 소장품으로 전해오고 있다. 20점의 실경이 경쾌하고 시원하며 유려하고 곱다. 구도는 모두 단원 김홍도의 《해산도첩》과 같지만 필법과 색채는 자신의 방식으로 바꿔 전혀 다른 세계를 연출하는 데 성공했다. 안동 일대를 소재로 하는 〈하외도 10폭 병풍〉도 국립중앙박물관에 전해온다. 서얼 출신으로 하급 관직을 전전하면서 1833년 온양군수 재임 중 별세했다.

강원을 그린 화가들, 다녀온 인물들

17 이이李珥, 1536-1584

아호는 율곡栗谷. 1569년 4월 중순 청학산을 유람했다. 한 해 전 사신단의 일원으로
명나라에 다녀온 그는 사직한 뒤 강릉 외조모를 찾았다. 이때 오대산에서 뻗어나온
줄기의 한 바위에 청학이 깃들어 있어 그야말로 선경 중 선경이라는 말을 들었다.
그런 곳임에도 널리 알려지지 않았다고 하여 아우 이위와 함께 탐승길에 올랐고,
그때의 일을 기록하여 「유청학산기」를 남겼다. 그로부터 15년 전인 1554년에는
한 해 동안 금강산에 머물며 수련과 탐승을 하기도 했는데 그때의 일은 장편 시
「풍학행」으로 남기기도 했다. 이이는 강릉에서 태어나 8세 때 경기도 파주로 이주해
수련했으며 13세에 진사 초시에 합격했다. 성리학의 주기론을 정립했으며 퇴계
이황과 더불어 성리학의 양대 산맥을 이루었다. 짧은 생을 살았으나 탁월한 관료이자
위대한 학자였으며 뒷날 기호학파의 비조로 추숭되었다.

이인문李寅文, 1745-1824년 이후 18

아호는 고송유수관古松流水館. 언제 누구와 금강산 여행을
다녀왔는지 알 수 없다. 여러 점의 금강과 관동 승경 실경화가
전해오고 있다. 중인 가문에서 태어나 도화서 화원이 되어
단원 김홍도와 더불어 친교하며 쌍벽의 명성을 얻었다. 친가
쪽으로 임득명, 외가 쪽으로 김홍도가 먼 친척이다. 심사정의
빠르고 강렬한 선묘와 화사한 색채를 계승하여 청정하고 세련된
화법으로 개성 어린 양식을 구축했다. 당대 예원의 맹주 자하
신위는 이인문을 묘수妙手라 하였고 중인 예원의 중심 인물인
마성린은 이인문을 명가名家라 일렀다.

19

이재관李在寬, 1783-1849

아호는 소당小塘. 언제 누구와 금강산 여행을 다녀왔는지 알 수 없다.
서울대박물관 소장품 〈총석정〉이 전해온다. 산수 인물에 뛰어난 기량을
발휘하였으며 전해오는 작품이 많지 않으나 초상화를 비롯해 다채롭다.
아버지를 여의고 홀어머니를 그림으로 봉양하며 살다가 도화서 화원으로
나아갔다. 조희룡을 중심으로 하는 당대 중인 예원에 함께 어울리며 화명을
떨쳤다. 1837년 태조 어진을 모사한 공로로 해주의 등산첨사에 임명되어 감목관을 겸했다.

20 정선鄭敾, 1676-1759

아호는 겸재謙齋. 1711년, 1712년, 1747년 세 차례에 걸쳐
금강, 관동 승경 유람을 했다. 첫 유람 길은 누군지 알 수
없는 백석 일행과 함께했고 다음 해에는 금화현감으로
재직 중인 사천 이병연과 동행했으며 1747년에는 누군지
알 수 없는 송애 일행과 함께 했다. 국립중앙박물관 소장품인
화첩《신묘년풍악도첩》은 1711년, 간송미술관 소장품인 화첩
《해악전신첩》은 1747년에 그렸다. 이때 밑그림인 초본을 그렸을 것으로 짐작하는데
전해오는 초본은 없다. 세 차례나 유람한 만큼 특정 시기와 무관하게 여러 해에 걸쳐 금강,
관동의 실경을 많이 그렸다. 특히 금강산의 전체 풍경을 한 화폭에 담는 금강전경도를
오랜 기간 여러 차례에 걸쳐 그렸고 각 시대마다 변화된 모습을 보여주고 있다. 그 가운데
1752년에 그린 호암미술관 소장품인〈금강전도〉는 금강산을 소우주로 구성한 타원형
전도라는 점과 숙성된 선묘와 세련된 채색, 완벽한 구도에 도달한 최고의 걸작이다. 몰락한
양반가 출신으로 출사해 하급 관직 및 지방 수령직을 전전하면서 국토를 사생해나가는
가운데 조선 실경의 비조로 우뚝 섰다. 힘찬 필선과 농묵, 담채를 자유자재로 구사하는
가운데 짙고 넓은 필법을 결합시켜 오직 정선만의 겸재 양식을 이룩했다. 사후 동방산수의
종장, 다시 말해 조선실경의 창시자란 영광스런 칭호를 얻은 18세기 제일의 거장이다.

21 정수영鄭遂榮, 1743-1831

아호는 지우재之又齋. 1797년 가을, 1803년 9월 두 차례에 걸쳐
금강, 관동 승경 유람을 다녀왔다. 첫 번째 유람은 친구 여춘영과
함께했다. 이때 밑그림인 초본을 바탕삼아 두 해 뒤인 1799년에 그린
화첩《해산첩》은 동원 이홍근이 기증하여 지금 국립중앙박물관에
소장되어 있다.《동국지도》를 제작한 지리학자 정상기의 증손자로
자라난 정수영은 표암 강세황의 경쾌하고 자유로운 화풍을 계승하여
스스로 개발한 기법을 숙성시켜 아무도 도달하지 못한 경지에
이르렀다. 평생 관직에 나가지 않은 채 국토를 유람하며 숱한 실경을
그렸다. 국립중앙박물관 소장품인 화첩《한임강명승도권》은 1796-
1797년 사이에 한강과 임진강을 선상 유람하며 그린 특별한 작품으로
《해산첩》과 더불어 조선실경만이 아니라 회화사의 영원한 걸작이다.

　　　　　　　　　　　　　　　　　　　　강원을 그린 화가들, 다녀온 인물들

22 정충엽鄭忠燁, 1725-1800년 이후

아호는 이곡梨谷. 언제 누구와 금강, 관동 승경 유람을 다녀왔는지 알 수 없다. 간송미술관 소장품으로 〈헐성루 망 만이천봉〉과 개인 소장품으로 〈명연〉과 같은 작품이 전해온다. 표암 강세황을 따른 표암 집단의 일원으로 종7품 내의원침의를 역임한 의원 가문의 중인 출신이며 서화에 탐닉했는데 전해오는 작품이 많지 않다.

23

조세걸曹世杰, 1636-1706

아호는 패주浿州. 1682년 춘천 북쪽 곡운구곡을 다녔다. 명문세가 출신의 김수증의 부름에 따라 곡운의 승경을 그렸다. 국립중앙박물관 소장품으로 전해오는 《곡운구곡도첩》에 그때의 작품이 모두 장첩되어 있다. 평양의 사족 가문 출신으로 부유하였고 집안에 소장한 서화로부터 배웠으며 당대의 도화서 화원 김명국을 따랐다. 1695년 숙종의 명에 따라 어진을 제작하여 창덕궁 선원전과 강화도 장령전에 봉안했으며 1699년에 동지중추부사에 제수되었다.

24

지산芝山, ?-?

아호가 지산芝山이라는 사실 이외에 알려진 바가 없다. 19세기에 그린 것으로 알려진 《관동팔경 8폭 병풍》이 전해온다. 매우 색다른 화풍을 구사하는 화가로 지역 화풍의 토속미를 풍기는 것으로 보아 강원도 토박이 화가로 짐작한다.

25 허초희 許楚姬, 1562-1590

아호는 난설헌蘭雪軒. 강릉 출신으로 관동 일대의 풍경이 자신의 것이었다. 개인 소장품으로 〈새 구경〉은 고향 강릉의 나무와 새를 그린 것이다. 허초희의 작품으로 전해오는데 불분명하다는 의견도 없지 않다. 강릉의 명문세가 양천허씨 가문 출신으로 강릉부사 허엽의 딸이며 오빠 허봉, 동생 허균이 있다. 7살 때 시를 지어 여신동이라 일컬었다. 요절하였으나 동생 허균이 시편을 모두 구술하여 중국 사신 주지번에게 전해 중국과 일본에서 허초희 시집이 간행되었다. 『동국문헌화가편』에 시는 물론 그림도 잘 그렸다고 하였다.

26

허필 許佖, 1708-1768

아호는 연객烟客. 1744년 금강, 관동 승경 유람을 다녀왔다. 이때 그린 선면화 〈금강전도〉가 고려대박물관에 전해온다. 그 뒤에도 1759년 〈묘길상〉, 1764년 〈헐성루 망 만이천봉〉을 그렸다. 1735년 진사시에 입격해 성균관 유생 시절 모두가 허필의 선면화가 아니면 손에 쥐질 않을 정도로 인기가 드높았다. 관직에 나아가지 않은 채 평생 가난했으나 긍지와 기개가 드높은 처사였다. 안산에 자주 내려가 성호 이익, 표암 강세황을 비롯한 이들과 어울렸으며 탁월한 시서화삼절로 칭송 받은 자유인이었다.

강원을 그린 화가들, 다녀온 인물들

옛 그림에 담긴
옛사람들의 디테일

많은 이들이 유람을 다녔다. 홀로 보는 것으로 그치지 않고 누군가는 시편으로 읊거나 기행문을 남겼고 또 누군가는 그림으로 그렸다. 글과 달리 그림은 누구나 그릴 수 있는 게 아니다. 그래서 또 누군가는 화가로 하여금 비용을 주고 그려오게 하거나 아예 화가와 함께 다니며 그림을 그리게 해 화첩으로 엮곤 했다.

이렇게 해서 탄생한 그림을 그린 화가들이나 마주한 이들은 그림에서 그저 풍경만을 보지 않고 구석구석 그림을 살펴 더 큰 즐거움을 누리곤 했다. 감상자들을 위해 화가들은 화폭에 경물의 이름을 작은 글씨로 써넣는 친절을 베풀기도 했고, 현장의 생기와 분위기를 실감나게 전하기 위해 화면 곳곳에 세심한 장치를 그려넣었다.

그러니 우리가 옛 그림을 볼 때는 그림을 먼저 크게 본 뒤에 그것으로 그치지 않고 다시 한 번 눈을 크게 뜨고 곳곳을 세심히 살필 필요가 있다. 그래야 그림을 제대로 보았다고 할 수 있다. 다시 말해 옛사람들이 살려놓은 그림의 디테일을 제대로 살필 때에야 비로소 그림을 제대로 즐길 수 있다는 뜻이다. 옛 그림은 보는 게 아니라 읽는 것이라고도 한다. 와유臥遊라고 해서 집 안에서 산수를 감상할 때 '관화연후필독화야'觀畵然後必讀畵也'라고 하여 그림을 보는 관화觀畵를 하고 난 뒤에는 그림을 읽는 독화讀畵를 해야 한다는 뜻이었다. 강원을 그린 옛 그림 가운데 몇몇 장면만 예로 들어 함께 살펴보기로 하자.

도계陶溪 김상성金尙星, 1703-1755이 화가로 하여금 관동의 절경을 그리게 한 뒤 엮은 《관동십경》 중 〈삼일포〉를 보면 호수에 오리가 보인다. 꽃들이 흐드러진 못가 주변을 떠도는 오리 네 마리가 여유롭다. 그린 이를 알 수 없는 〈총석정〉에는 기이한 바위 기둥 사이로 각각 갖은 종류의 물고기가 유영하고 새들이 비상하는 모습이 담겼다. 여느 그림에서도 볼 수 없는 이 장면은 경탄을 자아낸다. 물고기나 새의 모습도 자세히 보면 각각 다른 종류여서 화가가 전문 식견을 지닌 이로 작정을 하고 묘사한 게 아닌가 싶다.

그린 이를 알 수 없는 《금강산도권》 중 〈경포대〉는 호수의 새 네 마리를 매우 활달하게 묘사한 작품이다. 마찬가지로 조선 제일의 천재 시인 난설헌蘭雪軒 허초희許楚姬, 1562-1590가 그린 〈새 구경〉에는 무려 여덟 마리의 새가 나무를 향해 날아드는 순간을 그렸는데 짹짹거리는 소리가 들리는 듯 살아 움직이는 장면이다.

《관동십경》 중 〈청간정〉에서는 청간정 주변의 괴석과 나무 그리고 천지를 뒤덮은 꽃나무들이 화사하기 그지없어 심지어 정자와 누각에 '청간정, 만경루'라고 쓴 붉은 글씨마저 꽃처럼 보일 지경이다. 또 강원도 양양 출신으로 추정되는 한남산인漢南散人 김오헌金梧軒, 20세기이 그린 《관동팔경 8폭 병풍》 중 〈월송정〉에서는 마을이 아예 꽃으로 뒤덮인 듯 화사하다. 복사꽃인지 진달래인지 그저 아름다울 뿐이다. 꽃으로 뒤덮인 바로 그 꽃두들 들판을 보면 곡괭이를 들고 밭을 가는 두 명의 농부가 보인다.

관동팔경은 제1경부터 제8경까지 꽤나 먼 거리에 전개되어 있어 유람을 위해서는 이동 수단이 매우 중요했다. 비교적 길이 평탄했으므로 걷기를 기본으로 했지만 재력을 갖춘 인물이라면 말을 동원했다. 연객烟客 허필許佖, 1708-1768, 이곡梨

미상, 김상성 편, 〈삼일포〉 부분, 《관동십경》,
비단, 1746, 서울대규장각.

미상, 〈총석정〉 부분, 종이, 19세기, 개인.

미상, 〈총석정〉 부분, 종이, 19세기, 개인.

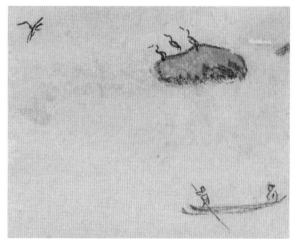

미상, 〈경포대〉 부분, 《금강산도권》, 종이, 19세기, 국립중앙박물관.

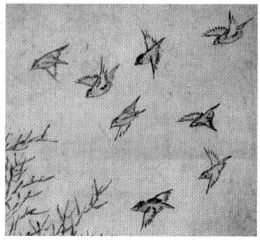

허초희, 〈새 구경〉 부분, 종이, 16세기 후반, 개인.

미상, 김상성 편, 〈청간정〉 부분, 《관동십경》, 비단, 1746, 서울대규장각.

김오헌, 〈월송정〉 부분, 《관동팔경 8폭 병풍》, 종이, 20세기 초, 오죽헌시립박물관.

허필, 〈월송정〉 부분, 《관동팔경 8폭 병풍》, 종이, 1844, 선문대박물관.

정충엽, 〈청간정〉 부분, 비단, 19세기, 일민미술관.

이방운, 〈총석정〉 부분, 《관동팔경 8폭 병풍》, 종이, 1800년경, 개인.

허필, 〈총석도〉 부분, 종이, 1744, 호암미술관.

허필, 〈죽서루〉 부분, 《관동팔경 8폭 병풍》, 종이, 1744, 선문대박물관.

오명현, 〈총석정〉 부분, 종이, 18세기 후반, 개인.

정수영, 〈총석정〉 부분, 《해산첩》, 종이, 1799, 국립중앙박물관.

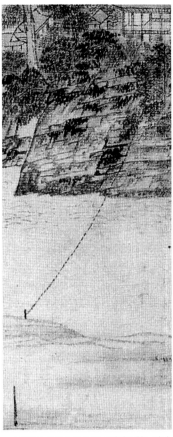

정선, 〈청간정〉 부분, 《관동명승첩》, 종이,
1738, 간송미술관.

정선, 〈죽서루〉 부분, 《관동명승첩》, 종이,
1738, 간송미술관.

김홍도, 〈죽서루〉 부분, 《해산도첩》, 비단,
1788, 개인.

허필, 〈총석도〉 부분, 종이, 1744, 호암미술관.

미상, 김상성 편, 〈총석정〉 부분, 《관동십경》, 비단,
1746, 서울대규장각.

劦 정충엽鄭忠燁, 1725-1800이후, 기야箕野 이방운李昉運, 1761-1822이후 같은 화가들의 그림에 등장하는 유람객들은 모두 말을 타고 이동을 한다. 대체로 말꾼이나 짐꾼과 함께 하는데 정충엽의 〈청간정〉을 보면 햇볕을 가리는 일산을 들고 있는 사람의 모습이 보인다.

호수나 해안을 만나면 배를 띄웠다. 이른바 선상 유람이라고 해서 선유船遊라 한다. 연객 허필의 〈총석도〉는 규모가 꽤 큰 돛단배를 빌려 바위 기둥 사이를 다니는 장면인데 배의 형상을 매우 자세히 묘사한 것이 돋보인다. 역시 그가 그린《관동팔경 8폭 병풍》중 〈죽서루〉는 타고 다니는 말을 배에 태워 이동하는 장면을 그려서 특별하다.

평양 출신 화가로 잘 알려지지 않은 화가 기곡箕谷 오명현吳命顯, 1730-1795의 드문 작품 가운데 하나인 〈총석정〉은 허필의 〈총석정〉과 같은 소재를 그렸지만 타고 있는 배가 워낙 다르다. 오명현의 배는 아주 작은 나룻배여서 물결을 견디려 힘을 한껏 주어 노를 젓는 노꾼의 자세가 아주 일품이다.

실경화의 새로운 경지를 스스로 이룩해나간 절정의 화가 지우재之又齋 정수영鄭遂榮, 1743-1831의《해산첩》중 〈총석정〉에 그린 배는 해를 가리는 일산을 드리우고 있다. 햇살 따갑고 바람 없는 날의 선상 유람임을 잘 보여주고 있다.

관동팔경 승경지의 인공 시설물은 그다지 많은 건 아니다. 겸재謙齋 정선鄭敾, 1676-1759이 그린《관동명승첩》중 〈청간정〉을 보면 매우 가파른 바위 기둥에 오르기 위해 절벽을 깎아낸 잔도가 매우 두드러져 보인다. 같은 화첩에 실린 〈죽서루〉에도 절벽을 오르내리기 위한 잔도를 냈지만 그것만으로 충분치 않았는지 아래쪽에 사다리를 설치해둔 것이 보인다. 겸재 정선이 죽서루의 잔도를 그릴 때인 1738년에는 보이지 않던 시설물이 그로부터 50년이 지난 뒤인 1788년 단원檀園 김홍도金弘道, 1745-1805가 그릴 때는 보이는데 절벽 위 죽서루와 절벽 아래 강 건너를 연결하는 긴 밧줄이 그것이다. 이 줄은 물건을 매달아 올리거나 내리기 위해 설치한 것이었다.

관동에는 신라시대 이후 향나무를 베어 강가나 바닷가의 땅에 파묻는 매향埋香 풍습이 성행했다. 미륵신앙에 근거를 둔 것으로 공동체의 단결과 번영을 소망하는 풍습이었다. 이렇게 땅에 오래 묻어두면 향나무는 단단하고 강해져 물에 담그면 가라앉을 정도의 침향沈香이 되는데 침향이 될 때까지 기다렸다가 꺼내 태우면 연기가 향을 싣고 널리 퍼진다. 이 침향을 으뜸가는 향으로 쳤다. 연객 허필의 〈총석도〉나 도계 김상성이 엮은 《관동십경》 중 〈총석정〉을 보면 정자 아래쪽에 비석이 보이는데 그게 바로 매향 행사를 치르면서 세운 매향비다.

호수에는 모름지기 새들이 서식하기 마련이다. 먹이가 풍부하기 때문이다. 여행객에게는 그야말로 유람의 흥취를 더해주는 존재다. 그린 이를 알 수 없는 《금강산도권》 중 〈호해정〉을 보면 네 마리의 새를 발견할 수 있다. 두 마리는 바위섬에 자리를 잡고, 또 다른 두 마리는 물풀 속에 서서 각각의 자세로 먹이를 노리는 게 귀엽다. 같은 화첩 중 〈능파대〉에는 바다에서 솟아올라 우뚝 선 바위 기둥에 앉은 새들이 보인다. 자세가 모두 다른 18마리가 보이는데 두 마리씩 짝을 지어 자리를 잡고 있는 게 신기하다. 특이한 건 새를 검은 먹으로 묘사한 것인데 흰 바위와 구별하기 위해 그런 것인지 아니면 원래 검은 새인지 모르겠다.

패주浿州 조세걸曺世杰, 1636-1706이 그린 《곡운구곡도첩》 중 〈농수정〉은 곡운구곡을 경영하는 주인 곡운谷雲 김수증金壽增, 1624-1701의 저택 풍경을 그린 것이다. 여기에는 소 두 마리가 등장한다. 한 마리는 나무 기둥에 서 있고 또 한 마리는 농부가 코뚜레를 끌고 나아간다. 밭으로 가는 길인 듯하다. 구곡도는 보통 명승지를 그리는 것인데, 그림에 농부와 소를 등장시킨 것으로 보아 이 구곡도가 승경지만이 아니라 일상까지도 아우르려 했음을 알 수 있다. 그린 이를 알 수 없는 《임곡운구곡도첩》 중 〈농수정〉은 앞선 작품을 베낀 듯하지만 소 두 마리와 농부의 모습은 달리 그렸다. 끌려가기 싫어하는 소를 잡아당기는 농부의 모습을 통해 사실성이

옛 그림에 담긴 옛사람들의 디테일

미상, 〈호해정〉 부분, 《금강산도권》, 종이, 19세기, 국립중앙박물관.　　미상, 〈능파대〉 부분, 《금강산도권》, 종이, 19세기, 국립중앙박물관.

조세걸, 〈농수정〉 부분, 《곡운구곡도첩》, 종이, 1682, 국립중앙박물관.

미상, 〈농수정〉 부분, 《임곡운구곡도첩》, 비단, 1804, 국립중앙박물관.

이의성, 〈가학정〉 부분, 《실경산수화첩》, 종이, 1826-1829, 개인.　　미상, 〈호해정〉 부분, 《금강산도권》, 종이, 19세기, 국립중앙박물관.

미상, 〈청심대〉 부분, 《금강산도권》, 종이, 19세기, 국립중앙박물관.

김윤겸, 〈소양정〉 부분, 종이, 18세기, 개인.

미상, 〈청옥협〉 부분, 《임곡운구곡도첩》, 비단, 1804, 국립중앙박물관.

미상, 〈천연정〉 부분, 《금강산도권》, 종이, 19세기, 국립중앙박물관.

미상, 〈창석정〉부분, 《금강산도권》, 종이, 19세기, 국립중앙박물관.

더해진 것을 알 수 있다.

말은 최고의 이동 수단이었다. 장거리 여행에서 말은 필수였는데 민간에서 탔던 건 대부분 조랑말이었다. 청류淸流 이의성李義聲, 1775-1833의 《실경산수화첩》 중 〈가학정〉에는 갈색과 백색 두 마리의 말이 등장한다. 그런가 하면《금강산도권》중 〈호해정〉에서는 주인 없이 말꾼이 두 마리의 말을 끌고 어디론가 향해 가는 도중을 그렸고 같은 화첩 중 〈청심대〉에 등장하는 두 마리 말은 휴식을 취하는 중이다. 아래쪽 말 바로 아래 어린 동자가 퍼질 듯 앉은 모습이 재미있다.

신실경화의 기수 진재眞宰 김윤겸金允謙, 1711-1775의 〈소양정〉에는 노 젓기 효율을 드높이기 위한 장치를 갖춘 배가 등장한다. 유람객은 보이지 않는데 정자에서 그 배를 지켜보던 김윤겸이 그 모습이 신기하여 자세히 그린 듯하다.

깊은 산악의 기암괴석이 아니더라도 길이 나지 않은 큰 강가에는 통행을 위한 시설로 잔도를 설치하곤 했다. 《임곡운구곡도첩》중 〈청옥협〉에 그런 시설이 보인다. 쉽게 걸을 수 없는 언덕에 짧고 굵은 나뭇가지를 오밀조밀하게 채워 쌓은 다음 그 위로 길을 냈다. 이로써 건실한 잔도가 되었다.

《금강산도권》중 〈천연정〉에는 시내를 건너가기 위해 설치한 다리가 보인다. 웬만하면 바윗돌을 듬성듬성 놓아두는데 이곳은 워낙 물살이 거셌던 듯하다. 징검다리는 자칫 미끄러질 염려가 커 나무다리를 만들어둔 것이다.

또한 같은 화첩 중 〈창석정〉에는 움직이지 않도록 받침을 받쳐 정지시켜둔 배가 보인다. 긴 장대를 들고 있는 두 사람은 얼핏 낚시꾼으로 보인다. 장대 끝을 보면 그물처럼 보이는 망이 달려 있고 두 사람은 같은 동작을 취하고 있다. 물고기를 잡기 위한 특별한 장비가 아닌가 싶다.

단원 김홍도는 1788년에 제작한 《금강사군첩》중 〈월정사〉에 커다란 탑을 그렸다. 사찰 건물 한복판에 날렵하고 뾰족한 것이 불쑥 솟아올라 또렷한 데다가 먹색을 칠해 유난히 두드러져 보인다. 《금강산도권》중 〈월정사〉에도 등장하는데

옛 그림에 담긴 옛사람들의 디테일

김홍도, 〈월정사〉 부분, 《금강사군첩》, 비단, 1788, 개인.

미상, 〈월정사〉 부분, 《금강산도권》, 종이, 19세기, 국립중앙박물관.

미상, 〈와룡담〉 부분, 《임곡운구곡도첩》, 비단, 1804,
국립중앙박물관.

김하종, 〈설악쌍폭〉 부분, 《해산도첩》, 비단, 1815, 국립중앙박물관.

날씬하고 날카로운 건 같지만 색깔은 반대로 흰색을 칠해놓았다.

《임곡운구곡도첩》 중 〈와룡담〉에는 사각 정자인 농수정 옆에 흰색의 비석이 서 있다. 이곳에 관한 이야기를 담아둔 비석으로 지금은 사라져 없다.

유재薾齋 김하종金夏鍾, 1793-1875이후의 《해산도첩》 중 〈설악쌍폭〉에는 두 명의 유람객이 앉아 있다. 유심히 보면 선비의 등 뒤에 바구니 하나가 보인다. 아마도 도시락을 담았을 것이다. 풍경이 아무리 좋아도 먹기는 해야 했을 테니 다들 출발하기 전에 도시락들을 준비했을 것이다. 그러니 그 당시에 저런 휴대용 바구니야 흔했겠지만 어찌된 일인지 그 어떤 실경화에서도 등장한 적이 없었다.

지금까지 살펴본 그림들의 세부 가운데는 너무 작아서 미처 눈길을 주지 않았다면 못 보고 넘어갔을 만한 부분들이 있다. 같은 그림을 보더라도 보는 이에 따라 즐길 수 있는 부분은 이처럼 차이가 있다. 이러한 즐거움의 차이는 하나의 그림을 자세히 보는 것에서도, 같은 풍경을 서로 다른 화가들이 어떻게 달리 그렸는지를 비교해서 보는 것에서도 찾을 수 있다. 이 모든 것이 옛 그림에서 우리가 누릴 수 있는 즐거움이다. 그러므로 옛 그림을 볼 때면 감춰진 세부를 살펴보는 것은 물론이요 같은 풍경을 누가 언제 어떻게 그렸는지를 자세히 들여다보는 습관을 들일 일이다.

옛 그림에 담긴 옛사람들의 디테일

01

"관동팔경을 보지 않으면
천지의 완벽한 공적을 볼 수 없으리"

지금으로부터 250년 전 위대한 인문지리학자 청담 이중환은 사람과 관동팔경의 사이를 다음처럼 표현했다.

> "관동팔경을 한 번 거치면 사람은 저절로 다른 사람이 되고,
> 지나간 자는 비록 10년 뒤에라도 얼굴에서 산수 자연의 기
> 상을 볼 수 있다."[1]

왜 그런 것일까. 이중환은 그것의 생김새를 통해 그 경계를 풀이했다.

> "바닷물이 아주 푸르러서 하늘과 하나로 된 듯하며 앞에 가
> 리운 것이 없다. 해안은 강변이나 시냇가와 같이 작은 돌과
> 기이한 바위가 언덕 위에 섞여 있어 푸른 물길 사이에 보일
> 락 말락한다. 해안은 모두 반짝반짝하는 눈빛 모래로서 밟
> 으면 사각사각하는 소리가 구슬 위를 걸어가는 듯하다. 모
> 래 위에는 해당화가 빨갛게 피었고 가끔 우거진 솔숲이 하늘
> 에 솟아 있다. 그 안에 들어가면 문득 사람의 생각이 변하여
> 져 인간 세상이 어떤 경계인지 자신의 형체가 어떤 것인지
> 모르도록 황홀하여 공중에 오르고 하늘에 날 듯이 저절로 생
> 긴다."[2]

김금원은 「호동서락기」에서 '무릇 산이나 바다를 보러 가면 두 가지 아름다움을 갖추고 있기 어려운데 이곳 수백 리 안에서는 천하의 빼어난 경치를 둘 다 볼 수 있다'고 하고서 그 두 가지를 다음처럼 묘사했다.

"산은 1만 2천 봉이 있고 바다는 총석정, 삼일포, 해금강이 있기 때문이다. 뜻하지 않았으나 천지의 가장 아름다운 기운이 여기 다 모여 있어 산을 좋아하는 인자仁者의 즐거움과 물을 좋아하는 지자智者의 즐거움을 온전히 누릴 수 있다. 관동에 오지 않으면 천지의 완벽한 공적을 볼 수 없으리라."[3]

관동팔경으로
향하다

관동팔경은 언제부터 관동팔경이었을까

오늘날 관동팔경은 통천 총석정, 고성 삼일포, 고성(간성) 청간정, 양양 낙산사, 강릉 경포대, 삼척 죽서루, 울진 망양정·월송정이며 여기에 흡곡 시중대, 고성해산정을 포함해 관동십경이라고도 한다.

관동은 동해안을 따라 통천부터 고성, 속초, 양양, 강릉, 동해, 태백, 삼척, 울진까지 이어진다. 통천과 고성 북부는 한국전쟁 이후 군사분계선으로 나뉘어 갈 수 없는 땅이고 울진은 1963년 경상북도로 편입되었다.

관동팔경에서 관동이라는 낱말의 기원은 세 가지 설이 있다. 첫째 고려 성종 때 전국을 10도로 편성하면서 관내關內인 경기의 동쪽이라 하여 관동이라고 불렀다는 설, 둘째 백두대간을 넘는 대관령을 중심에 두고 그 동쪽이기 때문에 관동이라고 했다는 설, 셋째 철령관鐵嶺關을 중심에 두고 그 동쪽이라서 관동이라고 했다는 설이 있다. 대관령이나 철령관은 얼핏 같지만 그렇지 않다. 철령관 동쪽은 강원도로 관동이며, 서쪽은 평안도로 관서, 북쪽은 함경도로 관북이다. 대관령 동쪽은

01 - "관동팔경을 보지 않으면 천지의 완벽한 공적을 볼 수 없으리"

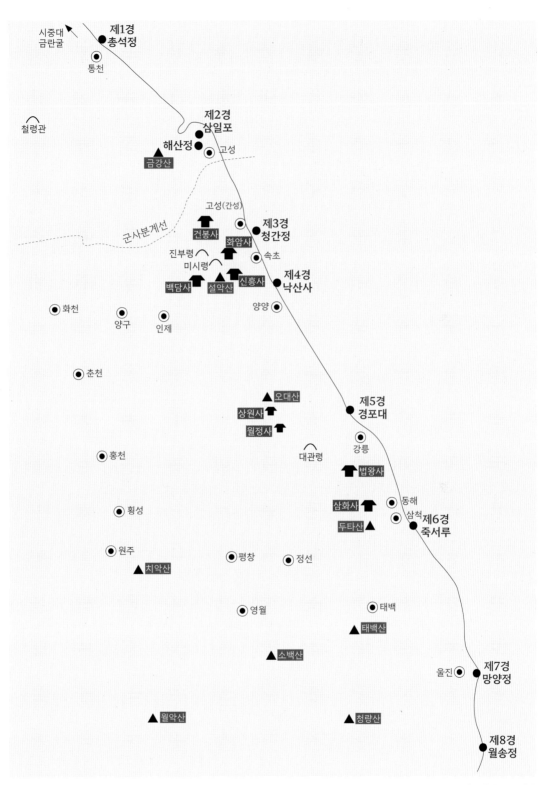

관동팔경 주요 위치

강원도의 동쪽으로 영동, 서쪽은 강원도의 서쪽으로 영서, 남쪽은 강원도의 남쪽으로 영남이다. 그러니까 철령관은 강원도만이 아니라 평안도, 함경도까지 세 개의 도계를 품고 있다. 그런 까닭에 『택리지』와 『신증동국여지승람』에서 그 분기점을 철령관으로 삼았던 게다. 사실 어느 쪽을 채택하더라도 틀린 것은 아니나 철령관을 기준으로 삼는 것이 그 지리의 방향으로 보아 타당성이 높다.[4]

관동팔경에서 '팔경'은 여덟 가지 경치를 말하는데 핵심은 팔이라는 숫자다. 『주역』에 '하늘은 칠이요, 땅은 팔이다'라는 뜻의 '천칠지팔'天七地八이라는 말이 있다. 『관자』管子의 「오행」五行이라는 글을 보면 하늘은 구제를 쓴다는 뜻의 '천도이구제'天道以九制요, 땅은 팔제를 쓴다 하여 '지리이팔제'地理以八制이며, 사람은 육제를 쓴다 하여 '인도이육제'人道以六制라고 하였다. 그러니까 하늘은 구, 땅은 팔, 사람은 육이라는 말이다. 하늘은 가장 높고 밝은 양陽이라서 숫자 가운데 종극의 수인 구라는 것이다. 땅은 가장 낮고 어두운 음陰이라서 하늘보다 하나 낮은 팔이다. 사람은 군주가 여섯 가지 율법인 육율六律로 천지를 나누기 때문에 육이라고 한다.

아름다운 산수 풍경은 곧 땅의 속성이니 승경지에 이름을 붙일 때는 여덟 가지를 골라 팔경이라 하는 것이다. 그 기원은 중국 호남성 동정호 남쪽에 흐르는 양자강 중류의 소수瀟水와 상강湘江이 합쳐지는 곳인 소상강이다. 소상강 일대에서 가장 아름다운 경치 여덟 가지를 골라 소상팔경瀟湘八景이라 이름 붙였는데 그게 팔경의 시작이다. 시로 읊은 것과 그림으로 그린 소상팔경이 들어온 때는 고려 중기다. 이후 크게 유행했는데 조선시대 안평대군安平大君, 1418-1453은 당대 최고의 화가 현동자玄洞子 안견安堅, 1418?-1480?으로 하여금 〈소상팔경도〉를 그리게 하고 당대 제일의 문장가들을 초청하여 「소상팔경시」를 짓게 한 뒤 그것을 시화첩으로 엮었다. 호화롭고 성대한 일이었다.

관동팔경의 형성은 매우 길고 오랜 역사를 지니고 있다. 관동팔경이 자리를 잡아온 과정을 간략하게 요약해보면 다음과 같다.

팔경은 아닐지라도 승경지를 읊기 시작한 건 고려 말인데, 근재謹齋 안축安軸, 1287-1348이 「관동별곡」關東別曲[5]에서 총석정·삼일포·죽서루·월송정·경포대와 금란굴·선유담·영랑호·한송정을 노래했다.

조선시대에 들어와서는 해동강서시파의 한 사람인 눌재訥齋 박상朴祥, 1474-1530이 「관동팔영」關東八詠[6]에서 양양 낙산사·강릉 경포대·통천 총석정·통천 금란굴·삼척 무릉계를 읊었는데, 여기에 오대산·금강산·대관령까지 포함했다. 관동팔경이 아니라 관동팔영이라고 해도 관동의 여덟 가지 경치를 뚜렷하게 했다는 점에서 연구자 이보라는 '16세기 전반 관동팔경이라는 용어가 처음으로 쓰였다는 점에서 의의'[7]가 있다고 평가했다. 뒤이어 저명한 시인 송강松江 정철鄭澈, 1536-1593도 「관동별곡」[8]을 노래했는데, 삼일포·낙산사·청간정·경포대·금란굴·선유담·영랑호를 언급하고 있다.

관동팔경이라는 낱말을 사용한 이는 위대한 철학자 퇴계退溪 이황李滉, 1501-1570[9], 안변부사를 역임한 태천苔泉 민인백閔仁伯, 1552-1626[10]이다. 이들은 문집에서 관동팔경이라는 낱말을 사용했는데 다만 그 낱말만 간략하게 언급했을 뿐 여덟 가지 경치를 언급하지는 않았다.[11]

숙종은 관동의 뛰어난 여덟 가지 경치 하나하나를 열거한 왕이다. 『열성어제』「숙종대왕」편의 시편에 관동의 팔경을 읊었는데 다음과 같다.

"경포대, 죽서루, 낙산사, 월송정, 만경대, 삼일포, 총석정, 망양정"[12]

「조선시대 관동팔경도의 연구」에서 이보라는 '정형화된 관동팔경이 문학으로 정립된 최초의 예'[13]라고 하였다. 오늘날의 관동팔경과는 청간정 대신 만경대를 포함한 것이 다르다. 숙종 이후 영조와 동시대를 살아간 지리학자 청담 이중환은 1751년 완성한 『택리지』에서 다음과 같은 여덟 곳을 관동팔경이라고 지목했다.

"누대와 정자의 훌륭한 경치가 많아 흡곡 시중대, 통천 총석정, 고성 삼일
포, 간성 청간정, 양양 청초호, 강릉 경포대, 삼척 죽서루, 울진 망양정을 사
람들은 관동팔경이라 부른다."[14]

양양 낙산사와 울진 월송정 대신 흡곡 시중대와 양양 청초호를 포함시킨 것
이 오늘날과 차이가 있다.

이보다 몇 년 앞선 1744년 연객 허필은 금강산 여행을 한 뒤《관동팔경 8폭
병풍》을 제작했다.『택리지』의 관동팔경과 달리 오늘날 관동팔경으로 부르는 총석
정, 삼일포, 청간정, 낙산사, 경포대, 죽서루, 망양정, 월송정 여덟 곳을 그렸다. 그
러니까 관동팔경 그림의 기원은 허필의《관동팔경 8폭 병풍》이다.

관동팔경만이 아닌 관동십경도 있다. 허필이《관동팔경 8폭 병풍》을 그린
바로 다음 해인 1745년 강원도 관찰사로 부임한 도계 김상성은 화가를 데리고 다
니며 그림을 그리게 하고 1746년 이를 화첩으로 묶어《관동십경》이라 했다. 허필
의 여덟 곳에다가 시중대와 해산정을 추가하여 팔경을 십경으로 확장했으므로 십
경의 기원은 김상성의《관동십경》이다. 화첩에 포함된 관동십경은 시중대, 총석
정, 삼일포, 해산정, 청간정, 낙산사, 경포대, 죽서루, 망양정, 월송정[15] 등으로 이 가
운데 월송정을 그린 작품은 분실되어 아홉 점만 남아 있다. 해산정은 삼일포 가까
이, 남쪽에 있었다.

이밖에 관동의 승경을 그려 화첩 또는 병풍으로 묶은 사례가 여럿 남아 오늘
날 전해진다. 숙종 이후 주목할 만한 것을 비교하면 표와 같다. 심동윤의《백운화
첩》은 물론, 지산과 김오헌이 각각 남긴《관동팔경 8폭 병풍》은 18세기 이래 관동
팔경이 확립된 이후의 작품이다. 각 화첩과 병풍 등에 묶인 그림들은 각 장에 자세
히 다루고는 있으나 그에 앞서 일별을 위해 함께 모아서 배치해두었다. 화가에 따
라 관동의 팔경을 어떻게 표현했는지 모아서 살피는 재미가 있다.

01-"관동팔경을 보지 않으면 천지의 완벽한 공적을 볼 수 없으리"

*관동팔경의 구성

제작	출처	시기	대상
숙종	『열성어제』	1720년 이전	경포대, 죽서루, 낙산사, 월송정, 만경대, 삼일포, 총석정, 망양정
허필	《관동팔경 8폭 병풍》	1744년	총석정, 삼일포, 청간정, 낙산사, 경포대, 죽서루, 망양정, 월송정
김상성	《관동십경》	1746년	시중대, 총석정, 삼일포, 해산정, 청간정, 낙산사, 경포대, 죽서루, 망양정, 월송정(작품 망실).
이중환	『택리지』	1751년	시중대, 총석정, 삼일포, 청간정, 청초호, 경포대, 죽서루, 망양정
심동윤	《백운화첩》	1822년경	총석정, 삼일포, 청간정, 낙산사, 경포대, 죽서루, 망양정, 월송정, 해금강 전면, 해금강 후면.
지산	《관동팔경 8폭 병풍》	20세기 초	총석정, 삼일포(도판 부재), 청간정, 낙산사, 경포대, 죽서루, 망양정, 월송정.
김오헌	《관동팔경 8폭 병풍》	20세기 초	총석정, 삼일포, 청간정, 낙산사, 경포대, 죽서루, 망양정, 월송정.

* 오늘날의 관동팔경에 속하지 않는 곳은 밑줄로 표시함.

제1폭 〈총석정〉

제2폭 〈삼일포〉

제3폭 〈청간정〉

제4폭 〈낙산사〉

제5폭 〈경포대〉

제6폭 〈죽서루〉

제7폭 〈망양정〉

제8폭 〈월송정〉

허필, 《관동팔경 8폭 병풍》, 각 85×42, 종이, 1744, 선문대박물관.

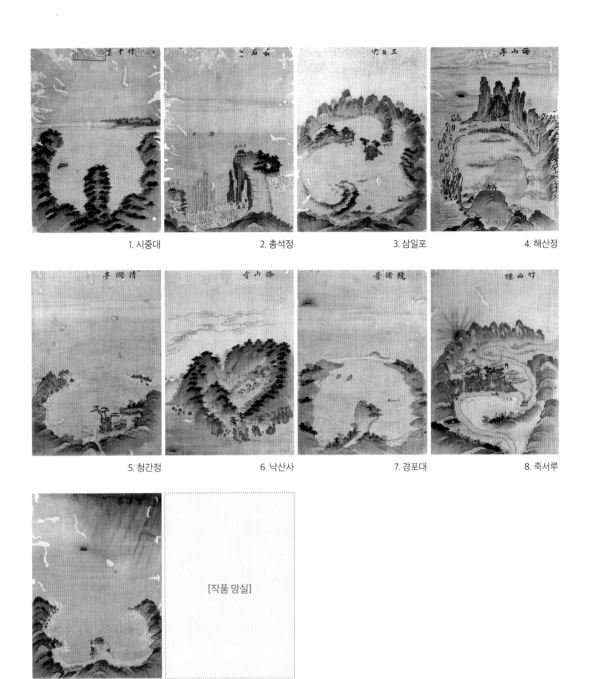

1. 시중대   2. 총석정   3. 삼일포   4. 해산정

5. 청간정   6. 낙산사   7. 경포대   8. 죽서루

9. 망양정   [작품 망실]   10. 월송정

미상, 김상성 편,《관동십경》, 각 31.5×22.5, 비단, 1746, 서울대규장각.

1. 총석정

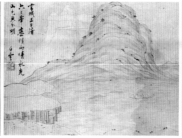

2. 삼일포

3. 청간정

4. 낙산사

5. 경포대

6. 죽서루

7. 망양정

8. 월송정

9. 해금강 전면

10. 해금강 후면

심동윤, 《백운화첩 》, 각 32.5×43, 종이, 1822년경, 관동대박물관.

제1폭 〈총석정〉

[도판 부재]

제2폭 〈삼일포〉

제3폭 〈청간정〉

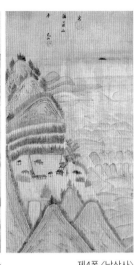

제4폭 〈낙산사〉

제5폭 〈경포대〉

제6폭 〈죽서루〉

제7폭 〈망양정〉

제8폭 〈월송정〉

지산, 《관동팔경 8폭 병풍》, 각 83×45, 종이, 19세기, 개인.

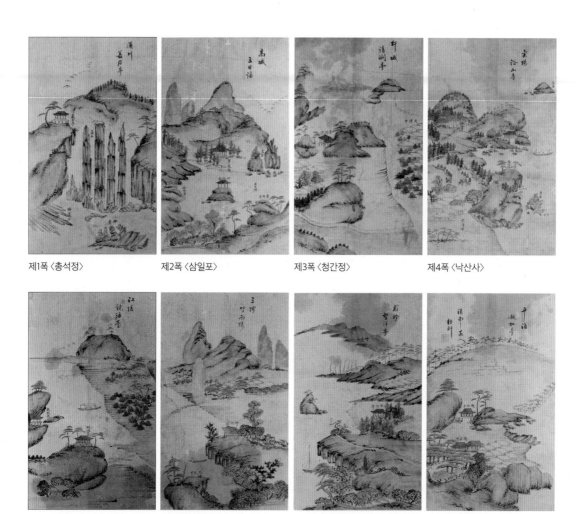

제1폭 〈총석정〉　　　제2폭 〈삼일포〉　　　제3폭 〈청간정〉　　　제4폭 〈낙산사〉

제5폭 〈경포대〉　　　제6폭 〈죽서루〉　　　제7폭 〈망양정〉　　　제8폭 〈월송정〉

김오헌, 《관동팔경 8폭 병풍》, 각 54.4×33, 종이, 20세기 초, 오죽헌시립박물관.

옛사람들의 유람 경로

오늘날 관동팔경으로 가는 길은 편리하다. 자동차나 버스, 기차나 비행기 등으로 우선 양양 또는 강릉에 도착한다. 서울을 기점으로 비행기는 서울-양양, 자동차나 버스로는 양양고속도로나 영동고속도로 경유, 기차로는 서울-강릉 노선을 이용한다. 양양이나 강릉에 도착하면 이곳을 기점으로 남북 두 방향을 잇는 해안선 도로인 7번 국도를 타고 팔경을 유람한다. 문득 알지 못하는 지방도로에 들어선다 해도 예상치 못한 풍경을 선물로 받는 것이니 이 또한 흐뭇하다.

신라시대부터 조선시대까지의 경로는 달랐다. 『관동팔경』의 저자 최욱철은

*시대별 관동팔경 가는 길

시대	주요 경로	비고
신라	경주 → 형산강 → 포항 → 7번 국도 → (월송정, 망양정, 죽서루, 경포대, 낙산사, 청간정, 해산정) → 삼일포 → 금강산 → 해금강 → 총석정 → 시중대 → 소동정호 → 원산	
고려	개성 → 임진강 → 한탄강 → 철원 → 평강 → 세포면 → 추가령 → 안변 → 원산	금강산 탐승을 위주로 하여 여기에 관동팔경 유람을 곁들임.
조선	한양 → 의정부 → 포천군 화적연 → 철원군 삼부연 → 금화군 화강백전, 수태사 → 평강군 정자연 → 금성군 피금정 → 단발령 → 금강산 → 고성읍 해산정 → 칠성암 → 해금강 → 삼일포 → 문암 → 통천군 옹천 → 천불암 → 총석정 → 흡곡현 시중대	겸재 정선의 유람 경로를 종합해 정리한 것임.

관동팔경으로 향하다

옛 경로를 시대별로 정리해두었는데 신라시대에는 수도 경주에서 출발하는 경로, 다시 말해 오늘날 7번 국도를, 고려시대에는 수도 개성에서 출발해 추가령을 넘어 가는 경로를 지목했다.

조선시대에는 한양에서 출발하는 경로가 보편화되었다. 조선시대의 경로는 겸재 정선이 그린 그림을 참고해 재구성한 것이다. 그의 유람은 관동팔경이 목적 지가 아니었다. 금강산 일대, 그러니까 외금강·내금강·해금강이 유람의 목적지였 다. 따라서 금강산을 거쳐 고성으로 나와 해금강 유람으로 마감을 했다. 그 유람 경로에 해금강권에 속한 관동 명승으로 해산정, 삼일포, 총석정, 시중대가 포함되 어 있다.

정선은 해금강권 남쪽으로 전개된 나머지 관동 승경지도 유람했을 것인데 그 사실을 알려주는 화첩이 전해온다. 1738년 우암寓庵 최창억崔昌億, 1679-1748에게 그려준 《관동명승첩》에는 관동 명승 11곳이 실렸는데 관동팔경과 무관한 세 곳을 빼면 총석정, 삼일포, 청간정, 시중대, 죽서루, 망양정, 월송정, 해산정 등 여덟 곳 이 포함되어 있고 경포대, 낙산사, 경포대, 낙산사 등이 빠져 있다. 《관동명승첩》 의 여덟 곳을 북쪽에서 해안을 따라 남쪽까지 열거하면 다음의 경로가 된다.

흡곡 시중대→통천 총석정→고성 해산정→고성 삼일포→고성(간성) 청간 정→삼척 죽서루→울진 망양정→울진 월송정

금강산을 빠져나와 고성에 도착해 북쪽으로 향하여 흡곡에 가서 시중대며 통천 총석정을 거닌 뒤 울진 월송정까지 계속 남하하는 것이다. 귀경길은 울진에 서 다시 북상하여 강릉에 도착한 뒤 대관령을 넘어 한양을 향하는 경로를 따랐다.

옛 그림을 통해 관동 명승을 한 번 유람해보면 어떨까. 비록 오늘과는 다른 풍경일 테지만 말이다. 이제부터 조선의 화가들이 그려둔 그림을 통해 관동팔경은 물론 강원 승경의 절정을 즐겨보기로 하자.

제1경. 지상에서
단 하나의 풍경, 총석정

천하에 둘도 없는 경치

동해안 따라 강원도 북쪽 끝으로 올라가면 통천通川을 지나 함경남도로 진입한다. 통천의 고려 때 이름은 사방이 통하는 길목이란 뜻의 통주通州였다. 강원도 지주사知州事 이첨李詹, 1345-1405이 말하기를 '농사만 생각해서는 굶주림을 면치 못하는 땅이므로 오직 소금으로 무역을 하여 먹고 산다'[16]고 했고 또 『강원도지』 「풍속」 조를 보면 이곳 주민에 대해 '어리석고 견문이 좁으며 검약한 생활을 한다. 오직 귀신을 숭상하여 산과 바다에 제사를 지낸다. 일을 달리하여 각기 농업과 방적에 종사한다'[17]고 했다. 하지만 땅도 사람도 볼품없다는 이 두 기록 모두 믿을 만한 것이 못 되는 까닭은 통천 땅이 영동에서는 '제일의 광야'[18]였고 또한 대마도를 정벌한 장군 최윤덕崔潤德, 1376-1445부터 현대기업 창업주 정주영鄭周永, 1915-2001을 배출한 땅이라는 사실 때문이다. 통천을 지나 진입하는 함경남도에는 명사십리로 유명한 원산이 있다.

그러나 이 땅은 오늘날 가닿을 수 없다. 휴전선이 가로막고 있어 고성 남쪽

01 - "관동팔경을 보지 않으면 천지의 완벽한 공적을 볼 수 없으리"

통일전망대까지만 갈 수 있다. 통일 이전에는 갈 수 없는 땅이다. 이곳에 총석정이 있다.

기행문학의 교과서이자, 3대 연행록의 하나로 꼽히는『노가재연행록』老稼齋燕行錄을 남긴 노가재老稼齋 김창업金昌業, 1658-1721이 '영동 길에 처음 나섰다면 무엇보다도 먼저 가보아야 한다'고 하여 선등총석정先登叢石亭이라 불렀을 만큼 총석정은 관동팔경 가운데 가장 앞서는 곳이었다. 그만큼 특별하단 뜻이다.

800년 전 시인 근재 안축은 총석정을 구경하고서 '이 돌의 기괴한 것은 실로 천하에 없는 일이요, 이 정자만이 가진 물건이다'라고 말했다. 그랬더니 누군가가 '아니 그대가 일찍이 천하를 두루 구경한 일이 없이 어찌 천하에 이런 돌이 없다고 하는가'라고 면박을 주자 안축은 다음처럼 답변했다.

> "무릇 사방의 산경山經, 지지地誌를 기록하는 이가 천하의 물건을 다 찾아서 적었지만, 아직 이런 돌이 있다는 것을 듣지 못하였으며, 무릇 옛날의 기이한 병풍, 보배로운 그림을 그리는 이가 천하의 물건을 다 그대로 옮겼지만 아직 이런 돌이 있다는 것을 보지 못하였다. 여기에 의하면 내가 비록 천하를 두루 구경하지는 못하였지만 역시 앉아서도 그것을 알 수 있다."[19]

안축처럼 나 또한 총석정에 가보지 못했으나 온갖 지리책과 수도 없이 많은 화가들이 그린 그림을 보았으니 왜 말할 수 없겠는가. 지금까지 30점이 훨씬 넘는 총석정 그림을 보았다. 그 가운데 정선이 일곱 점, 김홍도가 네 점을 그렸을 만큼 이 장소는 그 인기가 대단했다. 사정이 그랬기에 강원도 관찰사며 양양부사를 역임한 서파西坡 오도일吳道一, 1645-1703은『서파집』西坡集에서 다음과 같이 말했다.

> "총석정을 빼놓는다면 망양정과 청간정은 아이와 같다."[20]

제1경. 지상에서 단 하나의 풍경, 총석정

심한 말이다. 그러나 이 말에 반론을 제기한 사람도 없고, 총석정보다 뛰어난 승경지가 있다는 말도 없다. 망양정이나 청간정으로서야 서운할 법하지만 그렇다고 해서 제일가는 명승지를 두고 서로 다투는 죽서루와 경포대조차 총석정을 예외로 떼어놓았으니 아이라는 말을 들었다고 딱히 속상해 할 일도 아니다.

그렇다면 왜 총석정인가. 그곳은 과연 어떤 곳인가. 안축은 '동해안에 바람과 안개와 바다의 경치가 아름답지 않은 곳이 없지만 오직 돌의 기괴한 것만은 이 정자가 독차지한 것'이라고 지적했다. 이중환은 『택리지』에 그 모습을 다음처럼 상세하게 묘사해두었다.

"통천의 총석정은 금강산 기슭이 바로 바다에 들어가서 섬같이 된 곳이다. 기슭 북쪽 바다 가운데에는 돌기둥이 기슭을 따라 한 줄로 벌여 서서 뿌리는 바다에 들어갔고, 위는 산기슭 높이와 같다. 기슭과의 거리는 백 보가 못되고, 기둥 높이는 백 길쯤이다. 무릇 돌 봉우리는 위는 날카로우나 밑둥은 두꺼운 것인데, 위와 아래가 똑같으니, 이것은 기둥이고 봉우리는 아니다. 기둥 몸뚱이는 둥글고, 둥근 중에도 쪼고 깎은 흔적이 있다. 밑에서 위에까지 목공이 칼로써 다듬은 것 같으며, 기둥 위에는 혹 늙은 소나무가 점점이 이어져 있다. 기둥 밑, 바다 물결 가운데도 수없는 작은 돌기둥이 혹은 섰고, 혹은 넘어져서 파도와 더불어 씹히고 먹히고 하여 사람이 만든 것과 흡사하니, 조물주의 물건 만든 것이 지극히 기이하고 지극히 공교롭다 하겠다. 이것은 천하에 기이한 경치이고, 또 반드시 천하에 둘도 없을 것이다."[21]

김금원은 「호동서락기」에서 총석정을 보고서 '바위 기둥이 한 무리씩 묶인 것이 10여 개이며 한 무리의 높이는 100여 길이나 되고 한 무리의 바위는 기둥이 30~40개나 된다'면서 '색은 검은 유리 같은데 그 다듬어진 것이 어찌 이리 평평하며 묶여 있는 것이 어찌 이리 가지런할 수 있느냐'고 감탄했다. 그리고 '천하의 명산기名山記를 두루 살펴보아도 총석과 비슷한 것이 없고 오직 우리나라에만 있으니 어찌 더욱 기이하지 않은가'라고 되물었다.[22]

이렇듯 빼어나다는 총석정을 우리는 언제나 다시 볼 수 있을까. 1998년 11월 18일부터 시작한 금강산 관광은 2008년 7월 중단되었다. 설령 금강산 관광을 새로 시작한다고 해도 갈 수 있느냐, 하면 장담하기 어렵다. 지형의 특이함이나 교통 문제로 총석정 가까이로는 접근이 쉽지 않을 거라고들 한다. 다만 총석정보다 북쪽으로 올라가면 천연기념물 제21호 알섬바닷새 보호구역이 있으며 그위로 율동리 팔경대에 오르면 멀리 총석정 풍경이 들어온다고 한다. 안축은 '한마디로 천하에 이런 경치 다시 없다'고 감탄하는 가운데 세 차례나 방문했다지만 어디 안축뿐일까. 숱한 한양 사람들이 휩쓸고 지나갔을 터였다.

자유로운 영혼을 지닌 화가가 담아낸 풍경

화가 연객 허필은 긍지가 지나쳐 벼슬을 버린 채 숱한 사람을 사귀며 유람으로 세월을 누린 연객烟客이었다. 말 그대로 바람에 흩날리는 구름 나그네였다. 절정의 화가 현동자 안견의 작품을 소장했을 만큼 서화 골동을 사랑하였고 뜨락에는 녹나무, 계단에는 국화를 심어 그 사이를 거닐다 문득 행장을 꾸려 아득한 길 떠나는 자유인이었다. 누군들 그렇게 살고 싶지 않을까 하겠지만 슬픔과 기쁨, 행복과 불행 사이에 방황을 모르던 자유인이 아니었다면 어찌 그럴 수 있었겠는가.

그의 나이 53세 때였다. 동갑내기 벗으로 당대의 문장가인 혜환惠寰 이용휴李用休, 1708-1782에게 부탁하기를 자신의 묘지 비석에 새길 묘지명을 미리 써달라고 했다. 그러자 이용휴는 '옛날은 가고 지금이 돌아옴은 그대의 나이이고, 아름다운 산 좋은 물은 그대의 거처'라면서 '아직 죽지 않았다'고 은근히 놀리는 글을 지어주었다. 이 묘지명을 받은 당대 예원을 대표하는 비평가 표암豹菴 강세황姜世晃, 1713-1791이 붓을 들어 멋지게 써주었다. 묘지명도 기이한데 당대의 문장가와 서법가가 그렇게 나서는 것까지 참으로 부러운 일이 아닐 수 없다. 요즘 사람으로서야 어디 흉내조차 낼 수 있겠는가.

1744년 37세의 허필이 관동 유람을 떠나 어느 날 금강산 기슭을 길게 타고 벽해라 이르는 동해 해금강에 이르렀다. 1킬로미터가 넘는 해안을 타고 병풍처럼 펼쳐지는 돌기둥이 기이하기 그지없어 이름 물으니 그게 바로 총석정이란다. 배를 얻어 타고 주위를 도는데 황홀함이 장관이다.

함께 가기로 해놓고 몸이 아파 떠나지 못한 시인 석북石北 신광수申光洙, 1712-1775는 허필에게 자신을 그림 속에나마 그려 넣어달라고 부탁하였다. 호암미술관 소장품인 〈총석도〉의 그림 속 돛단배에 탄 사람 가운데 한 사람이 신광수인지 모르겠다. 화폭 상단에 동행한 권국진權國珍을 비롯해 네 명의 이름을 써놓았는데 배 안에는 한 명을 늘려 다섯 명의 선비를 그려놓았으니 말이다.

화가들이 바다를 그릴 때는 보통 육지에서 바다를 보는 시선을 따라 그리곤 하지만 이 작품은 바다에서 육지를 향한 시선을 따라갔으므로 몇 가지 남다른 점을 보인다. 화가가 배를 타고 있으니 돌기둥 밑에서 치켜 보는 터라 훨씬 웅장하고, 멀리 육지까지 아울러 그윽함조차 갖추었다. 또한 화폭 하단에 있는 돛단배가 위태롭기보다는 물결 흐름을 타고 있어 더욱 힘에 넘치니 율동을 더해줄 뿐이고 게다가 화폭 전체의 기운을 집중시키는 핵심으로 자리함에 따라 강렬한 안정감을 뿜고 있다.

허필은 또 한 점의 〈총석정〉을 남기고 있는데《관동팔경 8폭 병풍》중 하나가 그것이다. 뒷날 누군가의 청을 받아 여덟 폭 병풍을 그렸는데 그 안의 한 폭인 〈총석정〉은 겸재 정선 이래 즐겨 그리던 구도의 전형을 따른 작품이다. 바다 물결

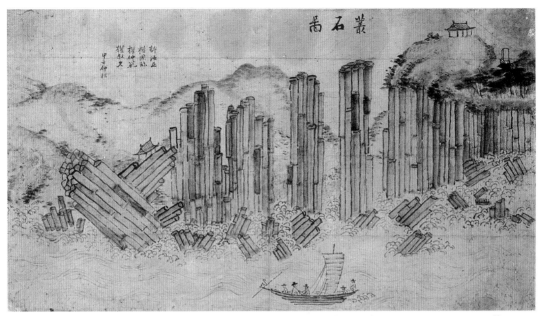

叢石亭

許海正
權國珍
權仲乾
權叔久
甲子仲秋

許海正
權國珍
權仲乾
權叔久
甲子仲秋

허필, 〈총석도〉, 45×80, 종이, 1744, 호암미술관.

허필, 〈총석정〉,
《관동팔경 8폭 병풍》, 85×42,
종이, 1744, 선문대박물관.

이 널리 퍼져 시원스럽고 화폭 상단에 글씨는 직사각 덩어리를 얹어놓은 듯 묵직한 기운의 흐름이 발생해 시화의 조화를 느낄 수 있다. 상단의 글씨는 고려시대의 문인 가정稼亭 이곡李穀, 1298-1351의 시다.

1758년 10월 허필은 경기도 안산에 머물던 성호星湖 이익李瀷, 1681-1763 선생을 만났다. 진경眞境을 설파하는 깊고 넓음에 취하여 꿈결같은 하룻밤을 새우는데 허필은 이때 관동팔경이며 총석정 그림 이야기를 빼놓지 않았을 것이다.

화폭에 담기 위한 옛사람들의 고민

안축은 '총석정 그리려 시 쓰고 그림 그릴 필요없다'고 했다. 하지만 그의 예언은 빗나갔다. 관동팔경 가운데 총석정을 그린 그림이 가장 많다. 지금껏 조사한 것만 36점이다. 그뒤를 잇는 낙산사를 그린 그림이 21점이라는 사실을 생각하면 총석정에 대한 주목도가 대단했음을 알 수 있다.

겸재 정선은 총석정을 마주하고 화폭에 어떻게 옮겨야 할지 오랫동안 고심했을지도 모르겠다. 오늘날 그의 총석정 그림은 모두 일곱 점이 전해오는데 각 시기별로 고르게 분포되어 있다. 1711년 처음 금강산 유람에 나선 정선은 총석정에 도착해 여러 각도에서 관찰한 끝에 적절한 구도를 잡아낼 수 있었다. 그때 그린《신묘년풍악도첩》중〈총석정〉은 화폭을 위 아래로 나누어 상단에는 먼 바다와 그 위에 떠 있는 섬을 띄엄띄엄 배치했다. 하단에는 해안선을 따라 즐비한 바위 기둥을 감싸고 도는 언덕을 마치 용이 휘돌아가는 모습으로 배치했다. 그 머리에 총석정이 있고 끝에 매향 행사를 치르면서 세운 매향비도 보인다. 경물에 작은 글씨로 이름을 써넣어 마치 한폭의 그림지도처럼도 보인다.

1747년 또다시 방문했을 때 제작한《해악전신첩》중〈총석정〉은 대담하고

정선, 〈총석정〉, 《신묘년풍악도첩》, 36×37.4, 비단, 1711, 국립중앙박물관.

단순하며 강렬하다. 주변의 여러 가지 경물들을 모두 생략하고 오직 총석과 정자만을 그렸다. 거칠고 빠른 먹선의 기운은 전에 없이 강렬하고 앞바다는 푸른색 담채로 깊고 아름다워졌다. 선비와 시동까지 배치한 것을 보면 여유로움까지 그리고 싶었나보다.

비슷한 무렵에 그린 《겸재화》의 〈총석정〉은 부드럽고 여유롭다. 총석정보다는 넘실거리는 동해바다를 주인공으로 삼은 게 아닌가 싶을 정도다. 총석정을 그린 나머지 작품도 모두 마찬가지다.

단원 김홍도는 자신보다 앞선 정선과 허필의 총석정 구도를 계승하되 가장 아름다운 풍경을 연출했다. 1788년에 그린 《해산도첩》 중 〈총석정〉은 화폭을 절반으로 나누어 하단으로 내려갈수록 꽉 채우고 상단으로 갈수록 깨끗하게 비웠다. 엄청난 바위 기둥도 수평선에서 약간 솟았을 뿐 오른쪽 언덕의 정자 높이와 왼쪽 바위 기둥의 키를 맞추어 무게의 균형을 잡았다. 푸른빛 담채도 아래쪽을 짙게 하고 거기에 짧은 바위막대와 물방울이 뒤엉켜서 소리마저 잘게 부서지는 듯 상쾌한 즐거움을 불러일으킨다. 섬세하고 자상한 사실 묘사에도 불구하고 이처럼 자연스러운 분위기를 연출할 수 있는 능력은 타고나기도 했겠지만 밑그림으로 그린 《해동명산도 초본첩》 중 〈총석정〉에서 보듯 성실하기 그지없는 대상 관찰과 사전 연습에서 비롯한 것이기도 했다.

몇 해 뒤인 1795년에 그린 《을묘년화첩》 중 〈총석정〉은 대상의 생김새보다는 김홍도의 기억 속에 있는 총석정을 꺼내 펼친 느낌의 작품이다. 두터우면서도 옅은 먹선을 사용하여 바위 기둥이 한결 부드러워졌다.

복헌復軒 김응환金應煥, 1742-1789이 1788년에 그린 《해악전도첩》 중 〈총석정〉은 김홍도와 여행 일정을 함께하며 그린 것인데 굵고 강한 필선이 두드러져 보인다.

정선, 〈총석정〉, 《해악전신첩》, 24.3×32, 비단, 1747, 간송미술관.

정선, 〈총석정〉, 《겸재화》, 25×19.2, 비단, 1747년경, 개인.

정선, 〈총석정〉, 28.3×45, 종이, 18세기 중엽, 개인.

정선, 〈총석정〉 18×12.8, 비단,
18세기 중엽, 고려대박물관.

후대의 화가들, 고정관념에서 벗어나다

대사간을 역임한 문인 창암蒼巖 박사해朴師海, 1711-1778나 평생 벼슬길에 나아가지 않은 자유인 기야 이방운이 그린 〈총석정〉은 앞선 이들의 구도를 따랐지만 이방운의 경우 먼 바다에 돛단배를 띄우는가 하면 화폭 하단 해안가의 어촌 마을이며 또한 나귀 타고 가는 선비 일행과 아주 가파른 언덕길을 오르는 선비의 모습을 그려 여행의 실감을 북돋우고 있다.

평양 출신으로 그 생애가 잘 알려지지 않은 화가 기곡 오명현, 관직에 나가지 않은 채 유람으로 생애를 누린 화가 지우재 정수영, 단원 김홍도와 동갑내기 도화서 화원으로 쌍벽을 이루던 화가 고송유수관古松流水館 이인문李寅文, 1745-1824이후 이들 세 사람은 지금껏 계속해오던 총석정 회화의 고정관념을 탈피했다.

오명현은 변화 없이 가느다란 선을 끊어질 듯 이어가며 힘없이 내려긋는 필치로 바위 기둥을 묘사했다. 거기에 옅은 먹을 베풀어 투명한 느낌을 더했다. 하단에 넘실대는 바다 물결 위를 잘도 버티는 배 한 척을 그렸는데 무엇보다도 그 크기를 대단히 키웠고 또 온 힘을 다하는 자세의 뱃사공의 모습이 매우 인상 깊어 실감이 넘친다. 그때까지 이런 총석정을 그린 화가는 없었다.

1799년 정수영이 그린《해산첩》중 〈총석정〉은 앞선 모든 작품들과 완전히 다르다. 지난 백 년 동안 모두가 바위 기둥이며 용의 등걸 같은 언덕에 주목했지만 정수영은 바위 기둥과 정자를 감싸고 있는 일대의 해안선에 주목했다. 또한 화폭 전체를 짙은 색채로 물들였는데 육지의 초록빛에 바다의 푸른빛이 번져나가듯 차분한 화려함이 끝을 모른다. 용의 언덕 저편에 바위 기둥이 숨어 있고 이쪽에는 어촌 마을이 줄지어 있어 평화로운 생활의 숨결까지 느껴지는데 유람선과 더불어 바다와 육지 사이에 출렁이는 파도의 물결도 아름답다.

이인문의 〈총석정〉은 전통적인 구도와 형태를 지키고 있지만 세상에 오직

巖石亭

김홍도, 〈총석정〉,
《해산도첩》, 30.4×43.7,
비단, 1788, 개인.

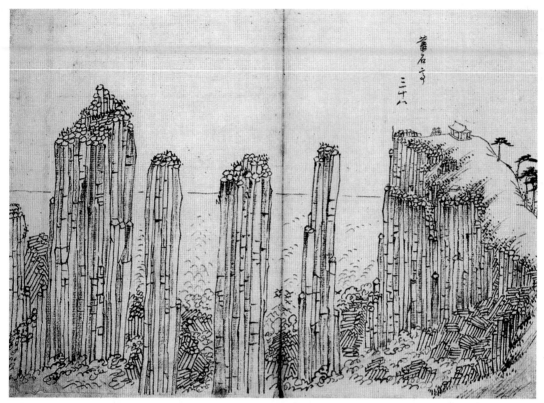

김홍도, 〈총석정〉, 《해동명산도 초본첩》, 30.5×43, 종이, 1788, 국립중앙박물관.

김응환, 〈총석정〉, 《해악전도첩》, 32×42.8, 비단, 1788, 개인.

김홍도, 〈총석정〉, 《을묘년화첩》, 23.2×27.7, 종이, 1795, 개인.

박사해, 〈총석정〉, 55.7×30.5, 종이, 18세기 중엽, 개인.

이방운, 〈총석정〉, 《관동팔경 8폭 병풍》, 60.8×35.1, 종이, 1800년경, 개인.

오명현, 〈총석정〉 33×22, 종이, 18세기 후반, 개인.

하나뿐인 총석정 풍경을 연출하는 데 성공했다. 화폭을 상중하 3단으로 나누어 상단에 수평선을 반듯하게 긋고 하늘을 완전히 비웠다. 중단은 일렁이는 바다와 그 위를 뒤덮은 구름 안개가 신비한 기운을 품고 있다. 하단은 힘에 넘치는 파도와 바위 기둥과 용의 언덕을 그려냈다. 형태와 색채를 극단으로 이끌어 가파른 긴장과 출렁대는 소용돌이 속으로 몰고 갔다. 그 결과 그 누구도 다가서지 못했던 총석정의 세계를 화폭 안에 마침내 실현시켰다.

오명현, 정수영, 이인문의 절정 이후 총석정 그림은 그 구도에서 전통의 궤도를 따르는 가운데 작가 개성을 부여하는 방식으로 전개되었다. 서얼 가문 출신으로 평생 하급 관료 신세를 벗어나지 못했던 터에 1825년부터 1830년까지 흡곡현감 시절 금강산과 관동 일대를 즐겨 그린 청류 이의성, 중인 출신으로 하급 관료를 역임하며 생계를 이어간 소당小塘 이재관李在寬, 1783-1849, 화원을 배출한 명문가의 대를 이은 당대의 도화서 화원이자 19세기 실경산수화를 이끌어나간 유재 김하종 그리고《동유첩》을 그린 이름 모를 화가가 바로 그들이다.

《동유첩》은 뒷날 형조판서를 여러 차례 역임한 육완당六玩堂 이풍익李豊翼, 1804-1887이 1825년 약관 22세 나이에 나선 금강산과 관동 일대 여행의 기록이다. 그는 이 당시 화원을 대동하고 유람을 했는데, 그 화원으로 하여금 그림을 그리게 하고 자신은 기행문을 써서 함께 묶었다. 그것이 오늘날 성균관대박물관에 전해오는《동유첩》이다. 아쉽게도 그때 유람을 함께 하고 그림을 그린 화가에 대해서는 이름이나 신분, 출신 등 그 어느 것도 전하지 않아 전혀 알 수 없다.

제1경. 지상에서 단 하나의 풍경, 총석정

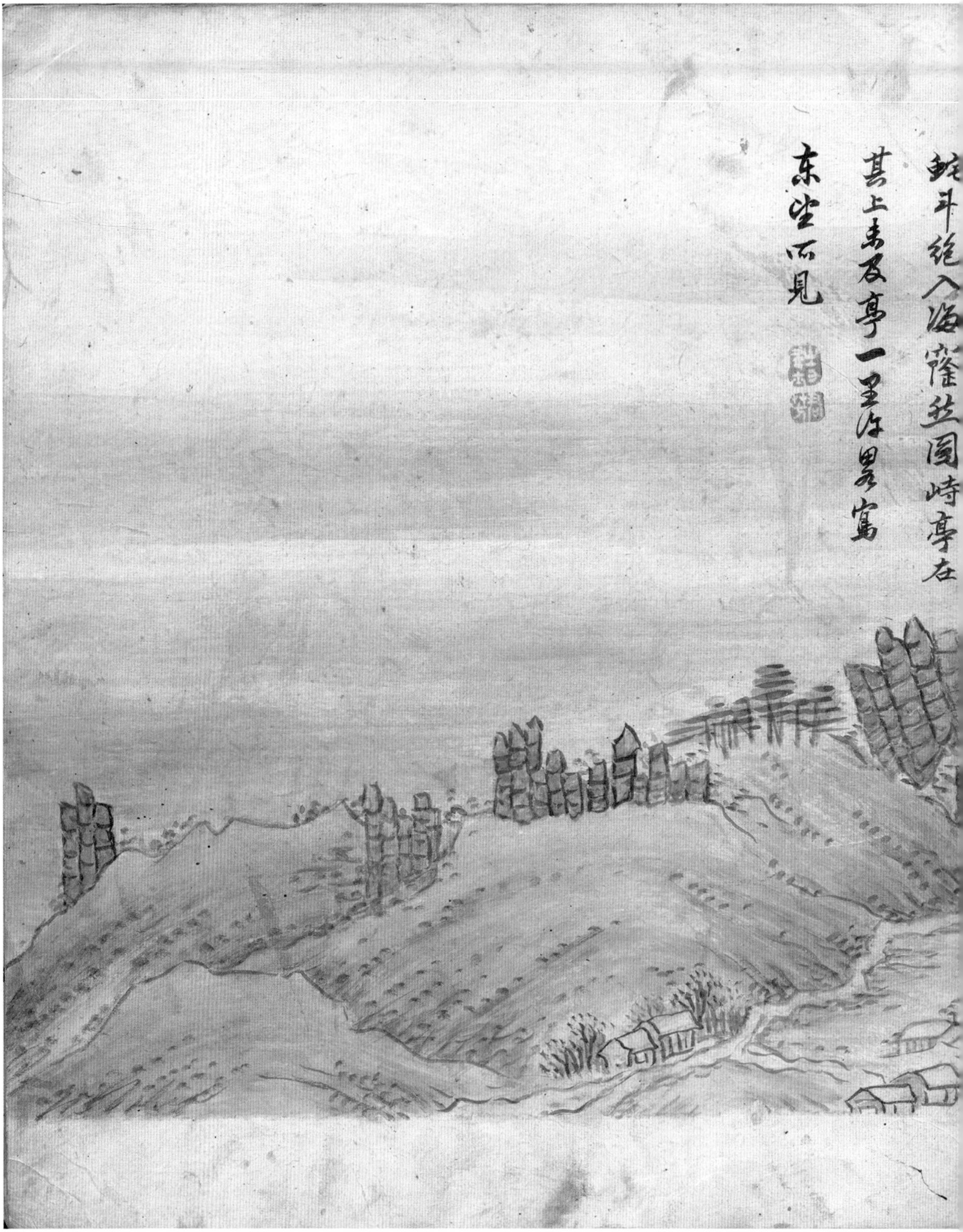
蛇斗絶入海窿然圓峙亭在
其上未及亭一里許畧寫
東望所見

由嶽池嶺行如玉坐几
三四峰頭名戴冠峭立
加海門一帶長蠻透迤如

정수영, 〈총석정〉, 《해산첩》, 37.2×62, 종이, 1799, 국립중앙박물관.

이인문, 〈총석정〉, 28×34, 종이, 18세기 말~19세기 초, 간송미술관.

이의성, 〈총석정〉, 《실경산수화첩》, 32×44, 종이, 1826-1829, 개인.

이재관, 〈총석정〉,
29.2×27.7, 종이,
19세기 전반, 서울대박물관.

김하종, 〈총석정〉, 《해산도첩》, 29.7×43.3, 비단, 1815, 국립중앙박물관.

미상, 이풍익 편, 〈총석정〉, 《동유첩》, 20×26.6, 종이, 1825, 성균관대박물관.

이토록 독창적인, 이토록 자유로운

앞에서 살폈듯 1745년 강원도 관찰사로 부임한 도계 김상성은 화가를 대동하고 관동의 명승 열 곳을 다니며 그림을 그리게 하여 이를 《관동십경》이라는 화첩으로 엮었다. 김상성이 데리고 다닌 화가에 대해서는 이름이나 신분, 출신 등 그 어느 것도 알 수 없다. 다만 그 화풍으로 미루어 강원도 지역을 무대로 활동하던 지역 화가임을 짐작할 뿐이다. 청록의 단청 안료를 사용한 채색과 십장생도와 같은 장식화 기법을 구사하는 방식은 1702년 제주목사를 수행하여 제주의 여러 경물을 그린 김남길金南吉의 《탐라순력도》에서도 잘 나타난 바 있다. 한양의 사족 및 중인이 구사하고 있던 주류 화풍과 크게 다른 이들 지역 화가들의 화풍은 짙고 화려한 채색에 성실한 묘사와 소탈한 기교를 통해 별천지의 신묘한 매력을 뿜어내고 있다.

《관동십경》 중 〈총석정〉은 환선정과 총석정을 좌우 양쪽에 배치하고, 두 정자를 잇는 언덕이 중앙의 바위 기둥을 감싸는 구도를 채택했다. 한 화폭에 환선정과 총석정을 함께 그리는 구도는 1711년 정선의 《신묘년풍악도첩》 중 〈총석정〉에서 처음 보였는데, 어쩐 일인지 이후로는 더 이상 그려지지 않았다.

1822년 양양부사로 부임한 백운白雲 심동윤沈東潤, 1759-?은 생애 말년을 경기도 수원에서 보낸 인물이다. 양양부사 재임 당시 관동과 금강 일대를 그렸는데, 그가 그린 《백운화첩》 중 〈총석정〉은 지금껏 보아온 총석정의 바위 기둥을 완전히 뒤집어 표현한 작품이다. 붓에 먹물을 적절히 묻힌 다음 위에서 아래로 반듯하게 그어내리기를 반복하는데 짙거나 옅은 변화 없이 막대 하나하나를 고르게 칠한 점에 주목해야 한다. 그 결과 평면성과 반복성을 얻어냈는데, 만약 여기에서 그쳤다면 추상으로 끝난다. 하지만 그는 하단에 곡선의 물결무늬와 아주 연한 담채로 파도를 채워놓고 상단에 흐린 곡선과 점을 찍어 용의 언덕을 그린 다음 두 그루의 소나무와 정자를 배치했다. 직선의 반듯한 막대기둥과 곡선의 언덕과 파도가 이질감

01 - "관동팔경을 보지 않으면 천지의 완벽한 공적을 볼 수 없으리"

미상, 김상성편, 〈총석정〉, 《관동십경》, 31.5×22.5, 비단, 1746, 서울대규장각.

심동윤, 〈총석정〉, 《백운화첩》, 32.5×43, 종이, 1822년경, 관동대박물관.

道
川羊敢
石

지산, 〈총석정〉,
《관동팔경 8폭 병풍》,
83×45, 종이, 19세기, 개인.

조광준, 〈총석정〉, 《금강산 6폭 병풍》, 110×36.5, 비단, 20세기 전반, 개인.

김오헌, 〈총석정〉, 《관동팔경 8폭 병풍》, 54.4×33, 종이, 20세기 초, 오죽헌시립박물관.

미상, 〈총석정〉, 83×41, 종이, 19세기, 개인.

을 일으킬 법도 하지만 짙고 옅음의 기법으로 미묘한 조화를 이룩해냈다.

누구인지 알 수 없는, 지산芝山이라는 화가가 그린 《관동팔경 8폭 병풍》 중 〈총석정〉은 배경인 산과 바다를 그린 화풍은 심동윤의 《백운화첩》 중 〈총석정〉과 유사하지만 주인공인 바위 기둥은 그 이전의 누구도 시도하지 않은 방식으로 묘사한 것이다. 마치 대나무 줄기 몇 개씩을 한 묶음으로 엮어 세워놓은 듯한데 맨 가운데 기둥의 키를 가장 높게 하고 좌우로 갈수록 작아지게 구성했다. 사실에 어긋나지만 배경의 뾰족한 산과 어울리는 구도를 위해 변형한 것이다.

운전雲田 조광준趙光濬, 1890무렵-?의 《금강산 6폭 병풍》 중 〈총석정〉처럼 전혀 다른 형상화도 일어났다. 하늘 위에서 총석정을 사선으로 비껴 바라보는 각도로 묘사함으로써 새로운 모습을 연출한 것이다. 조광준은 소림小琳 조석진趙錫晋, 1853-1920 문하에서 소정小亭 변관식卞寬植, 1899-1976과 함께 수련한 화가였으나 이후 그의 행적을 찾을 수 없는 미지의 인물이다.

강원도 양양 출신으로 추정되는 한남산인 김오헌의 《관동팔경 8폭 병풍》 중 〈총석정〉이 있다. 화폭 하단에 엎드려 있는 바위 기둥이라고 해서 '와총석'이며 휘어진 듯 굽어졌다고 해서 '곡암'이라는 이름을 쓴 바위들을 그린 것이 특이하다.

끝으로 그린 이를 알 수 없는 〈총석정〉은 독창성이 넘치는 작품이다. 화제를 보면 '망천화육望天化育 연비어약鳶飛魚躍 산청수록山靑水綠 요시화기搖是和氣'라 하였다. 그 뜻을 새겨보면 천지자연의 이치에 따라 기르는 솔개가 나르고 물고기가 뛰어오르는데 푸른 산과 초록빛 물이 지닌 생기 넘치는 기운이로구나 정도일 것이다. 자연의 이치에 따라 살아가는 것이야말로 천지의 조화로움이라는 것이다. 실제로 화폭을 보면 바위 기둥을 상중하 3단으로 나누어 배치하고 그 사이에 새와 물고기를 그려넣었다. 상단에는 세 마리의 새가 나르고 중단에는 세 마리의 물고기가 유유히 헤엄을 치는데 최하단에는 거대한 물고기가 활처럼 몸을 구부려 튕겨 오르려 하고 있다. 천연의 삶이란 얼마나 자유로운가를 그대로 보여주고 있다.

제2경. 맑으나 화려하며
고요하나 명랑하다, 삼일포

그림이나 되는 듯 그 속으로 빨려들다

고구려 때 고성高城의 이름은 높은 산을 낀 고을이란 뜻의 달홀達忽이었다. 신라 때 고성으로 이름을 바꾸었고, 고려 때는 바위가 많다고 해서 풍암楓巖이라는 이름도 얻었다. 한국전쟁 이후 남북이 나뉘면서 고성군도 둘로 나뉘었다.

김금원은 「호동서락기」에서 삼일포에 배를 띄운 순간 '이미 인간세상이 아니다'라고 탄식하고서 호수 가운데 섬에 올라 '그 광경이 그윽하고 어여뻐 마치 얌전하고 정숙한 여자가 맑게 꾸미고 단정하게 선 듯하다'고 비유한 뒤 다음처럼 썼다.

"나는 이 호수를 관동의 얼굴이라 부르겠다."[23]

향나무를 꺾어 아름다운 바닷가에 묻는 매향 행사가 용화세계龍華世界로 가는 길목의 하나였던 건 아주 오랜 고대의 풍습이었다. 매향 행사는 아무나 할 수 있는 것도, 어느 땅에서나 할 수 있는 것도 아니었다. 향도香徒라는 특정 집단이 했던 일이고, 산악에서 흐르는 계곡 물과 바닷물이 만나는 특정 지점을 골라서 해야 했다. 향도는 신라시대 화랑을 뜻하는 말이다. 신라 진평왕 시절인 609년 김유신金庾信, 595-673이 조직한 집단을 용화향도龍華香徒라고 했던 바처럼 화랑은 곧 미래 세상을 열어가는 희망의 집단이었다. 눈부신 활약으로 말미암아 화랑 전통은 계속 이어졌고 고려시대 때는 불교 색채가 더욱 강렬해졌으며, 조선시대에 이르러 불교를 억압하는 정책에 따라 종교 색채를 씻어내는 한편, 마을 공동체의 과제를 해결해가는 향촌 색채를 드러냈다. 이런 변천 속에서도 화랑이나 향도나 매향 풍습을 지속해나갔다.

하루를 살아가기조차 힘겨운 민인民人들의 삶이 아니라 제법 사는 사람들에게도 현실이란 고통스러운 법이다. 해적의 침탈, 한국전쟁처럼 외적과의 싸움판이 아니라고 해도 탐관오리 따위의 가혹한 횡포도 겪어야 하고 또 나보다도 더 크고 센 자들로부터 이런저런 수모를 겪어야 하는 것이 세상 이치이니 인생이란 따지고 보면 들풀만도 못한 것이다. 그래서 그들은 희망을 미래에 걸었다. 그들의 희망은 미래 용화세계였다. 용화세계의 땅은 유리처럼 반듯하여 깨끗하고, 꽃과 향기로 뒤덮인 곳이요 또한 풍요로움이 넘쳐 살기 좋은 세상이다.

1309년 고려 충선왕忠宣王, 1275-1325은 즉위 직후 몽고의 반식민지로 전락하여 흔들리는 나라를 바로잡으려고 고려 향도와 지방 수령을 동원하여 이곳 고성 삼일포에서 매향 행사를 대규모로 시행토록 했다. 행사를 마무리할 무렵 매향비를 세웠다. 왜 삼일포였을까. 간단하다. 금강산에서 흘러내려오는 냇물이 동해바다와 만나는 이곳 삼일포야말로 행사를 치를 수 있는 적임지였기 때문이다. 오늘날 그 매향비는 사라졌지만 김상성이 엮은 《관동십경》 중 〈삼일포〉에 흰빛 비석이 또렷하게 새겨진 것을 보면 이 그림을 그리던 1746년까지는 의연히 서 있었음을 알 수 있다. 게다가 1711년에 그린 정선의 《신묘년풍악도첩》 중 〈삼일포〉에는 매향비가 서쪽과 남쪽에 두 곳이나 그려져 있어 놀랍다.

이중환은 『택리지』에서 삼일포에 대해 다음처럼 말했다.

"고성 삼일포는 맑고 묘한 중에 화려하며 그윽하고, 고요한 중에 명랑하다. 숙녀가 아름답게 단장한 것 같아서, 사랑스럽고 공경할 만하다."[24]

풍경을 숙녀에게 비교한 건 거의 드문 일이거니와 유난히 이중환이 그리했다. 여기에는 무슨 까닭이 있을 게다. 나로서는 가본 적이 없어서 짐작조차 할 수 없지만 실제로 이곳에 와서 노래한 고려시대 사람 채련蔡璉은 호수를 둘러싼 봉우리를 가리켜 읊기를 '36봉우리 여인의 머리쪽인 양 아름답기도 하니, 반드시 미인을 배에 실어야 풍류겠느냐'고 하였고 또 안축은 호수 가운데 솟은 섬을 두고 부용화芙蓉花에 비교하였으니 사람들은 호수를 보며 아름다운 여인을 떠올린 것이겠다.

어느 날 네 명의 화랑, 즉 향도가 삼일포를 찾았다. 임무가 커서 하루만에 떠나야 했음에도 사흘 밤낮을 머무르고 말았다. 왜 사흘이나 머물렀을까. 사람들은 삼일포 풍경에 빠져들어 그랬을 것이라고 하지만 어디 풍경 탓만일까. 어느 바위에 올랐을 때 그곳에서 흘러나오는 가락을 듣고서는 저절로 춤을 추어야 했다. 그리고 한참이 지나서야 시간의 흐름을 깨달았다. 그 바위를 무선대舞仙臺라 하는데 뒷날 바위에서 흘러나온 가락을 정리한 악보가 다름 아닌 궁중의 「사선악부」四仙樂部다. 이들을 춤추게 한 노래는 분명 아름다운 여신의 가락이었을 터인데 그렇게도 매력에 넘쳐서였는지 고려시대 때 팔관회에서도, 조선시대 궁중행사에서도 끊이지 않았다. 이들 네 명의 향도는 자신들의 춤에 군주의 장수와 안녕을 기원하는 노래 「천보구여」天保九如를 담아 임금에게 올렸다. 막중한 임무에서 일정을 이틀이나 어긴 이들은 임금으로부터 용서를 받았다는데 어쩌면 임금에게 「천보구여」를 바쳤기 때문은 아닐까.

'우리나라 팔도에 호수가 없으나 고성 삼일포, 강릉 경포대, 흡곡 시중대, 간성 화담, 영랑호, 양양 청초호처럼 오직 영동에만 있는 이 여섯 호수는 거의 인간 세상에 있는 것이 아닌 듯하다'고 지목한 청담 이중환은 『택리지』에서 자못 심각한 어조로 호수를 논하며 삼일포 이야기를 들려준다.

> "삼일포는 호수 복판에 사선정四仙亭이 있다. 곧 신라 때에 영랑永郞, 술랑述郞, 남석랑南石郞, 안상랑安詳郞이 놀던 곳이다. 네 사람은 벗이 되어 벼슬을 아니하고 산수에 놀았다. 세상에서는 그들이 도를 깨쳐, 신선이 되어서 갔다고 한다. 호수 남쪽 석벽에 있는 붉은 글씨는 곧 네 선인이 이름을 쓴 것인데 붉은 흔적이 벽에 스며서 천 년이 넘었으나 바람, 비에 닳지 않았으니 또한 이상한 일이다."[25]

삼일포는 군사분계선 남쪽 사람들에게는 갈 수 없는 곳이다. 분단으로 사람이 만들어둔 장벽 탓이다. 맑고 푸른 하늘에는 잔별도 많고 우리네 가슴에는 근심도 많다지만 이제 먼지에 찌들어 별도 가려지고 근심도 자취를 감추니 그저 옛 그림을 펼쳐 그 속으로 들어가보는 것 말고는 다른 방법이 없다.

망국의 위기를 바라보면서도 끝내 운명의 끝자락을 놓지 않으려 했을 고종의 신하 한장석韓章錫, 1832-1894이 함경도 관찰사를 지낼 때 이곳에 들렀다. 그는 삼일포가 그림이나 되는 듯 그 속으로 빨려들었다는 뜻의 '재화도중'在畵圖中이라는 말을 남겼다. 그의 노래 「삼일포」는 다음과 같다.

> "영랑이 떠나가니 물가 정자 쓸쓸하고, 백조 날아가자 거울 같은 호수 바람뿐. 아득히 비낀 해에 섬에서 돌아갈 길 서두르는데, 작은 배와 사람 그림 속에 있구나"[26]

전형을 따르거나 자유롭게 그리거나

한장석이 본 것이 무엇인지 알 수 없지만 1711년에 겸재 정선이 그린《신묘년풍악도첩》중 〈삼일포〉가 그 풍경을 자세히 보여주고 있다. 이 작품은 한폭의 아름다운 산수화이자 지도보다 더욱 자상한 그림지도다. 정사각형의 비단 화폭 중앙 섬에 네 그루의 소나무와 정자를 세우고 거기에 '사선정'이라고 써놓았다. 왼쪽 상단부터 살펴보자면 봉긋하게 솟은 봉우리에 작은 글씨로 '문암'門岩과 '몽천암'夢泉庵이 보인다. 그 아래로 내려오면 '매향비'가 보이는데 하단 왼쪽 바위섬에도 또 '매향비'가 보인다. 그 오른쪽에는 섬으로 건너갈 배와 나귀 탄 선비 일행이 보이고 거기에 '삼일호'三日湖라고 써넣은 것이 보인다. 중심과 주변이 또렷한 원형 구도가 안정감을 주고 담담하여 부드러운 붓질이 그윽하여 삼일포의 빼어난 모습을 연출하는 데 성공해서인지 이후 하나의 전형으로 자리를 잡았다. 만약 정선 이전의 누군가 삼일포를 그렸다고 해도 이와 비슷하게 그렸을 것 같다. 정선은 1751년에 그린《관동팔경 8폭 병풍》중 〈삼일포〉에서도 같은 구도를 구사했는데 이 그림의 특이점은 두 가지다. 하나는 오른쪽 하단에 두 마리의 나귀를 타고 가는 선비 일행을 매우 실감나게 묘사한 것이고 다른 하나는 일행 위쪽으로 두 개의 선바위를 마치 경배하는 사람의 모습으로 형상화한 것이다.

연객 허필은 1744년에 그린《관동팔경 8폭 병풍》중 〈삼일포〉 화폭 상단에 고려시대 문인 제정霽亭 이달충李達衷, 1309-1385의 시편을 써넣었다. 화폭은 위아래로 길지만 시선은 육지에서 바다를 바라보는 방향이어서 정선의 구도와 같다. 호수 중앙에 사선정이 있는 섬을 매우 작게 그렸고 그 상단 왼쪽으로 문암과 몽천암을 배치했다. 하단에는 바위 기둥 두 개를 세웠는데 아낙네의 뒷모습처럼 보인다.

허필만큼이나 자유로웠던 화가 기야 이방운의 〈삼일포〉 또한 분방하다. 특히 화폭 하단에 바위 기둥 대신 커다란 소나무 여섯 그루 아래 선비들이 풍류를 즐

정선, 〈삼일포〉, 《신묘년풍악도첩》, 36×37.4, 비단, 1711, 국립중앙박물관.

정선, 〈삼일포〉, 《관동팔경 8폭 병풍》, 56×42.8, 종이, 1751, 간송미술관.

三日浦
沙汀漠ヒ
遠并流
雪山溪
漢玉鋪屏
甲仙亭
畔訪仙華
三日浦
頻撥艼
汀

右瓣亭李逹泉
詩
麗朝文靖公

허필, 〈삼일포〉,
《관동팔경 8폭 병풍》, 85×42,
종이, 1744, 선문대박물관.

이방운, 〈삼일포〉, 24.8×15.7, 종이, 1800년경, 간송미술관.

기고 있어 그야말로 유람의 기쁨을 한껏 누리는 분위기를 그린 작품답다. 마침 호수에 배도 두 척이나 띄웠다.

정선에 이어 또 한 시대를 풍미한 위대한 화가 현재 심사정이 1738년 여름 금강산 여행길에 삼일포를 그렸다. 심사정은 해안선에 서서 삼일포를 보는 구도를 선택했다. 그러다 보니 멀리 금강산이 보인다. 배치해놓은 경물들은 겸재 정선의 그림과는 반대 방향이다. 문암과 몽천암도 오른쪽으로 옮겨왔고 유람객 일행의 선착장도 왼쪽으로 바뀌었으며 사선정도 방향을 틀었다. 매향비 또한 사선정 뒤쪽 바위섬에 조그만 직사각형으로 서 있다. 화면 전체를 푸른빛으로 물들인 것이 가장 특별하고, 경물을 여러 방향으로 흩어놓아 자유분방해 보인다. 화면 전체에 눈 내리듯 벌레가 먹은 좀 자국이 퍼져 있는데 우연이지만 어쩐지 훨씬 더 아름다워졌다.

의관으로 살면서 뛰어난 그림을 남긴 이곡 정충엽은 정선과 심사정의 구도를 절충해 단정하게 묘사했다. 다만 해안선에서 본 심사정의 시선을 약간 틀어 유람객의 선착장을 화폭 하단 중앙으로 끌어내렸다. 이에 따라 문암과 몽천암도 위로 밀려서 약간 올라갔다. 사선정이 있는 섬은 역시 호수 중앙에 자리하고 있지만 섬의 양쪽 위에 있는 조그만 섬에 매향비가 하나씩 보인다. 매향비 뒤로 멀리 금강산이 아득하다.

김홍도의 그림 60점을 묶은 《해산도첩》 중 〈삼일포〉는 앞서 출현한 어떤 그림과도 다르다. 여기저기 트여 있던 이전 그림과 달리 삼일포 주변에 울타리를 두른 듯 잘 막아놓았다. 문암과 몽천암도 삭제했는데 다만 호수 중앙의 섬에 사선정을 단정하게 배치하고 뒤쪽 섬에 매향비를 바위처럼 세웠다. 또한 곱고 세심한 붓질로 단아하고 유려한 승경지의 품격을 드높여 놓았다. 최고 수준의 삼일포가 탄생한 것이다.

김홍도에 이어 또 다른 걸작이 탄생했다. 지우재 정수영이 1799년에 그린

심사정, 〈삼일포〉, 27×30.5, 종이, 1738, 간송미술관.

정충엽, 〈삼일포〉, 22×28, 종이, 18세기, 개인.

三日浦

김홍도, 〈삼일포〉,
《해산도첩》,
30.4×43.7, 비단,
1788, 개인.

海山亭

정수영, 〈삼일포〉, 《해산첩》, 37.2×62, 종이, 1799, 국립중앙박물관.

《해산첩》 중 〈삼일포〉는 지금껏 본 적 없는 필치와 색감과 구도를 연출했다. 날카로운 직선을 짧게 낳어가며 계속 이어가면서 그 선 수위로 이끼 점을 찍고 푸른 잎을 뿜내는 나무들도 적절히 배치한 뒤 옅은 담채를 입힘으로써 전에 볼 수 없던 분위기의 산수화가 탄생했다. 화폭 상단의 산세를 보면 중앙이 가장 높고 좌우 양쪽으로 조금씩 낮아져 활처럼 휘는 것이 탐스럽다. 화폭 중앙을 차지하고 있는 호수는 거울처럼 푸르고 투명한 것이 마치 하늘을 옮겨놓은 느낌이다. 다만 정수영은 호수 안의 섬에 있는 정자 이름을 해산정이라고 써놓았다. 하지만 해산정은 삼일포 남쪽에 있는 또다른 정자의 이름이다. 삼일포와 별개로 관동십경의 하나로 꼽히곤 하던 곳이기도 하다. 그러니 여기에서는 정수영이 혼동한 것으로 보아야겠다.

복헌 김응환의 《해악전도첩》 중 〈삼일포〉는 역시 1788년 김홍도와 함께 했던 유람길에 그린 작품이다.

세기가 바뀌었어도 삼일포 풍경은 여전했다. 청류 이의성의 《산수화첩》 중 〈삼일포〉는 가장 화사하고 경쾌하여 눈부신 작품이다. 세부를 꼼꼼하게 살펴 보는 즐거움이 제일이다.

유재 김하종이 23세 젊은 나이인 1815년에 춘천부사 소화小華 이광문李光文, 1778-1838의 부름을 받아 수행하면서 강원도 일대를 그린 《해산도첩》 중 〈삼일포〉는 삼일포를 호수가 아니라 넓게 흐르는 강으로 그렸다. 둥그런 원형을 탈피한 것이다. 그런데 1865년 그는 《풍악권》 중 〈삼일포〉를 그리면서 원형 구도를 다시 따랐다. 화폭 중단 오른쪽 끝에 문암과 몽천암도 제자리에 위치시켰다. 그러나 변화가 없는 건 아니었다. 그는 바로 앞 세대의 거장 김홍도나 정수영과는 전혀 다른 필법으로 자신만의 삼일포를 만들어나갔다. 계속 구불구불 이어지는 곡선을 사용하여 그 굵기와 짙기에 변화를 주는 필선을 구사하고 담채는 아주 옅은 황색과 회색으로 부드러운 느낌을 최대한 살려냈다. 언덕의 곳곳에 배치한 나무는 앙증맞을 정도의 활기를 불러일으킨다. 그리고 보니 귀엽고도 깜찍한 분위다.

육완당 이풍익이 1825년 화원을 대동하고 유람한 뒤 글과 그림을 묶어 만든 《동유첩》 중 〈삼일포〉는 김홍도의 〈삼일포〉와 거의 유사하다. 세부를 비교해보면 모든 경물의 배치가 꼭 같다. 다만 화폭 왼쪽 상단에 달을 그린 데서 보듯 야경으로 바꿔 그렸다는 점이 특별하다.

국립중앙박물관 소장품인 《금강산도권》 중 〈삼일포〉는 각양각색의 경물들을 매우 자세히 형상화한 작품이다. 특히 화폭 오른쪽 상단의 문암이며 그 아래 거북이 바위가 두드러져 보인다.

지역 화가들이 만들어내는 풍경의 즐거움

주류 화풍에 대응하는 지역 화풍을 구사한 《관동십경》 중 〈삼일포〉는 삼일포를 둥근 원으로 설정하고 주위를 청록의 산수로 감싸면서 상단을 텅 비우고 중단부터 채움으로써 비례의 아름다움을 추구했다. 호수의 상단 왼쪽 문암처럼 보이는 곳에 바위에 새긴 글씨라는 뜻의 '단서'丹書라는 글씨를 쓴 것은 아마도 문암에 많은 이들이 글씨를 썼기 때문일 게다. 그 반대편 오른쪽에는 '매향비'라고 썼는데 흰색을 칠한 직사각형 비석이 눈에 확 들어온다. 반대편 왼쪽 문암 위에도 흰 비석이 서 있어 쌍으로 바로 앞 그림 한가운데의 사선정을 지켜보는 구도다. 호수 하단 오른쪽에는 '구암'龜岩이라는 글씨가 있는데 동서 양쪽에 있는 동귀암東龜岩과 서귀암西龜岩을 그린 것으로 다른 그림에서는 볼 수 없다. 무엇보다도 호수 하단에 헤엄치고 있는 오리가 구암과 더불어 아주 특별해 보인다.

경탄을 자아내는 또 하나의 지역 화풍을 구사한 작품은 양양부사 백운 심동윤의 《백운화첩》 중 〈삼일포〉다. 그 구도와 경물의 형상이 예상 밖이다. 상단에는 가까이에 거대한 봉우리와 그뒤로 흐릿한 봉우리를 배치했고 하단에는 삼일포를

김응환, 〈삼일포〉, 《해악전도첩》, 32×42.8, 비단, 1788, 개인.

이의성, 〈삼일포〉, 《산수화첩》, 32×44, 종이, 1826-1829, 개인.

김하종, 〈삼일포〉, 《해산도첩》, 29.7×43.3, 종이, 1815, 국립중앙박물관.

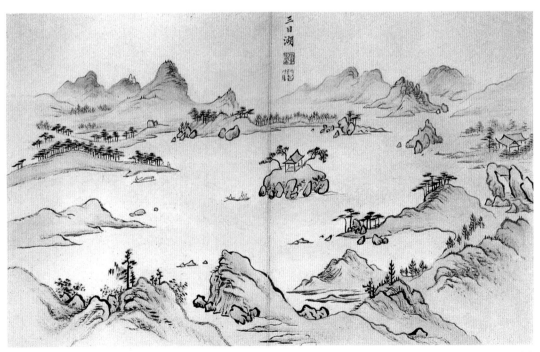

김하종, 〈삼일포〉, 《풍악권》, 30.9×49.7, 종이, 1865, 개인.

미상, 이풍익 편, 〈삼일포〉, 《동유첩》, 20×26.6, 종이, 1825, 성균관대박물관.

미상, 〈삼일포〉, 《금강산도권》, 26.7×43.8, 종이, 19세기, 국립중앙박물관.

미상, 김상성 편, 〈삼일포〉, 《관동십경》, 31.5×22.5, 비단, 1746, 서울대규장각.

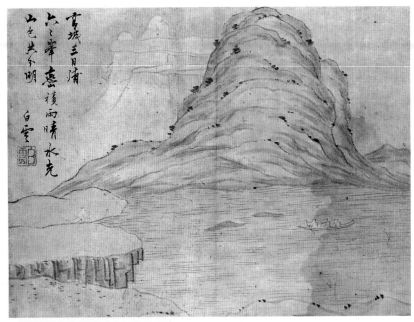

심동윤, 〈삼일포〉, 《백운화첩》,
32.5×43, 종이, 1822년경,
관동대박물관.

김오헌, 〈삼일포〉, 《관동팔경 8폭 병풍》,
54.4×33, 종이, 20세기 초, 오죽헌시립박물관.

넓게 깔아두었다. 상상하기 힘든 발상의 이 작품은 실경화라고 보기 어렵다. 나아가 사실을 재구성한 것으로 보기에도 너무 지나치다. 하지만 18세기 지역 화풍이 탄생시킨 실경산수로 그 시대의 무궁한 가능성을 표상하고 있다는 점에서 경탄을 자아내는 건 어쩔 수 없다.

토박이 선비 화가인 김오헌의《관동팔경 8폭 병풍》중〈삼일포〉는 각각의 경물마다 기묘한 형상을 하고 있어 뜯어보는 즐거움도 있지만 그 각양각색을 한 덩어리로 묶으니 정작 드넓은 호수는 안 보인다. 수묵 위주의 중앙 화풍을 구사하고 있지만 여백의 구성법을 배제하여 화폭을 꽉 채우고 보니 색다른 면모를 보여준다. 지역 화풍이 연출하는 풍경의 즐거움이다.

제3경. 경쾌하고 명랑한
승경지의 맛, 청간정

누구나 이곳에서 편히 쉬라는 뜻

간성杆城 땅은 고려 때 가라홀이었다. 가라는 그 소리와 비슷한 '간'杆으로 바꿨고 홀은 마을 또는 담장이란 뜻이므로 '성'城이라고 바꿔 간성이라는 이름이 생겼다. 일제강점기에 고성으로 병합하여 간성은 고성의 일부가 되었다.

속초에서 고성으로 가는 해안선에 청간정이 그윽한 자태를 하고 있다. 남한에서의 관동팔경 여행은 이곳에서 끝이 난다. 그러니까 북쪽 끝에 있는 청간정은 남한에서 누릴 수 있는 관동육경의 시작이요 끝이다.

설악산 북쪽, 백두대간으로 향하는 진부령은 가도가도 끝이 없고 넘어도 넘어도 또 넘어야 했던 고갯길이었다. 그 옛날 무섭도록 높던 그 길들은 이제 아득한 전설이 되었다. 오늘날에는 고속도로가 뚫렸다. 하지만 여전히 고개는 고개요, 진부령은 진부령이다. 빗댈 수조차 없이 깊고 높은 그 장엄함이 여전하다. 진부령 넘어 해안선 타고 북쪽까지 질러가면 마지막 항구 대진항이 발길을 잡는다. 남쪽으로 향하는 길에는 이승만과 김일성의 별장이 있다는 화진포와 선유도가 손짓을 하지만 용무가 그쪽이 아니라 그냥 지나치곤 한다.

오래 전 고성군 토성면 청간리 바닷가에는 역이 있었다. 속초에서 고성으로 뚫린 길을 가다보면 쉬었다 가야 할 꼭 그 자리다. 누구나 편히 쉬라고 누각을 세운 게 청간정이다. 조선시대 때인 1520년 간성군수가 이곳 누각을 새로 수리했다고 하니 그보다 훨씬 전에 세운 것이겠다. 제법 유명한 누각에는 저명한 인물들의 글씨가 나붙어 있곤 하는데 청간정은 매우 특별한 인물의 글씨가 있었다. 조선의 명필 봉래蓬萊 양사언楊士彦, 1517-1584이다.

명필의 기적, 천재의 꿈

양사언은 회양 고을 수령으로 한때 이곳의 주인이었다. 회양 땅에는 금강산과 해금강이 있어 조선 최고의 승경지였다. 양사언은 철원, 평창, 강릉 고을 수령도 역임했으니 강원 땅이 마치 제집 같았을 것이다. 그래서였을까. 스스로 정자 하나를 지었다. 오늘날 통일전망대가 있는, 북방한계선 끝에 있는 연못 감호鑑湖에 세운 이 정자의 이름은 비래정飛來亭이었다. 양사언은 이름을 지어놓고 현판에 새길 글씨를 썼다. 너무나도 심혈을 기울여 썼기 때문일까. 보는 이마다 그건 사람의 글씨가 아니라고 했다. 신선의 글씨라는 거다. 특히 세 글자 가운데 나를 '비'飛자는 신필神筆이라는 소문이 자자했다. 세월이 흘렀고 그 역시 강원도를 떠났다. 그런 그가 뒷날 유배의 형에 처해졌다가 풀려나 귀향하던 어느 날 신기한 일이 일어났다. 회오리가 일어 비래정을 휩쓸고 지나가버렸는데 현판의 '비' 한 글자만 지워졌다. 바람과 함께 글씨가 날아가버린 것이다. 더 놀라운 일은 황해도를 출발했던 양사언이 바로 그 순간 별세했다는 거다. 사람도 글씨도 바람과 함께 사라진 것이다.

글씨와 함께 사라진 양사언은 명필로만 유명한 게 아니다. 청백리로 살아 단

한푼의 재산도 남기지 않았던 그는 또한 울진 사람으로 저명한 격암格庵 남사고南師古, 1509-1571에게 역학과 천문을 배워 임진왜란을 아주 정밀하게 예언했다는 일화로도 널리 알려진 인물이다.

봉래 양사언과 인연이 닿았던 청간정은 1884년 불에 타 재가 되었고 지금의 청간정은 1928년 토성면 김용집 면장이 재건한 것이다. 뒷날 1953년에는 화진포 별장으로 휴가 왔던 이승만 전 대통령이 들러 현판 글씨를 썼고 또 1980년 동해안 순시 때 최규하 전 대통령도 글씨를 써서 걸어두었다. 그러고 보면 청간정은 관동 팔경 가운데 유별나게 대통령들과의 인연이 잦다. 그렇다고 거대하거나 화려하지 않다. 오히려 거꾸로다. 그 규모는 아주 작고 생김새는 단정하다. 그 크기에 맞는 단아함을 지녔다. 이는 옛날 말이다. 요즘 청간정은 단청이 지나쳐 너무 화려하여 마치 채색이 덕지덕지한 느낌이다.

청간정이 옛 그림처럼 담담하던 시절, 남쪽의 강릉 사람 교산蛟山 허균許筠, 1569-1618이 이곳에 도착했다. 허균은 스스로를 중국 역사상 가장 유명한 한漢나라 궁전 미앙궁味央宮의 금마문金馬門을 지키는 늙은 세성歲星으로, 함께 온 사람은 금 강산 담무갈曇無竭로 비유했다. 담무갈은 반야경을 설법하여 1만 2천 보살의 주인으로 군림하는 인물이다. 그러므로 고려 태조 왕건이며 조선 태조 이성계 같은 창업 군주들이 모두 담무갈을 찾아보려 했다. 또한 세성은 목성으로 방위를 잡고 사계를 순환시켜 한 해의 질서를 잡아주는 성좌로 인군人君의 상징이다. 허균은 새 나라를 꿈꾸었던 것이다. 천재였던 허균은 일찍이 혁명 소설『홍길동전』을 지어 널리 퍼뜨리는가 하면 실제로 강변칠우江邊七友와 더불어 반정을 계획한 반역아였다. 끝내 역적의 죄명으로 처참하게 사형을 당하고 말았지만 반정을 준비하던 어느 날 청간정에서 꿈을 꾸었다. 그 꿈에서 자신은 천하의 질서를 잡는 군주였으며, 친구는 1만 2천 군사의 장수였으니 어쩌면 청간정은 허균의 꿈이 시작되는 바로 그곳이었는지도 모른다. 이곳에서 그가 읊은 노래는 다음과 같다.

"금강산 담무갈이 그대라면, 금문의 늙은 세성이 나일세

만남이 늦어 비록 한스럽지만 교분이 저절로 이루어져 세상일 잊는구나

잠시 이별이야 번거로운 세상 탓, 그윽한 기약은 늙음에 맡겨둔 채

높은 정자에 낮꿈을 남기는데 하늘 밖 봉우리가 푸르구나"[27]

그림 속에서 어촌 생활을 엿보다

청간정을 그린 옛 그림은 모두 12점이다. 그 가운데 가장 청간정다운 느낌을 지닌 건 표암 강세황의 그림이다. 1788년 큰아들이 회양부사로 발령이 나자 두 아들을 이끌고 금강산을 유람하며 《풍악장유첩》楓嶽壯遊帖을 완성했다. 일부 여정을 함께 한 김홍도는 이때 《해산도첩》을 완성했는데 스승과 제자가 따로 그린 청간정 그림을 빗대보면 구도는 같으나 단아함이며 소탈한 맛에서 스승 강세황이 훨씬 빼어나다. 《해산도첩》은 《금강사군첩》으로도 알려져 있다. 강세황의 기행문에 따르면 그는 금강산을 넘어 관동의 해안까지는 가지 않았으므로 〈청간정〉은 김홍도가 그린 초본을 보고 재구성한 것이다.

김홍도의 〈청간정〉은 강세황의 〈청간정〉과 달리 지극히 섬세하여 풀 한 포기 돌멩이 하나 빼놓지 않았다. 그 화폭 하단을 보면 가옥과 담장만이 아니라 어업과 관련한 여러 시설물까지 꼼꼼하게 묘사함으로써 거의 실제와 같은 어촌 풍경을 연출했다.

복헌 김응환의 《해악전도첩》 중 〈청간정〉은 이 당시 김홍도의 유람길에 동행하여 그린 그림이다.

김홍도보다 앞선 연객 허필과 이곡 정충엽이 그린 〈청간정〉에서도 어촌의 여러 가지 시설물까지 함께 묘사하고 있음은 흥미롭다. 어촌 생활에 대한 이들의

강세황, 〈청간정〉,
《풍악장유첩》,
33×48,
종이, 1788,
국립중앙박물관.

김홍도, 〈청간정〉, 《해산도첩》, 30.4×43.7, 비단, 1788, 개인.

김응환, 〈청간정〉, 《해악전도첩》, 32×42.8, 비단, 1788, 개인.

허필, 〈청간정〉,
《관동팔경 8폭 병풍》, 85×42,
종이, 1744, 선문대박물관.

정충엽, 〈청간정〉, 21×30, 비단, 18세기, 일민미술관.

이의성, 〈청간정〉, 《산수화첩》, 32×44, 종이, 1826-1829, 개인.

관심이 후배 김홍도에게 전승된 게 아닌가 싶다. 바다에서 육지를 향한 시선으로 구도를 잡은 정충엽의 작품은 무려 세 채의 건물로 구성된 누각의 규모를 강조해 보여주고 있고 허필은 여행의 달인답게 바람에 흩날리는 비드나무를 강조해 그렸다. 두 작품 모두 특별해 보인다.

김홍도보다도 30년 연하인 청류 이의성의 〈청간정〉은 강세황, 김홍도의 구도와 경물 묘사를 그대로 따랐는데 화폭 하단 묘사를 보면 김홍도의 〈청간정〉을 모사한 게 아닌가 싶을 정도다. 다만 필치와 채색이 경쾌하여 보기에 좋다.

겸재 정선이 1738년에 그린 《관동명승첩》 중 〈청간정〉은 정자 앞 불끈 솟은 바위 기둥과 파도를 강조하여 무척 강렬하다. 바위 꼭대기에 올라 소나무 그늘 아래 담소를 즐기는 두 명의 선비와 시동이 실감나는데 무엇보다도 이 작품의 강렬한 부분은 넘실거리는 거대한 파도다. 그러므로 청간정이 아니라 동해바다를 그린 그림이다. 바다 물결을 이토록 장대하고 화려하게 그려낸 그림이 어디 또 있을까.

앞선 주류 화풍과 달리 지역 화풍에 포섭당하는 순간 풍경은 전혀 다른 아름다움으로 변화한다. 《관동십경》 중 〈청간정〉은 해안선에 일어나는 파도의 포말과 가옥을 감싸고 있는 꽃나무들이 눈부시다. 화폭 상단은 수평선에 동이 트는 순간의 바다로 꽉 채우고 하단은 두 팔을 벌려 청간정과 바위 기둥을 감싸는 구도로 설정해 아늑하고 포근하다. 물론 청록을 비롯해 여러 가지 색채가 눈부시게 화려하다. 오리 세 마리가 갈매기 두 마리와 함께 등장하는 것도 재미있다.

지산의 《관동팔경 8폭 병풍》 중 〈청간정〉과 김오헌의 《관동팔경 8폭 병풍》 중 〈청간정〉은 방향과 각도를 달리하고 있지만 그 시야를 대폭 넓혀 일대의 경물 전체를 보여주고 있다는 점에서는 같다.

심동윤의 《백운화첩》 중 〈청간정〉은 바다에서 육지를 향한 시선으로 그렸다. 어촌 마을은 모두 삭제했고 언덕 위 숲 속에 청간정을 배치하고 해안가에 바위는 기둥이 아니라 판석을 쌓아올린 탑처럼 그린 뒤 맨 위에 두 그루의 소나무를

정선, 〈청간정〉, 《관동명승첩》, 32.2×57.7, 종이, 1738, 간송미술관.

미상, 김상성 편, 〈청간정〉, 《관동십경》, 31.5×22.5, 비단, 1746, 서울대학교 규장각.

지산, 〈청간정〉, 《관동팔경 8폭 병풍》, 83×45, 종이, 19세기, 개인.

김오헌, 〈청간정〉, 《관동팔경 8폭 병풍》, 54.4×33, 종이, 20세기 초, 오죽헌시립박물관.

심동윤, 〈청간정〉, 《백운화첩》, 32.5×43, 종이, 1822년경, 관동대박물관.

미상, 〈청간정〉, 《금강산도권》, 26.7×43.8, 종이, 19세기, 국립중앙박물관.

그렸다.

끝으로 《금강산도권》 중 〈청간정〉은 강세황, 김홍도, 이의성의 그림과 구도가 일치하지만 소박하고 간략한 선과 곱고 환한 색채로 말미암아 명랑하고 경쾌한 승경지의 맛을 최고 수준으로 이끌어 올리고 있다.

한양에서 유람을 온 거장들의 솜씨나 토박이 화가들의 재주나 모두 각자의 아름다움을 뽐내는 건 마찬가지다. 이런 그림을 보고 있노라면 그림만 보면 그만이지 군이 직접 보기 위해 먼 길을 나설 이유가 있을까 싶을 때도 있다. 지금의 청간정은 옛 그림 속 청간정이 아니기 때문이기도 하여 그러하다.

제4경. 산과 바다와 하늘이 하나를 이룬 곳, 낙산사

전대미문의 절경에 펼쳐진 아름다운 절

해가 솟아오르는 고을이란 뜻의 양양襄陽 땅은 예부터 예국을 이루었고 고구려 때 새의 날개를 뜻하는 익현현翼峴縣이라 불리웠는데 조선시대 때 비로소 양양이란 이름을 얻었다.

관동팔경 여덟 곳 가운데 사찰 이름을 지닌 곳은 오직 양양의 낙산사 한 군데뿐이다. 시인 묵객들이 높새바람 부는 낙산사를 찾아 아름다움을 누렸는데 이중환은 『택리지』에서 '바닷물이 아주 푸르러서 하늘과 하나로 된 듯하며, 앞에 가리운 것이 없다'[28]고 하였다.

낙산사가 자리한 낙산洛山 또는 오봉산五峰山은 전부터 있어온 관음의 땅이다. 절이 들어서기 훨씬 전 아득한 때부터 이곳 바닷가에는 수십 척 높이의 굴이 있었다. 바닷물이 드나들던 이곳에 자비의 화신인 관음이 머물고 있다고 하여 관음굴이라고 했다. 원래 관음은 인도의 남해 보타락가補陀落伽라는 섬을 근거지로 삼고서 끝없는 베풂을 위하여 세상을 떠돌아다녔다. 그러니까 강원도 양양 낙산 땅도 떠돌던 관음의 거처 중 하나였던 게다.

관동팔경 가운데 절정을 이루는 낙산사는 의상義湘, 625-702이 지은 절이다. 절 동쪽 바닷물이 드나드는 큰 굴에 머문다는 관음을 만나려 27일이나 기다렸지만 끝내 조짐이 없어 바다를 향해 몸을 던졌다. 그러자 어디선가 큰 팔이 나타나 구해주더니 절을 짓고 안배安排하라는 계시를 내렸다. 비록 관음을 만나지는 못했으나 그렇게 목숨을 구한 의상이 그 자리에 조성한 가람이 바로 낙산사다. 이런 사연으로 산과 바다가 맞닿은 절경에 전대미문의 아름다운 절이 탄생했고 그 이래 헤아릴 수조차 없을 만큼 많은 사람들이 머물며 뜻깊은 노래를 가슴에 담고 떠나갔다.

낙산사를 떠올릴 때 빠질 수 없는 이름이 또 있으니 바로 원효元曉, 617-686다. 멋진 꽃미남 원효가 가을 어느 날 낙산사 가는 길목에서 흰옷 입고 벼를 베는 여인과 마주쳤다. 원효는 나이야 제법 들었어도 언제나 쾌활한 남성이었으므로 그 여인에게 말을 걸었다.

"남편은 무엇하기에 부인 혼자 이 호젓한 들판에서 일을 하고 있소. 나 같은 중이 업어가면 어쩌려고."

벼 베던 여인은 웃으며 이렇게 받아쳤다.

"나같이 못생긴 여자를 어느 남자가 업어가겠소. 요석공주처럼 곱게나 생겼으면 원효대사처럼 훌륭한 스님이 반하여 업어가겠지만."

그랬다. 원효는 한때 정념을 불태워 요석공주와 한껏 사랑을 나누었고 아들 설총을 낳았다. 요석공주는 태종 무열왕 김춘추의 딸로 남편이 전사하여 홀몸으로 요석궁에서 살고 있을 때 40살의 원효를 만났고 두 사람은 홀린 듯 연애를 시작했다. 설총을 낳은 공주는 원효가 수련하고 있던 경기도 동두천 소요산으로 거처를 옮겨 조금이나마 가까이 머무르고자 했다. 소요산의 원효폭포며 별궁터, 공주봉이라는 지명은 모두 그 애틋한 시절을 일깨우는 이름들이다.

낙산사로 가는 도중 마주친 여인에게 수작을 걸었으니 과연 원효였다. 너무도 의연하고 당당한 여인의 답변에 슬쩍 당황했지만 자세를 바로 하고서 '소승은 그 따위 파계승 원효와는 다른 비구승이니 업어갈 염려는 없습니다'라고 둘러댔다. 그런데 그 여인이 뜻밖에도 '원효대사는 자비심이 많고 너그러운 스님입니다. 자비심과 관용이 있었기에 요석공주의 애처로운 애정을 받아주셨지, 목석 같은 외고집 중들은 어림도 없는 일입니다'라고 대답하는 게 아닌가. 정말 깜짝 놀라 호기심이 발동한 원효는 '그럼 부인도 대사가 구애한다면 공주처럼 그 청을 들어주시겠소'라며 다가갔다. 이에 여인은 자신의 '사정이 좀 다르다'고 답했다. 뭔가 이상함을 느낀 원효는 정색을 하고서 '관음보살같이 아름답고 단정하신 분이라 신심에서 한 말입니다'라며 사죄하고 '낙산사 부처님께 바치겠다'며 벼이삭 하나를 청했다. 이에 여인은 '그렇지 않아도 스님을 기다리고 있었다'며 벼이삭을 건네주고는 '인연이 있으면 또 만날 것'이라고 했다.

헤어진 뒤 한참을 가던 원효는 시냇가에 당도했다. 흰옷을 입은 여인이 생리혈이 묻은 빨래를 하고 있으므로 다가가 물 한모금을 청했다. 여인은 윗물이 아니라 빨래가 씻겨나가는 아랫물을 떠주었고 이에 원효는 '빨래 위쪽 맑은 물을 떠줄 일이지 무엇이요'라며 투덜대고는 손수 윗물을 떠마셨다. 여인은 그래도 물끄러미 보고만 있을 뿐이었다. 참 이상한 여자만 만난다며 길을 가는데 언덕바지 소나무 위에 파랑새가 '휴~ 화상和尙아!' 하고는 사라지는 것이었다. 수작을 부리다 실패한데다 여성의 생리혈이 섞인 물이나 먹고 다니는 중놈이라는 조롱이었다. 불길한 예감이 들어 소나무 밑을 보니 여인의 고무신 한 짝이 있었다.

괴이한 걸음을 마치고 절에 들어서서 예불하러 법당에 들어가자 관음상 밑에 고무신 한 짝이 있어 살펴보니 조금 전 보았던 소나무 아래 고무신 한 짝과 꼭 같았다. 드디어 원효는 두 여인과 파랑새 모두 관음의 화신이었음을 깨우쳤다. 살아 있는 부처를 만나고자 낙산사로 갔지만 어리석음 탓에 관음의 화신을 마주치고서도 알아볼 수 없었던 원효는 스스로를 질책하며 낙산사를 등질 수밖에 없었다.

가난하고 힘든 이들에게 평화를 뿌린다며 그렇게나 세상을 떠돌던 원효가 '상구보리上求菩提 하화중생下化衆生의 무애행無礙行'을 지향한 까닭은 세상이 여전히 고통스러움으로 가득한 탓이었을 게다. '상구보리 하화중생'은 위로는 도와 법을 구하고 아래로는 힘겨운 사람들을 위한 삶을 살아간다는 말이다. '무애행'은 바깥의 경계로부터 거리낌 없이 자유로운 행동을 뜻한다. 원효의 생애가 바로 그것이었다.

관음의 거처, 관음굴을 그리다

김홍도의 《해산도첩》 중 〈관음굴〉은 낙산사 관음굴을 그린 것이다. 화폭 복판에 불쑥 튀어나온 언덕이 의상대다. 열 그루의 소나무가 아름답다. 안쪽 가파른 길을 따라 오른쪽으로 내려오면 험한 바위틈 사이에 기둥을 세워 만든 암자가 위태롭다. 암자 아래 굴이 바로 관음굴이다.

《금강산도권》 중 〈관음굴〉은 김홍도의 작품과 구도라든지 세부 묘사 및 표현 방식이 크게 다르다. 김홍도는 사실에 충실했으나 이 작품은 관음굴의 표현에 집중했다. 그러다 보니 의상대는 바다 쪽으로 나와 있지만 오히려 밑으로 주저앉았다. 김홍도의 작품에서는 암자만 보이고 그 아래 관음굴은 바위에 감춰졌지만 여기에서는 관음굴이 무슨 폭포나 되는 듯이 암자 밑으로 길게 모습을 드러냈다.

동해안 어느 곳에서 보아도 낙산사 바닷가 홍련암紅蓮庵에 펼쳐지는 해 뜨고

김홍도, 〈관음굴〉, 《해산도첩》, 30.4×43.7, 비단, 1788, 개인.

미상, 〈관음굴〉, 《금강산도권》, 26.7×43.8, 종이, 19세기, 국립중앙박물관.

달 뜨는 광경만큼은 아니다. 이는 곧 여기 머무는 관음의 환영 탓이다. 절벽 아래 연꽃처럼 생긴 붉은빛 화강암이 바로 의상이 몸 날리던 모습을 새긴 화신이다. 여기 함께 노닐었을 원효의 자취는 어디 머물고 있을까. 몸을 돌리면 의상대가 의연한데 여기에 함께 서 있는 것일지도 모른다. 즐비한 명가들이 퍼부어놓은 절창을 읊조리며 일주문을 지나 절 안에 들어서면 우아함이 넘치는 원통보전이 나타나고 7층 석탑이며, 홍예문이 눈부시다. 창건한 지 800년이 흐른 1465년에 세운 홍예문은 당시 강원도 고을 숫자에 맞춰 화강석 26개를 다듬어 만들었으니 그 또한 뜻한 바가 있었을 것이다.

낙산사에 머문다는 파랑새 청조靑鳥는 의상과 원효를 이곳으로 이끈 전설의 새다. 고려 때 딱 한 번 유자량庾資諒, 1150-1229이 꽃을 문 파랑새를 마주했다고 하는데 그 뒤로는 자취를 감추었다. 어쩌면 비운의 조각가 권진규權鎭圭, 1922-1973가 만났는지도 모르겠다. 그는 1972년 '아무도 눈여겨보지 않는 건칠乾漆을 되풀이하면서 오늘도 봄을 기다린다. 까막까치가 꿈의 청조를 닮아 하늘로 날아 보내겠다는 것이다'라는 말을 남겼고, 그 다음 해 어느 날 목을 매달아 스스로 세상을 떠났다. 그의 저승길에 혹시 청조가 함께 했을까.

파랑새는 부리와 다리가 붉고 머리는 흑갈색일 뿐 온몸이 푸른 빛깔 아름다운 철새다. 계절을 타고 날아들지만 1400여 년 전 스님이며 유자량이 보았을, 그리고 어쩌면 권진규의 저승길에 동무했을 그 청조가 어찌 생겼는지는 아무도 모른다.

같은 풍경, 서로 다른 그림들

한양의 주류 화가들이 와서 보고 그린 낙산사는 어땠을까. 정선이 그린 〈낙산사〉는 두 점이 전해온다. 절 마당과 가파른 해안의 바위 봉우리에 유람객을 배치한 것이나 바다에 해가 뜨는 순간을 설정한 것이며 화폭 왼쪽에 낙산사, 오른쪽에 바다를 배분하여 한쪽으로 치우친 편파 구도를 사용한 방식은 두 점 모두 같다. 국립중앙박물관 소장본은 부채에 그린 것으로 먹으로만 그렸고, 간송미술관 소장본은 색채를 곁들여 곱다는 정도의 차이가 있을 뿐인데 두려울 만큼 바다가 가파르고 드넓은 건 이후 낙산사를 그리는 화가들에게 하나의 모범으로 자리를 잡았다.

연객 허필은 1744년《관동팔경 8폭 병풍》중〈낙산사〉를 그렸는데 이 작품이 특별한 것은 거대한 바위와 부딪치는 파도와 드넓은 바다의 물결 묘사가 남다르기 때문이다. 그 가운데 절집과 더불어 탑을 그려넣은 것이 더욱 유별나다. 화폭 상단에는 고려 때 묘청妙淸, ?-1135의 난을 평정한 문인 읍청挹淸 김부의金富儀, 1079-1136의 시를 옮겨 썼다.

허필과 동시대 사람이자 대사간을 역임한 문인 창암 박사해, 도화서 화원 서암西巖 김유성金有聲, 1725-?, 출신을 알 수 없는 화가 거연당巨然堂, 18세기 후반에 이르기까지 낙산사를 그림으로 남겼다. 이들 모두 낙산사 7층 석탑을 한결같이 그려넣었는데 아무래도 한 시대의 유행이었나보다.

물론 누구나 그랬던 건 아니다. 새로운 신실경화의 거장 진재 김윤겸은 절집을 가장 큰 규모로 그렸지만 탑은 빼버렸다. 석문에서부터 온갖 전각은 물론 가파른 해안선에 홍련암까지 모두 다 그렸지만 7층 석탑만은 빼버린 것이다. 그 까닭이야 알 수 없으나 이후 누구도 탑을 그리지 않았다.

1788년 김홍도가 그린《해산도첩》중〈낙산사〉는 지금껏 보아오던 것과는 전혀 다른 낙산사다. 그윽하고 해맑으며 담담하기 그지없는〈낙산사〉가 출현한 것이다. 김홍도의〈낙산사〉가 출현하고 보니 그 이전의 그림들은 모두 시끄럽고 요란한 것이었다. 그 비밀은 구도에 있다. 한편으로 낙산사를 위치시킨 것은 이전 작품들과 같지만 김홍도는 화폭 상단의 수평선을 아주 반듯하게 그어놓고 또 낙산사를 품고 있는 산줄기의 흐름을 'S'자로 휘어놓되 하단의 근경을 크게 확대해 무게

정선, 〈낙산사〉, 22×63, 종이, 18세기, 국립중앙박물관.

정선, 〈낙산사〉 부분, 간송미술관.

정선, 〈낙산사〉, 56×42.8, 종이, 18세기, 간송미술관.

海山寺
一勻芝修
海岸高
回頭無後
舊産芳
新知大匡
圓通理
種兩山根
激点濤

右挹清堂金富儀
詩
中宗朝進士徐
郞不祇

허필, 〈낙산사〉,
《관동팔경 8폭 병풍》, 85×42,
종이, 1744, 선문대박물관.

박사해, 〈낙산사〉,
55.7×30.5, 종이,
18세기 중엽, 개인.

김유성, 〈낙산사〉, 165.7×69.9, 종이, 1764, 일본 세이켄지.

거연당, 〈낙산사〉, 61×37.5, 종이, 18세기, 개인.

김윤겸, 〈낙산사〉, 29.5×38.4, 종이, 18세기 중엽, 개인.

를 잘 받쳐주었다. 또한 바다에 물결무늬 하나 없이 거울처럼 푸른색을 옅게 칠했고 솟아오르는 태양의 위치를 수평선의 오른쪽 끝에 두어 반대편 산줄기와 조화를 꾀했다.

19세기 최고의 실경화가 유재 김하종은 앞선 시대의 그 누구도 시도하지 못한 시선을 채택했다. 낙산사보다 훨씬 더 안쪽으로 들어와 바다를 향하고 보니 낙산사를 지나 해안선 너머 바다가 보인다. 그 결과 낙산사는 바다와 떨어져 산 속으로 숨어버렸다. 다른 그림들과 굳이 비교하자면 정선이 그린 〈낙산사〉는 바다가 두렵도록 가파르고, 김홍도가 그린 〈낙산사〉는 고요한 바다가 그윽하며, 김하종이 그린 〈낙산사〉는 바다로부터 멀리 떨어져 포근하다. 세 화가는 18세기 전기, 후기를 거쳐 19세기 전기로 내려오는 선후배 사이인데 시대 순서에 따라 땅은 넓어지고 바다는 점점 줄어드는 게 신기하다.

낙산사를 그린 또 하나의 작품인 《금강산도권》 중 〈낙산사〉는 소박하고 간략한 선과 곱고 환한 색채를 사용하여 다른 그림들과는 사뭇 다른 분위기의 낙산사를 보여주고 있다.

복헌 김응환의 《해악전도첩》 중 〈낙산사〉는 김홍도의 유람길에 동행할 때 그린 그림이다.

놀라운 율동감과 기발한 상상력을 베풀다

지역 화가들이 그린 그림은 주류 화풍과는 사뭇 다르다. 1746년 작품인 《관동십경》 중 〈낙산사〉는 지극히 개성이 넘친다. 바다 한복판으로 나아가 낙산을 바라보며 산줄기 윤곽선을 원형으로 재구성했는데 심장 모양이다. 심장 모양이 바다를 향해 쏟아질 듯 기울어져 율동감도 상당하다. 한복판 텅 빈 분지에는 낙산사 전

洛山寺

김홍도, 〈낙산사〉,
《해산도첩》,
30.4×43.7, 비단,
1788, 개인.

洛山寺

김하종, 〈낙산사〉, 《해산도첩》, 29.7×43.3, 비단, 1815, 국립중앙박물관.

미상, 〈낙산사〉, 《금강산도권》, 26.7×43.8, 종이, 19세기, 국립중앙박물관.

김응환, 〈낙산사〉, 《해악전도첩》, 32×42.8, 비단, 1788, 개인.

미상, 김상성 편, 〈낙산사〉,《관동십경》, 31.5×22.5, 비단, 1746, 서울대규장각.

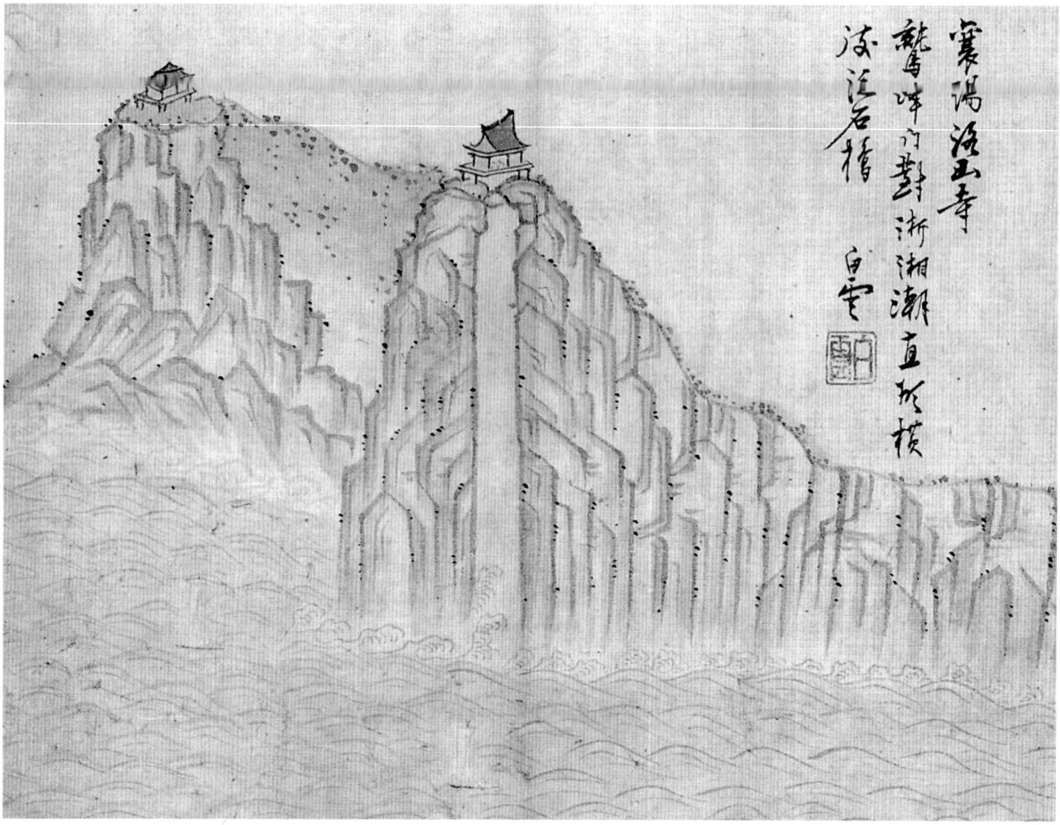

심동윤, 〈낙산사〉, 《백운화첩》, 32.5×43, 종이, 1822년경, 관동대박물관.

지산, 〈낙산사〉,
《관동팔경 8폭 병풍》, 83×45,
종이, 19세기, 개인.

각들이 즐비하게 차례를 짓고 있다. 석문은 물론 홍예문이며 숱한 전각과 7층 석탑에 홍련암까지 인공물을 다 배치했다. 이곳저곳에 글씨를 써넣었는데 하단 해안가에 '의상대'義湘臺와 '관음굴'觀音窟을 그린 다음 그 이름을 썼는데 둘 사이를 잇는 길 위에 흰색 비석을 그려넣은 것이 인상 깊다.

백운 심동윤의 《백운화첩》 중 〈낙산사〉는 감히 생각할 수 없는 형상인 까닭에 보는 순간 놀라운 건 어쩔 수 없다. 비교해보자면 《관동십경》 중 〈낙산사〉에서는 해안선의 기암괴석이 줄을 지었는데 심동윤의 그림은 아예 방향을 바꿔 기암괴석을 화폭의 중심에 배치하였다. 또한 《관동십경》 중 〈낙산사〉는 홍련암과 관음굴을 화폭 하단 오른쪽 구석에 조그맣게 배치했지만 심동윤의 그림은 화폭의 복판에 관음굴을 엄청난 크기로 과장하고 그 꼭대기에 홍련암을 배치함으로써 세상 어디에도 없는 생김새를 연출하는 데 성공했다. 또한 《관동십경》 중 〈낙산사〉는 의상대를 하단 중앙에 두어 바다에 닿을 정도로 표현했지만 심동윤의 그림은 거꾸로 화폭에서 가장 드높은 상단 왼쪽에 둠으로써 실제와 비슷한 풍경을 연출하고 있다. 그렇게 보면 심동윤의 그림은 낙산사를 그린 게 아니라 의상대와 홍련암 두 개의 전각을 그린 것이다.

마지막으로 지산의 《관동팔경 8폭 병풍》 중 〈낙산사〉는 정선이나 허필 같은 이들이 만든, 한쪽으로 치우친 편파 구도를 채택하고 있지만 필법은 완전히 다르다. 짧은 선과 가지런한 점이며 허리띠처럼 옆으로 길거나 둥근 덩어리를 반복하는 방식은 기하무늬를 쌓아가는 구성법으로 색다른 기분을 보여준다.

이처럼 개성이 출중한 지역 화풍의 세 작품과 비교해 보면 정선에서 김하종에 이르는 주류 화풍의 거장들이 그린 작품은 오히려 지나치게 반듯하고 틀에 박힌 느낌이다. 신묘한 현장감은 오히려 과장과 왜곡이 심한 그림에서 더욱 강렬하다.

지난 2005년 낙산사에 불이 났다. 그로 인해 전각들이 거의 모두 타버렸다.

금세 다시 지어 불 나기 전과 다르지 않다고 해도 어쩐지 낯선 건 어쩔 수 없다. 낙산사가 불에 탄 건 처음이 아니다. 의상이 창건한 이래 여러 차례 불에 타 없어졌다. 알 수 없는 이유로 큰 불이 난 때는 신라의 원성왕元聖王, ?-798과 조선시대 정조 때이며, 전쟁으로 다 타버린 건 임진왜란과 한국전쟁 때다. 그럼에도 언제 그랬냐는 듯 그 전보다 훨씬 장엄하게 재건되곤 했다. 불에 타고 또 불에 탔지만 잊지 못한 이들이 있어 짓고 다시 짓는다. 이런 절이 어디에 또 있을까. 관음의 의지이기도 하겠으나 의상대의 힘도 한몫을 한 건 아닐까. 설악산 줄기가 동쪽으로 흘러내려 바다로 힘차게 굽이치는 끝자락에 치솟은 절벽으로 높새바람 불어대는 까닭에 양양과 강릉의 바람이라 하여 양강지풍襄江之風이라는 말이 생길 정도이기도 하니, 과연 이곳은 저 바람을 모두 맞이하는 동해안의 병풍이 아닌가 싶다.

의상대 위에 서면 지금이야 의상대라 이름 붙인 정자가 우뚝하지만 임진왜란이 일어나기 직전까지만 해도 여기에는 이화정梨花亭이라 이름 붙인 정자가 서 있었다. 「관동별곡」의 시인 정철鄭澈, 1536-1593이 일출을 보려고 새벽녘 이화정에 올랐다가 '상서로운 구름이며 여섯 마리 용을 보고서 하늘 복판에 온 나라 꿈틀대는 기운을 느낄 때 구름이 해를 가려 몸서리치고 말았다'는 바로 그 정자다.[29]

봄을 알리는 배꽃은 달빛 환한 밤에 더욱 눈부시다. 어느 날 밤 의상대에 오르면 온통 천지가 배꽃으로 찬연하여 그 사이 수월관음의 모습으로 나타난 여인을 마주할 수 있다. 물빛, 달빛 너울거리는 그 모습이 원효가 낙산 가는 길에 만난 흰옷 입은 여인이 아닌가 싶다.

제5경. 거울처럼 물 맑은 호수를
바라보다, 경포대

난설헌 허초희가 노래한 그곳

시냇물 흐르는 그 위에 커다란 언덕이라는 뜻의 강릉江陵은 동해안의 중심인 하슬라何瑟羅 땅이었다. 이곳 출신 교산 허균은 「학산초담」鶴山樵談에서 강릉이야말로 '산천의 정기를 모은 곳으로 산수의 아름답기가 조선 제일인데 구경할 만한 곳으로는 경포대가 으뜸'이라 하였다.[30] 1615년 12월 11일 중국 수도 연경에서 아침을 맞이한 허균이 고향 강릉을 떠올렸다. '간밤 꿈속에 고향 정원 돌아가 보니, 작은 누각 두어 그루 버드나무와 연못 사이 서 있었다. 깨고 보니 저절로 슬픈 나그네라, 세찬 바람, 눈을 몰아 창문에 아롱진다'고 읊조리며 눈물 짓던 허균은 어쩌면 25년 전 세상을 떠난 누이를 떠올렸는지도 모른다. 난설헌 허초희와 경포 호수를 내달리던 어린 시절 그때처럼 세상 떠난 누이의 손길 와락 부여잡고 끝도 가도 없는 길 가고 또 가고 싶었을지도 모른다.

경포대에 올라 그윽하게 바라보고 있노라면 문득 허초희가 나타난다. 경포 해안선을 따라 남쪽으로 내려가면 초당마을이 나온다. 허초희와 허균의 아버지 초당草堂 허엽許曄, 1517-1580이 살던 곳이다. 강릉부사 재직 당시 저 유명한 강원도 콩에 맑은 동해바닷물을 써서 두부를 개발했다. 최상품 두부였고 소문이 퍼져 외지까지 팔려나갔다. 도시 산업 진흥에 나선 인물인 허엽 부사는 초당 선생이 되었다. 오늘날 여느 식료품 가게에서도 팔리고 있는 바로 그 초당두부의 이름이 거기에서 비롯했다.

2011년 무렵 들른 초당마을에는 천지개벽 같은 일이 펼쳐져 있었다. 초당동 일대를 공원 지대로 개발하니 아예 딴 동네가 되었다. 이곳저곳 타박타박 걷다가 그 옛날 언젠가 맛있게 먹던 기억을 더듬어 어느 두부 집에 들어섰다. 나올 때야 물론 행복한 입맛이었으나 경포호로 향하는 길에 문득 다시 올 수 있을까, 싶었다. 그곳을 찾는 건 두부 맛이 전부가 아니지만 글쎄 모를 일이다.

허균은 누이 난설헌 허초희를 일컬어 '하늘에서 내린 선녀의 글재주를 지닌'이라고 했다. 그 허초희는 어느 날엔가 호수에 배 띄우고 남몰래 꿈꾸던 사랑의 노래 「채련곡」採蓮曲을 불렀다.

"가을 고요한 호수는 푸르른 옥처럼 반짝이고
연꽃 우거진 깊은 곳에 목란木蘭 배를 매었네
님을 만나 물 건너로 연꽃 따서 던지고는
행여 누가 보았을까 한나절 부끄러웠네"[31]

그녀가 남긴 건 노래만이 아니다. 어린 날 허초희가 그린 〈새 구경〉이 전해온다. 어린 시절 아버지 손을 잡고 호숫가에서 새 구경하던 추억을 그린 자화상인데 조그만 뒷모습이 그저 앙증맞다.

대관령 넘어서면 은빛 바다가 아득하게 펼쳐진다. 그곳에 가면 맨 처음 발 딛는 곳은 거울처럼 물 맑다는 호수 경포다. 『택리지』의 저자 이중환이 살던 시절의

허초희, 〈새 구경〉, 22.5×12,
종이, 16세기 후반, 개인.

경포는 다음과 같았다.

"경포대는 작은 산기슭 하나가 동쪽을 향해 우뚝한데, 축대는 그 산 위에 있
다. 앞에 있는 호수는 주위가 20리이며, 물 깊이는 사람의 배꼽에 닿을 정도
여서 작은 배는 다닐 수 있다. 동편에 강문교가 있고, 다리 너머에는 흰모래
둑이 겹겹으로 막혀 있다. 호수는 바다와 통했고, 둑 너머에는 푸른 바다가
하늘에 연한 듯하다."[32]

경포대는 본시 달빛도 아름다운 인월사印月寺 터에 있었다. 그뒤 1508년 강
릉부사 한급韓汲이란 이가 지금의 자리로 옮겼다고 한다. 당시 강릉 사람들의 기세
가 드높아 통치하기 어려웠으므로 이를 억누르기 위함이었다. 기구한 운명은 경포
대만 겪은 게 아니다. 한급이란 이는 또한 강릉에 인재가 많이 나는 것을 억누르기
위하여 강릉 남쪽에 있는 모산봉 봉우리를 석 자나 낮게 깎아내렸고 조선을 침략
한 왜군은 그 모산봉에 올라 산의 혈맥을 막기 위해 쇠창살을 박아버렸다. 마음 같
아서야 인월사 터를 찾아 경포대를 옮기고, 모산봉을 높이며, 쇠창살도 뽑아내고
싶지만 한갓 오래된 전설을 믿느냐고 한다면 어찌할 길 없으니 뜻 있는 강릉 사람
이 나타나길 기다려야 할 모양이다.

활발한 중에 웅장하고 아늑한 중에 조용한 그림 속 풍경

경포대를 마주한 연객 허필과 창암 박사해의 눈에 경포대는 하나의 거대한
바위 기둥이었다. 이들보다 반세기 뒤인 18세기 후반에 활동한 화가 거연당의 시
선에서도 바위 기둥이라는 사실은 변함이 없다. 오늘날에야 상상할 수 없는 모습

허필, 〈경포대〉,《관동팔경 8폭 병풍》, 85×42,
종이, 1744, 선문대박물관.

박사해, 〈경포대〉, 55.7×30.5, 종이, 18세기 중엽, 개인.

거연당, 〈경포대〉, 61×37.5, 종이, 18세기, 개인.

이지만 예술가의 시선에는 그렇게도 보이나보다. 시인 안축이 「관동별곡」에서 말하기를 '눈으로 기이한 형체를 구경하는 데에는 어리석은 사람이건 슬기로운 사람이건 모두 한쪽만 본다'고 하였다.[33] 기이한 까닭의 정곡을 찌른 셈인데 조형의 비밀이란 이처럼 신비한 것인지도 모르겠다.

하지만 단원 김홍도는 바위 기둥을 못 본 것인지 아예 무시해버렸다. 1788년에 그린 《해산도첩》 중 〈경포대〉와 〈대관령〉에서 원형 호수의 모습으로 묘사했는데 이러한 원형 호수의 모습은 김홍도의 유람길에 함께 동행한 복헌 김응환의 《해악전도첩》 중 〈경포대〉에서도 볼 수 있다. 이 구도는 1746년 작품인 《관동십경》 중 〈경포대〉에서 처음으로 시작한 것이다.

《관동십경》 중 〈경포대〉는 매우 화려하고 아름다운 그림이다. 마치 비행기를 타고 내려다 본 듯한 시선이라 그 모습이 지극히 적나라하고, 색채에 이르러서도 놀라운 점이 있다. 떠오르는 태양이며 호숫가를 둘러싼 언덕에 갖은 봄꽃들이 만발하여 흩날리는 향기 속으로 빨려 들어가는 듯하다. 재미있는 것은 하단 경포대 언덕을 호수 중앙까지 쭉 뽑아 올린 형상이다. 실제와 상관없이 이렇게 과장한 까닭은 알 수 없지만 경포대의 위용을 돋보이게 하느라 그렇게 한 것 같다. 어쩌면 저 이중환이 『택리지』에서 '강릉 경포대는 중국 한나라 고조高祖의 기상 같아, 활발한 중에 웅장하고, 아늑한 중에 조용하여 그 형상을 말할 수 없다'[34]고 감탄한 대목을 읽고서 그린 게 아닐까 싶다. 지나치게 솟은 경포대 언덕이 어쩐지 혹 같기도 하여 엉뚱한 면도 있다. 바로 이런 것이 창의력, 상상력이 아니겠느냐고 찬양하는 건 어떨지 모르겠다. 한나라의 고조는 농민의 아들, 도둑의 두목으로 진시황이 죽은 다음 해 항우와 힘을 합쳐 왕위에 오른 다음, 또 다시 항우를 죽이고 천하를 통일한 유방이라는 인물이다. 그러니 오직 반듯하게 그리기보다는 구비구비 곡절 많은 모습으로 과장하는 게 어울려 보인다. 저렇게 홀로 우뚝 튀어 보이는 모습까지도 말이다.

鏡浦臺

김홍도,
〈경포대〉,
《해산도첩》,
30.4×43.7,
비단, 1788,
개인.

김홍도, 〈대관령〉 부분, 《해산도첩》, 비단, 1788, 개인.

김응환, 〈경포대〉, 《해악전도첩》, 32×42.8, 비단, 1788, 개인.

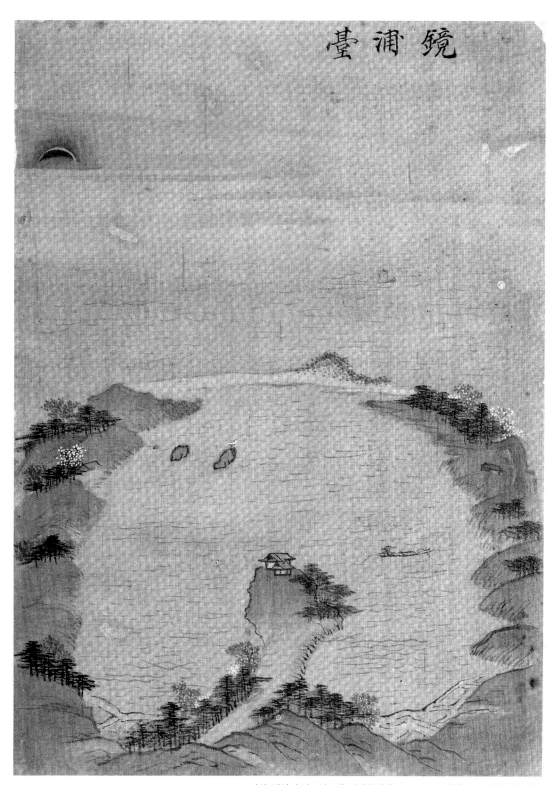

鏡浦臺

미상, 김상성 편, 〈경포대〉, 《관동십경》, 31.5×22.5, 비단, 1746, 서울대규장각.

다시 김홍도의 그림으로 돌아와, 김홍도가 《관동십경》 중 〈경포대〉의 구도를 본 딴 것인지의 여부는 알 수 없다. 김홍도는 뛰어난 세부 묘사로 사실성을 극대화했으며 사물 배치에서 최상의 경지에 도달했다. 화면 상단에 넓게 배치한 하늘과 그 하늘을 모두 쓸어담을 듯 항아리처럼 커다란 호수, 그리고 호숫가를 빙 둘러싼 언덕과 나무들이 곱기만 하다. 화면의 아래쪽 봉긋한 둔덕에 자리한 경포대는 어쩐지 외로워 보인다. 그래도 그 곁에 무성한 숲들이 뒤덮여서 조금은 편안하다. 그림 속 경포대에 서면 자연스레 눈길이 멈추는 곳, 호수와 하늘 사이의 경계선을 이루고 있는 바다는 푸른 띠요, 백사장은 흰 띠를 이루고 있다. 대관령 높은 곳에서 보이는 〈대관령〉 속 경포호는 더욱 아득하고 더욱 눈부시다.

기야 이방운도 《관동팔경 8폭 병풍》 중 〈경포대〉에서 김홍도와 같은 모습으로 경포를 그렸는데 특별히 경포대 건물과 그곳으로 가는 언덕마루를 더욱 장대하게 키웠다. 무엇보다 푸른빛 담채를 화폭 곳곳에 물들여 그윽한 분위기를 감돌게 연출한 점이 더욱 좋다. 이방운이 그린 또 하나의 특별한 작품은 부채에 그린 〈경포대〉다. 화폭 상단 왼쪽에 본인의 글씨로 '경호 삼백리는 깊이가 사람의 어깨를 넘지 않는다'는 화제를 쓴 것으로 미루어 경포호 일대를 그린 건 맞지만 실제 경물의 생김은 완연히 다르다. 화제 아래쪽 담장이 있는 건물이며 높은 석탑을 보면 경포대 전각이 아니라 무슨 절이고 화폭 오른쪽 상단 바위구멍 같은 곳에 숨어 있는 가옥도 어딘지 알 수 없는 미궁이다. 아무래도 경포를 꿈 속의 별천지로 재구성하고 싶어서 그린 그림이 아닌가 한다.

환상 속 저 풍경 그대로라면 제 모습이 아니어도 얼마나 좋을까. 오늘날 이 주변 백사장에는 온갖 횟집이 즐비하다. 김홍도의 〈경포대〉 그림에 보이는 백사장 중간에 자리한 바위야 없어진 지 오래지만 오른쪽 제법 높은 죽도봉에는 호텔이 들어서 있다. 그 봉우리는 경포팔경의 하나인 죽도명월竹島明月 터로 해가 지면 떠오르는 달을 맞이하는 아름다운 곳이었다. 반대편 왼쪽에는 더 거대한 호텔이 들

이방운, 〈경포대〉, 《관동팔경 8폭 병풍》,
62.8×35, 종이, 1800년경, 개인.

이방운, 〈경포대〉, 19.2×52.5 ,종이, 1800년경, 이화여대박물관.

江陵鏡浦臺
汀蘭岸芷繞
霞暎水中
西東十里煙
白雲

심동윤, 〈경포대〉, 《백운화첩》, 32.5×43, 종이, 1822년경, 관동대박물관.

江 陵 鏡 浦

지산, 〈경포대〉,
《관동팔경 8폭 병풍》, 83×45,
종이, 19세기, 개인.

江陵
鏡浦臺

江門

放鶴亭

鏡浦臺

김오헌, 〈경포대〉, 《관동팔경 8폭 병풍》, 54.4×33, 종이, 20세기 초, 오죽헌시립박물관.

어섰다. 바뀐 풍경을 그대로 즐기면 될 일이라고 눈을 감으면 쉽다. 그러나 김홍도가 보았던 그 옛 풍경, 이방운이 남긴 환상 풍경을 본 뒤로는 마음이 편치 않다. 관광객을 위한 개발은 언제나 있는 그대로의 자연에 인공의 시설을 잔뜩 채우는 방식이다. 그로써 수만 년을 아름답게 내려오던 풍경은 사라진다. 그 자리에는 대한민국 국토 어디를 가나 볼 수 있는 흔하디 흔한 건물이며 위락 시설들로 가득하다. 이곳은 과연 경포인가 아닌가. 경포대인가 아닌가.

심동윤의 《백운화첩》 중 〈경포대〉는 심동윤 스스로 즐겨 구사하는 지나친 과장, 경탄할 만한 변형과 달리 담담한 필치와 안정된 구도를 구사했다. 그윽한 가운데 호수에 네 척의 돛단배와 언덕바지 경포대를 호위하는 네 그루 소나무며 그 옆 침엽수가 활기를 뿜어내고 있다.

지산이 그린 《관동팔경 8폭 병풍》 중 〈경포대〉는 지역 화풍이 지닌 토속미를 물씬 풍긴다. 시골 생활상을 보는 듯 아기자기한 구성에다 대담한 표현을 거침없이 구사하여 막힘이 없다.

김오헌이 그린 《관동팔경 8폭 병풍》 중 〈경포대〉는 특별한 아름다움을 지니고 있다. 상단의 둥그런 바윗덩어리와 바위 밑의 '강문'江門 마을은 오늘날 초당마을 풍경이다. 호수와 육지의 경계를 묘사한 필선의 끝없는 반복이 기묘하다. 화폭 하단의 경포대 건물은 강건한 아름다움으로 물들어 있고 그 왼쪽 '방학정'放鶴亭도 숨은 아름다움을 보여준다.

제6경. 큰 바다의 볼거리와는 다른
빼어난 경치, 죽서루

지금은 사라진 그 옛날의 풍경을 그리워하네

저 아득한 삼한시대부터 올곧음을 다한다는 뜻의 실직국悉直國이라는 이름을 지닌 이 땅은 고려 때 비로소 삼척三陟이라는 이름을 얻었다. 지울 수 없는 고려시대의 고전『제왕운기』를 저술한 위대한 학자 동안거사動安居士 이승휴李承休, 1224-1301가 바로 이곳 삼척 사람이다.

나에게 이승휴는 애틋한 사랑의 주인공이다. 죽서루竹西樓 때문이다. 죽서루는 이승휴가 1274년에 창건했는데 그 까닭이 있다. 벼슬에 나가기 전 두타산 기슭에 살 때 이야기다. 홀어머니와 살며 학문을 연찬하던 시절, 멀리 오십천까지 나아가 낚시를 하다가 절벽에서 굴러 떨어지고 말았다. 마침 냇가에서 나물을 뜯던 죽죽선竹竹仙이 청년을 구해 살려놓고 그만 두 사람은 사랑에 빠지고 말았다. 그런데 죽죽선의 신분이 기생임을 눈치챈 어머니는 아들을 데리고 송도로 떠나버렸다.

낭군이 떠난 다음날부터 죽죽선은 하루가 멀다 하고 절벽 위에 올라 멀리 송도를 향해 애간장을 태웠다. 그리고 어느 날, 이룰 수 없는 사랑을 슬퍼하며 스스로

01 - "관동팔경을 보지 않으면 천지의 완벽한 공적을 볼 수 없으리"

몸을 날리고 말았다. 요즘 같으면 있을 수 없는 일이지만 사랑의 아픔이 죽음보다 무거웠던 순애보의 시대였다.

이 시절 기생은 예기藝技를 뜻했다. 매춘부가 아니었다. 기생이 매춘부로 취급된 것은 일제강점기 때부터였으니 기껏해야 백 년도 안 된다. 그 이전까지만 해도 기생은 국가에 소속된 관인으로 기예절정의 장인이었다. 불법으로 매춘하는 창녀娼女나 유녀遊女와는 다른 존재였다. 게이샤라고 하는 일본의 기생도 예자藝者로서 시서화가무詩書畵歌舞를 보존하고 전승하는 예술가들이었다. 기생들이 몸 파는 일을 강요당한 때는 오직 일제강점기 36년 동안뿐이다.

세월이 흘러 이승휴가 벼슬에 오른 뒤 삼척으로 부임해왔다. 젊은 날 불장난 같은 사랑이었다고 해도 이승휴는 죽죽선을 잊을 수 없어 그 행방을 찾아나섰다. 그러나 찾을 수 없었다. 몸을 던져 자결했다거나 죽장사 승려가 되었다는 소문만 무성했다. 죽음보다 아픈 사랑을 깨우친 이 남자는 그 여자가 살던 집 서쪽, 바로 그 절벽 위에 죽서루를 세워 영혼을 기렸다.

역시 고려시대 사람인 지월당池月堂 김극기金克己, 1379-1463의 「강릉팔경」에는 죽서루에 올라 읊은 시가 남아 있다. 이 시에는 죽죽서와 이승휴의 사랑에 관한 언급이 없다. 하지만 그러면 어떠한가. 그저 전설이라 해도 아름다우면 그뿐인 것을.

그러나 오늘날 죽서루는 그다지 아름답지 않다. 나아가 더이상 죽서루가 아니다. 남은 것은 그저 옆으로 긴 건물 한 채뿐이다. 죽서루 맞은편 넓은 터에는 시립박물관, 문화예술회관이 즐비하고 이걸로도 모자라 해괴한 모양새를 드러낸 세계동굴엑스포타운이니 청소년수련관이니 동굴신비관이니 하는 것들이 줄지어 서 있다. 멀리에는 주공아파트가 우뚝하게 들어오니 몇 해 전 이 풍경을 마주하며 그저 속절없이 망연해지고 말았다. 죽서루는 사라졌다.

해괴한 풍경이 없던 시절에는 저녁놀 머금은 태백산과 백두대간이 아득히 펼쳐지고 가까이에는 근산이며 오십천이 구비구비 흘렀다. 그 풍경이 어찌나 아름다웠는지 400년 전 사람 미수眉叟 허목許穆, 1595-1682이 써둔 「죽서루기」의 풍경 그대로였나.

> "죽서루의 경치는 동해와의 사이에 높은 산봉우리와 깎아지른 벼랑이 있으
> 며, 서쪽으로는 두타산과 태백산이 우뚝 솟아 험준한데, 이내가 짙게 깔려
> 산봉우리가 아스라이 보인다. 큰 내가 동으로 흐르면서 구불구불 오십천이
> 된다. 그 사이에는 울창한 숲도 있고 사람 사는 마을도 있다. 누각 아래에는
> 층층 바위의 벼랑이 천 길이나 되고 맑은 못과 긴 여울이 그 밑을 휘감아 돈
> 다. 석양이면 푸른 물결이 반짝이며 바위 벼랑에 부딪쳐 부서진다. 이곳의
> 빼어난 경치는 큰 바다의 볼거리와는 매우 다르다. 유람하는 자들도 이런
> 경치를 좋아해서 제일가는 명승지라 한 것이 아니겠는가."[35]

이 글을 능가하는 죽서루 기행문을 본 적이 없거니와 허목의 말 그대로 죽서
루의 생명은 백두대간에 걸린 구름이요, 오십천 흐르는 풍경이다. 삼척 사람들은
옛날 이곳의 수령으로 재임하면서 자신의 글씨를 새긴 비석을 세웠더니 파도가 그
치고 홍수도 멈추게 하는 기적을 일으킨 허목의 생각 그대로 죽서루를 관동팔경
가운데 으뜸이라고 주장해왔다. 하지만 지금도 그럴까. 본 모습은 사라져버렸으니
문득 삼척이며 죽서루라는 낱말이 떠오를 때면 그 옛날 풍경을 못내 그리워할 뿐
이다.

지금의 죽서루가 아니라 옛 그림 속 죽서루를 보면 태양빛 머금은 백두대간
이며 오십천 줄기 넘실대며 흐르는 게 허목의 기행문과 어찌 그리 흡사한지 모르
겠다. 지금은 사라진, 하늘과 산과 강과 들판이 고스란히 살아 있는 옛 그림 가운
데 《관동십경》 중 〈죽서루〉가 있다. 죽서루와 그 주변을 눈부시게 아름답게 그린
채색화다. 화폭 중앙을 구비구비 휘돌며 동해바다로 나가는 오십천이 주름잡고

竹西樓

미상, 김상성 편, 〈죽서루〉, 《관동십경》, 31.5×22.5, 비단, 1746, 서울대규장각.

그 복판에 푸른 청록 바위 절벽과 붉게 단청한 건물들이 황금빛 초가집들과 어울려 즐비하다. 건물들을 능글게 감싼 산술기와 언덕 또한 청록으로 물들어 아름답고 사이사이 붉고 흰 꽃나무들이며 푸른 잎새 날리는 나무들이 살아 움직인다. 절벽 위로 세 채의 건물이 있다. 가운데가 죽서루고 왼쪽의 'ㄱ'자 집은 삼척 객사인 진주관, 오른쪽 끝 조그만 집은 별채인 연근당이다. 연근당에는 용문龍門이 있다. 용문은 삼국통일의 위업을 달성한 신라 문무왕文武王, 626-681의 출입처였다. 죽어서 바다에 무덤을 만든 문무왕은 동해를 지키는 용이 되어 가끔 해안선을 따라 순행을 하곤 했단다. 어느 날 이곳 오십천을 거슬러오다가 거대한 바윗덩어리를 만나자 한쪽에 구멍을 뚫어 드나들다가 훗날 승천했다.

이런 곳에 전설이 없을 리 없다. 전설은 두 갈래로 나뉜다. 하나는 나쁘다. 절벽 밑에 뚫린 구멍이 삼척 땅 지하로 퍼져 있다는 거다. 이중환은 『택리지』에서 죽서루 전설 한 가지를 기록해두었다.

"삼척 죽서루는 오십천을 차지하여 경치가 훌륭하다. 절벽 밑에는 안 보이는 구멍이 있다. 냇물이 그 위에 이르면 새서 낙숫물 지듯하고 남은 물은 누정 앞 석벽을 지나 고을 앞을 가로 흘러간다. 옛날에 뱃놀이하던 사람이 잘못하여 구멍 속에 들어갔는데 간 곳을 모른다 한다. 어떤 사람은 '고을 터가 공망혈空亡穴에 위치하여 인재가 나지 않는다'고 한다."[36]

공망혈은 풍수에서 말하는 터의 하나로 여기에 집을 지으면 사람과 재물이 저절로 사라진다 하여 모두 피하는 곳이다. 삼척 출신의 인재가 없을 리 없지만 공망혈에 대한 두려움은 짐작이 된다.

하나는 좋다. 용문 바위의 특별한 암각화 이야기다. 여기에 열 개의 구멍이 여성 생식기 모양으로 새겨져 있다. 칠월칠석이면 좁쌀을 그 가운데 일곱 구멍에 넣고서 간절히 소망한 뒤 다시 좁쌀을 거둬 치마에 담아가면 아이를 얻는다는 믿음 탓에 인기가 상당했다고 한다.

옛 화가들의 그림 속에서 만나는 그 시절 그 풍경

낙산사에서 내려오다 경포대를 건너뛴 겸재 정선은 죽서루에서 멈췄다. 1738년에 그린 《관동명승첩》 중 〈죽서루〉는 죽서루를 가장 단아하고 강건하며 장엄하게 그린 최고의 걸작일 뿐 아니라 화폭으로 전해오는 최초의 실경화다. 이 구도는 이후 단원 김홍도만 이어받았을 뿐 그 누구도 비슷하게 흉내내지 못했다. 거칠 것도 멈출 것도 없는 필력이 휩쓸고 간 화폭에 남겨놓은 저 건물도 튼실하지만 나무 몇 그루도 지나칠 만큼 강건하다. 그 무게를 받치고도 남음이 있을 거대한 바위 절벽 또한 살아 있는 듯 활기에 넘치고 그 아래를 흐르는 강물도 구비쳐 유장하다. 배 위의 유람객 또한 장엄을 한껏 누리는 게 실감나는데 절벽 왼편에 설치한 사다리를 또렷하게 그린 것이 흥미로운 상상력을 자극한다.

스승 강세황의 〈죽서루〉와 제자 김홍도의 〈죽서루〉를 나란히 놓고 빗대보면 스승이 밑그림을 그리고 제자가 그걸 바탕삼아 덧칠한 것 같은 느낌을 준다. 하지만 사실은 김홍도가 그린 밑그림을 보고 강세황이 재구성했으니 거꾸로다. 강세황은 금강산까지만 갔을 뿐 동해안까지 간 적이 없다. 강세황과 김홍도의 작품 구도는 정선의 시선을 넓혀 죽서루를 감싸고 있는 일대를 광역화한 것이다.

김홍도의 작품은 매우 섬세하고 유연하며 색채도 곱다. 더구나 강물 오십천의 흐름을 급격하게 휘돌게 묘사한 것이 율동감을 드높여 보는 이로 하여금 만족스러운 즐거움을 준다. 나아가 오십천을 사이에 두고 죽서루 절벽과 건너편 땅을 가로질러 매단 줄을 세심하게 그려넣은 것이며 유람객의 배 한 척과 세 마리의 새

정선, 〈죽서루〉, 《관동명승첩》, 32.2×57.7, 종이, 1738, 간송미술관.

강세황, 〈죽서루〉, 《풍악장유첩》, 33×48, 종이, 1788, 국립중앙박물관.

김홍도, 〈죽서루〉, 《해산도첩》, 30.4×43.7, 비단, 1788, 개인.

김응환, 〈죽서루〉, 《해악전도첩》, 32×42.8, 비단, 1788, 개인.

가 노니는 장면 설정도 한가로워 행복하다.

상세황, 심홍노와 더불어 함께 사행 니행을 한 심홍노의 신배 김응환의 〈죽서루〉는 전혀 그곳에 간 적이 없는 사람이 그린 것 같다. 죽서루 아래 절벽이 없으니 말이다.

죽서루 풍경은 앞에서 볼 때와 옆에서 볼 때 그리고 뒤에서 볼 때 그 모습이 모두 다르다. 1738년 처음으로 정선이 《관동명승첩》 중 〈죽서루〉를 그렸을 때는 바위 절벽에 주목하여 뒤에서 본 모습을 그렸지만 1744년 허필이 《관동팔경 8폭 병풍》 중 〈죽서루〉를 그렸을 때는 옆 모습을 그려 전혀 다른 느낌을 주었다. 그로부터 두 해 뒤인 1745년 강원도 관찰사로 부임한 김상성이 화가를 대동하여 그리게 한, 앞에서 이미 살펴본, 《관동십경》 중 〈죽서루〉는 하늘 높은 곳에서 내려다 보는 시선으로 그렸으므로 또 다른 풍경이 탄생했다. 죽서루는 이처럼 보는 사람마다 다른 모습으로 다가서서인지 실경산수의 종장인 정선이 설정해놓은 전형이 보편성을 획득하지 못했다. 오직 김홍도만이 그 전형을 따랐을 뿐이다.

허필의 《관동팔경 8폭 병풍》 중 〈죽서루〉는 동해바다로 흘러드는 강물이 두드러지고 또 배 위에 나귀를 싣고 있는 모습이 즐겁다. 화폭 상단에는 허백당虛白堂 홍귀달洪貴達, 1438-1504의 시 「죽서루」를 썼는데 이조판서 홍귀달은 워낙 성격이 강직해 손녀를 궁중에 들이라는 연산군의 왕명을 거역함에 곤장형을 받고 경원으로 유배를 가던 중 목 졸려 죽이는 교살을 당했다. 사람들이 굽히지 않는 그를 염려해 조심하라 했지만 나라의 은혜를 크게 입고 이제 늙었으니 죽어도 원통할 것이 없다고 했던 그였다. 그리고 보면 허필의 그림 속 죽서루 바위 절벽이 홍귀달의 올곧은 모습을 생각하고 그린 게 아닌가 싶다.

이방운과 엄치욱은 한가로운 그 풍경을 그린 것으로 족한데 다만 엄치욱의 죽서루 바위가 우뚝한 게 돋보인다.

심동윤은 또 한 번 구성과 묘사의 힘을 발휘해 특별한 죽서루를 만들어냈다.

竹西樓
竹西之画
碧江泳
六月寒生
古石橋
岩口寺庙
黄鸎声
玉立老青
白雲霭
江山但汪
樺中餘
方世登同
海上踏
永彷月吶
天似水
一釋老笛
崒溶妙

石泓虚亭洪貴連詩
世祖朝文匡公

허필, 〈죽서루〉,
《관동팔경 8폭 병풍》, 85×42,
종이, 1744, 선문대박물관.

이방운, 〈죽서루〉, 《관동팔경 8폭 병풍》,
61.7×35.2, 종이, 1800년경, 국립중앙박물관.

엄치욱, 〈죽서루〉, 《가장첩》, 28×39, 종이, 19세기, 국립중앙박물관.

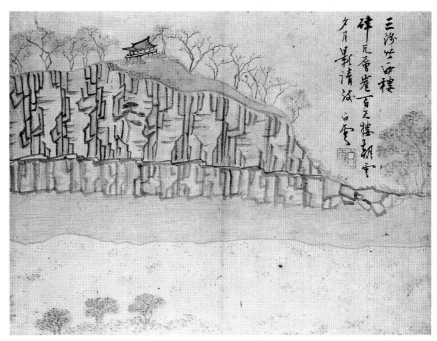

심동윤, 〈죽서루〉,《백운화첩》, 32.5×43, 종이, 1822년경, 관동대박물관.

지산, 〈죽서루〉,《관동팔경 8폭 병풍》, 83×45,
종이, 19세기, 개인.

김오헌, 〈죽서루〉,《관동팔경 8폭 병풍》, 54.4×33, 종이,
20세기 초, 오죽헌시립박물관.

정선의 전형을 따른 듯하지만 바위에 똑같은 무늬를 반복하고 또 언덕의 나무도 반복하여 평판성을 부여했고 은은한 색깔에 이르기까지 심능환만이 그려낼 수 있는 풍경에 도달했다. 바위 절벽 복판에 홀로 선 소나무도 귀엽다.

지산은 죽서루와 그 일대에 존재하는 모든 경물을 한 화폭에 쓸어담은 듯 가득찬 산수화를 그렸지만 죽서루와 몇 채의 전각 지붕을 청색으로 특별히 강조하여 주인공을 강조해두었다.

김오헌의 〈죽서루〉는 시선의 위치를 전혀 달리했다. 오십천의 절벽을 정면이 아니라 측면으로 옮겨놓으니 오십천 하류의 봉황산 봉황대도 화폭 하단에 그려넣을 여유도 생겼고 화폭 중단에 옹기종기 모여 있는 마을이며 또한 멀리 태봉산이며 갈마산도 화폭 상단에 웅장하게 배치할 수 있는 공간도 생겼다.

제7경. 바다 밝은 하늘인데 하늘 밖은 무엇인가, 망양정

숙종이 점을 찍은 관동제일루

울창하여 진귀한 땅이란 뜻을 지닌 울진蔚珍은 보석처럼 눈부신 곳이었다. 남들은 하나도 갖기 어려운 관동팔경을 망양정과 월송정 두 곳이나 품고 있는 이곳은 1962년 별다른 이유 없이 경상도 소속으로 바뀌었다. 어쩌면 오래전부터 이곳 출신의 권력자 마음에 앗아오고야 말겠다는 꿈이 있었는지도 모를 일이다.

망양정은 관동팔경 가운데 으뜸임을 뽐내는 곳이다. 숙종은 관동팔경을 그려오라며 화가 한 사람을 파견하였다. 누구인지 알 수 없는 그 화가가 관동의 여덟 곳을 그려오자 숙종은 직접 팔경시 여덟 수를 지었는데 망양정 시가 유난하다. 재미있는 상상력을 발휘했던 건데 '망양정 앞 바닷물로 술을 담근다면, 어찌 한갓 300잔만 마시겠느냐'[37]며 한바탕 웃음을 터뜨렸다. 그래서인지 이곳을 으뜸이라고 점을 찍은 뒤 「관동제일루」關東第一樓라는 글씨를 손수 써서 현판을 하사하였으니, 비로소 이곳 망양정은 경포대며 죽서루를 제치고 팔경 중 제일임을 자랑하기 시작했다.

송강 정철은 좌, 우의정이라는 재상의 반열에 이른 정치가로 반대 정파를 가혹하기 이를 데 없이 참혹한 인물이지만 인권으로는 「사미인곡」이니 「신풍별곡」 같은 가사를 남긴 문장가였다. 사람들은 정치가 정철은 몰라도 문학가 정철은 안다. 문학사며 교과서에서 워낙 찬양을 해서 그럴 것이다. 그렇다고 해서 그의 문학을 폐기하라는 주장은 편향이다.

30세의 패기에 찬 북관어사北關御使 정철이 이곳 관동에 왔을 때 아리따운 여인네를 만났다. 그녀는 어쩌면 양양 출신 홍장紅粧의 후예일지도 모르겠다. 그 여인에게 정철은 지키지 못할 약속을 하고 말았다. 감사나 찰방이 되어 다시 오겠노라는 언약이었다. 세월이 흘렀다. 서로가 서로를 잊을 만큼 오래된 1580년 45세가 되었을 때에야 그는 강원도 관찰사가 되어 돌아왔다. 그녀를 찾아 만나고 보니 아련한 추억만 흐를 뿐이었다. 그래서 시를 지었다.

"열다섯 해 전 언약했지, 감사나 찰방이 된다고 했네, 내 말이 비록 맞았다한들, 다같이 귀밑털이 반백이 되었구나."[38]

두 사람의 인연이 어찌되었는지는 더 이상 알려지지 않는다. 15년이 지나 다시 만나는 그런 아득한 사랑으로 헤어져 있던 오랜 세월의 허전함과 외로움을 어찌 다 메울 수 있었을까. 그저 바다가 보이는 언덕에 올라 오직 푸르고 깊은 동해 바다를 하염없이 바라보며 세월을 뛰어넘는 사랑의 질긴 인연을 속삭였을 법도 하다. 어쩌면 그래서 그곳 마을 이름이 망양리望洋里인 건 아닐까. 청운초등학교가 들어선 한양 경복궁 서쪽 마을, 정철이 태어난 땅을 지날 때면 망양정의 풍경을 떠올리곤 한다. 강원도 관찰사가 되어 관동 땅 천릿길 누비며, 노닐며, 그렇게 순유巡遊한 정철은 「관동별곡」에 망양정을 이렇게 노래했다.

"하늘 끝을 못내 볼 수 없어 망양정에 올랐더니

바다 밖은 하늘인데 하늘 밖은 무엇인가

가득 노한 고래 누군가 놀렸기에

불거니 뿜거니 어지러이 노는구나"[39]

지금 우리가 알고 있는 망양정은 그러나 옛사람들이 마주한 그 망양정이 아니다. 1883년 울진의 수령이 울진군 기성면 망양리에 있던 건물을 뜯어 북쪽으로 15킬로미터나 거슬러 올라와 근남면 산포리 지금의 자리에 세웠다. 그러니 옛 그림 속 망양정과 지금의 망양정은 전혀 다른 망양정이다. 그마저도 일제강점기와 전쟁을 겪으며 파괴당해 사라졌던 것을 1957년에 시작해 1959년 9월까지 공사를 통해 새로 지었다. 그뒤로 누군가 정선의 작품에 묘사된 건물을 닮게 해야 한다고 주장해서 2005년에 고쳐지은 것이 오늘날 망양정이다. 건물이야 어떻든 원래 있던 터를 옮기는 순간, 그 생명은 끝났다고 보아야 한다. 승경지의 뜻이 그렇다. 왕이 하사한 편액을 갖춘 건물을 울진의 수령이 함부로 옮겨서는 안 되는 것이었다. 그런데 울진의 수령은 왜 그랬던 걸까.

위치를 옮긴 망양정은 왕피천王避川이 바다로 들어가는 어귀에 자리를 잡고 있다. 왕의 피서지라는 뜻의 왕피천은 숙종의 피서지라서 생긴 이름이다. 어쩌면 울진의 수령은 숙종과 망양정의 인연을 되찾아주려 했는지도 모른다. 숙종은 왕피천으로 피서를 왔을 때 근처의 인지정仁智亭에 올라 풍광을 즐기며 글씨를 써서 새겨둔 일도 있다. 왕피천에서 돌아볼 곳은 이것으로 그치지 않는다. 왕피천 줄기에는 신비로운 성류굴이 있고 바로 곁에 예언자 남사고南師古, 1509-1571의 집터와 그를 제향하는 옥동서원이 그윽한데, 북쪽으로는 생육신 김시습을 제향하는 고산서원이 아름답다. 그 일대는 연호정이며 청암정, 주천대, 천량암, 학선대가 즐비하고 청암폭포와 조계폭포가 귀를 어지럽히는 땅이다. 옮길 이유가 이토록 많았던 것이다.

망양정을 노래한 이는 또 있다. 정조도 김홍도가 그려온 그림을 보고서 망양
정 시를 읊었다. '태초의 기운이 가득한 바다'를 느꼈다면서 '공자의 집과 도잠의 집
을 탐구하듯 꼼꼼하게 관찰하였다'고 했다.

보는 이마다 다르고 그리는 이마다 달랐던 이곳

지금까지 전해오는 겸재 정선의 망양정 그림은 두 점인데 그 가운데《관동명
승첩》의 〈망양정〉은 1738년에 그린 것이다. 모든 게 무척 성급해 보이는데 구도
를 보더라도 왼쪽 바다는 텅 비우고 오른쪽은 꽉 채운 편파 구도라든지, 오른쪽 상
단 구석에서 왼쪽 하단으로 쏟아져내리는 듯 사선 구도가 바쁘게 움직인다. 또한
낭떠러지 끝에 금방이라도 쓰러질 듯 서 있는 정자가 위태롭다. 일부러 이렇게 연
출한 것이겠다. 어쩌면 바닷물을 술로 빚어 모두 마시고 취해 휘청대고 싶었던 마
음으로 그린 그림일지도 모른다. 하지만 일렁이는 물결이나 가파른 바위 절벽의
표현력은 참으로 눈부신 바가 있다. 거꾸로 고려대박물관 소장 〈망양정〉은 만년에
여유로운 마음으로 그린 듯 한없이 연약하고 부드럽다.

김홍도가 1788년에 그린《해산도첩》중 〈망양정〉은 정선의 저 위태로운 모
습과 달리 지극히 평화롭다. 또한 섬세하고 자상하게 묘사하여 오늘날의 사진과는
비교할 수 없이 정밀하다. 산과 바다며 정자는 말할 것도 없고 그 아래에 쌓아놓은
성벽이며 해안선 모래사장 안쪽에 줄지어 자리잡은 초가집 마을과 고깃배 모양까
지 무엇 하나 빠뜨리지 않았다. 파도가 일으키는 물보라의 방울방울 하나하나 다
그렸으니 뭐라 할 말이 없다. 당연히 정밀지도 살피듯 그렇게 보아야 할 그림이다.
수평선이 한없이 고요하다. 복헌 김응환의《해악전도첩》중 〈망양정〉은 김홍도의
유람길에 동행할 때 그린 그림이다.

허필의 《관동팔경 8폭 병풍》 중 〈망양정〉은 정선이나 김홍도의 시선과 달리 남쪽에서 북쪽을 바라보고 그려 절벽과 정자가 왼쪽으로 붙었다. 붙여도 아주 바짝 붙여 화폭 밖으로 밀려날 지경이다. 그만큼 위험하다는 것을 표현한 것으로 허필이 아니면 할 수 없는 대담한 구도다. 화폭 상단의 「망양정」은 고려 말기의 문인 원재圓齋 정추鄭樞, 1333-1382의 시다. 부패한 정치에 맞서 강직한 태도를 끝까지 지켜나가는 가운데 변화를 꿈꾸며 자신을 형체 없는 무형자無形子라고 불렀던 정추의 시를 써넣은 뜻 또한 이토록 가파르고 위태로운 분위기와 관련이 있을 것이다. 그에 비하면 이방운의 《관동팔경 8폭 병풍》 중 〈망양정〉은 소박한 일상의 어촌 풍경처럼 보인다.

《관동십경》 중 〈망양정〉은 그 어떤 작품보다도 눈부신 채색과 화려한 구도를 자랑한다. 기둥에 붉은 색칠을 한 정자로 묘사해 세상의 중심임을 천명하고서 정자 바로 앞 낭떠러지에 흰옷 입은 선비를 배치해 아슬한 느낌이다. 더구나 산줄기 오른쪽 끝에 배 한 척이 떠 있다. 또한 마치 독수리가 날개를 활짝 펼치는 듯 망양정 양쪽으로 산줄기가 뻗어나가고 먼 바다에 붉은 태양이 솟아오른다. 신비로운 것은 태양의 뒤쪽 상단에 있는 청록색 섬과 그 아래쪽 바다 한가운데서 솟아오른 바위섬인데 울릉도와 그 부속 섬인 독도를 그린 것이다. 마치 고래처럼 보이는 까닭은 바위섬 위로 흩날리는 빨간색과 하얀색 점들 때문일 것이다.

심동윤의 《백운화첩》 중 〈망양정〉과 지산의 《관동팔경 8폭 병풍》 중 〈망양정〉 그리고 김오헌의 《관동팔경 8폭 병풍》 중 〈망양정〉은 지역 화가들답게 역시 기대를 저버리지 않고 남다른 상상력과 표현력을 과시한다. 심동윤과 김오헌의 〈망양정〉은 지금껏 보아온 모든 작품과 달리 바다에서 육지를 향한 시선으로 구도를 잡아 남다르고, 지산의 〈망양정〉은 마치 해금강이나 총석정 같은 느낌이 날 정도로 갖은 바위를 다채롭게 배치해 특별함을 과시한다. 여기에 더해 물결무늬를 자유자재로 그려놓은 데다 수평선을 이중으로 그리는 상상력이야말로 경탄을 자아낸다.

정선, 〈망양정〉, 《관동명승첩》, 32.2×57.7, 종이, 1738, 간송미술관.

望洋亭

김홍도,
〈망양정〉,
《해산도첩》,
30.4×43.7,
비단, 1788,
개인.

정선, 〈망양정〉, 17.8×12.8, 비단,
18세기, 고려대박물관.

김응환, 〈망양정〉, 《해악전도첩》, 32×42.8, 비단, 1788, 개인.

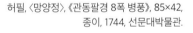

허필, 〈망양정〉, 《관동팔경 8폭 병풍》, 85×42,
종이, 1744, 선문대박물관.

이방운, 〈망양정〉, 《관동팔경 8폭 병풍》, 59.6×35,
종이, 1800년경, 국립중앙박물관.

미상, 김상성 편, 〈망양정〉,《관동십경》, 31.5×22.5, 비단, 1746, 서울대규장각.

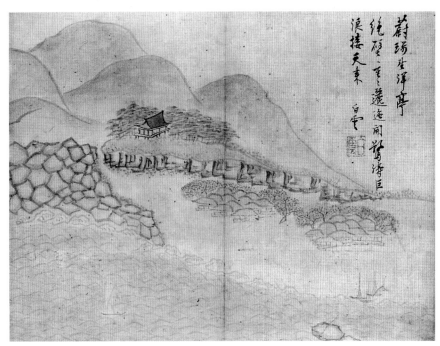

심동윤, 〈망양정〉, 《백운화첩》, 32.5×43, 종이, 1822년경, 관동대박물관.

지산, 〈망양정〉, 《관동팔경 8폭 병풍》, 83×45,
종이, 19세기, 개인.

김오헌, 〈망양정〉, 《관동팔경 8폭 병풍》, 54.4×33,
종이, 20세기 초, 오죽헌시립박물관.

제8경. 달빛 비치는
솔숲으로 부르리, 월송정

성종이 꼽은 조선 제일의 승경지

성종 때 화가들로 하여금 조선 팔도의 명승을 그려올리라고 했다는 기록이 『평해읍지』平海邑誌에 전한다. 그렇게 그린 그림 가운데 함경남도 영흥永興의 용흥각龍興閣과 평해의 월송정 단 두 점이 뽑혔는데 끝내 두 점의 순서를 정하지 못하자 성종이 나서서 다음처럼 결론을 냈다.

> "용흥각의 연꽃과 버들은 두 계절뿐이지만 월송정의 소나무는 사계절이기
> 때문에 제일로 하는 것이 옳겠다."[40]

모두들 감탄하여 마지않았으니 이로써 월송정은 조선 제일의 승경지로 우뚝 섰다. 경이로운 판단을 내린 성종은 재위 기간 동안 미술 관련 내용이 무척 풍부한 『성종실록』을 남겼을 만큼 조선 역대 제왕 가운데 누구보다도 회화에 빼어난 조예를 갖춘 군주였다. 그런 감식안이었으니 월송정을 제일의 승경지로 꼽는 것은 꽤

01 - "관동팔경을 보지 않으면 천지의 완벽한 공적을 볼 수 없으리"

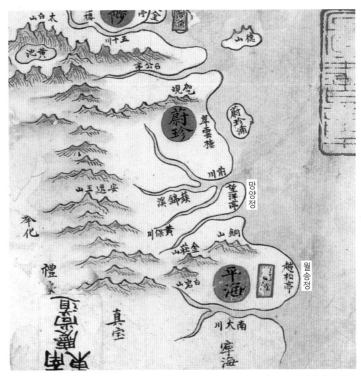

망양정

월송정

미상, 〈강원도 울진 평해〉 부분,《해동지도》, 종이, 18세기 중엽, 서울대규장각.

한 왕의 권위 따위에 기댄 바가 아니다. 18세기 중엽에 제작한《해동지도》의 강원도 땅 아래쪽 맨 끝을 보면, 봉긋하게 솟아나온 곳에 '월송정'越松亭이라는 글자가 보인다. 강원도 울진군 평해읍으로, 관동팔경의 마지막 풍경이다.

　하지만 지금은 강원도가 아니라 경상북도에 속해 있어 관동이 아닌 영남의 자랑거리가 되어 있다. 경북 출신 대통령이 나온 직후인 1962년 행정구역 개편 때 강원도에서 떼어내 경상북도에 편입시켜버렸기 때문이다. 그러나 경상도 관동팔경이라는 말은 너무나 어색하다. 울진 땅에서 태어난 20세기의 큰 화가 유영국劉永國, 1916-2002은 살아생전 늘 자신은 강원 사람이라며 단 한 번도 경상도 사람이라고 생각한 적이 없다고 했다. 고향이란, 뿌리란 그런 것인지도 모른다. 그래서일까.

나 역시 월송정을 부를 때면 그저 관동 땅에 월송정이라 부르곤 한다.

신라의 화랑 즉, 영랑 술랑 남석랑 안상랑이 월송정에서 노닐었다. 그리고 보면 월송정은 천 년 전부터 많은 이들에게 널리 알려진 땅이었던 게다. 그런데 역사의 흔적을 살펴보면 화랑들이 여기에 와서 놀기만 했던 것 같지는 않다. 월송정 안쪽 마을인 화구花邱의 서쪽 예방산禮方山에는 신라시대 어느 왕자의 태胎를 묻은 땅이라고 해서 태봉재가 자리하고 있다. 또 그 남쪽 평해리에는 한나라 무제 때 실크로드를 개척한 여행가 장건張騫, ?-BC114이 배를 타고 상륙했다는 선제동仙濟洞이라는 마을이 있다. 이처럼 신라 왕실 그리고 한나라가 관련된 지역에 그 당시 최정예 전사들인 화랑이 왔다면 그것은 임무 수행이었을 것이다. 네 명의 화랑이 여기 와서 하릴 없이 유람이나 했다는 건 너무 성겁다.

월송정과 얽힌 이야기만 살펴보아도 이 일대는 여느 명승지와는 다른 면모를 보인다. 특히 국제 외교나 군사 분야와 관련이 있다. 첫째 설화는 중국 월越나라와 관계가 있다. 예전에 월나라의 산에서 자라는 소나무를 배에 싣고 와서 여기 심었으므로 월송리, 그 정자는 월송정이 되었다는 거다. 두 번째는 앞서 말한 네 명의 화랑과 연관되어 있다. 그들이 처음 이곳 소나무 숲을 보고도 모른 채 지나쳐버렸다고 해서 월송越松이라고 했다는 거다. 세 번째는 훨씬 멋에 넘치는데 달빛 비치는 솔숲이어서 월송月松이라고 했다는 것이다. 『평해읍지』에 이르기를 '비 갠 뒤 달이 처음 떠서 맑은 달그림자가 소나무 아래에 어른거리면 은빛 모래가 문득 달빛 세계로 바뀌니 지팡이 떨쳐 짚고 천천히 걸어갈 때 걸음마다 찬 기운이 일어나므로 월송정이라 했다'는 이야기가 그것이다.

옛 그림 속에서 월송정의 쓸모를 마주하다

겸재 정선의 《관동명승첩》 중 〈월송정〉을 보면 소나무 숲 어두운 안갯속으로 빨려들어가는 느낌이다. 달빛 출렁이는 시정詩情에 충실한 그림이니 월송越松이라는 제목과 달리 사실은 달빛 세계에 빠져드는 몽환의 세계라고 해야겠다.

단원 김홍도의 《해산도첩》 중 〈월송정〉은 전혀 다르다. 옅은 물빛 바다가 아름답고 드넓게 뻗어나간 해안선이 낭만의 선율을 뿜어내면서도 성곽을 자세하게 드러내고 또 화살 표적을 뚜렷하게 묘사함으로써 이곳이 해적을 방어하는 수군의 요새라는 사실을 강조한다. 복헌 김응환의 《해악전도첩》 중 〈월송정〉은 김홍도의 유람길에 동행할 때 그린 그림이다.

실제로 명종 때인 1555년 높이 일곱 자에 길이 500자나 되는 바위 성을 쌓고 400명의 수군을 주둔시켰으니 이곳 월송포는 군사 요새였던 것이고 저 월송정은 해안으로 통하는 성문의 누각이었던 셈이다. 이런 모습은 허필과 정충엽 그리고 지산의 작품에 더욱 잘 드러난다. 높이 일곱 자나 되는 성곽을 더욱 견고하게 표현해둠에 따라 정자로서 월송정은 의미를 잃어버렸고 오히려 그 주변의 경물들이 자신을 더욱 뽐내는 형국이다.

마지막 네 번째 창건 설화가 있다. 『평해읍지』에는 '정자 북쪽에 석봉이 하나 있는데 돌연히 솟구쳐 올라 있는 것이 마치 움츠린 용이 날카로운 뿔을 드러내고 있는 것 같다. 전해오는 말로는 물에 떠내려 와서 이곳에 진鎭을 베풀고 정자를 지었다고 한다'고 기록해두었는데 그 전설에 가장 충실한 작품이 바로 허필의 것이다. 허필이 그린 《관동팔경 8폭 병풍》 중 〈월송정〉에 보이는 저 석봉은 매화 꽃 흩날리는 땅에 불쑥 솟은 굴미봉堀尾峯처럼 보인다. 허필보다 200년 전 이곳에 유배와 세 번의 겨울을 견뎌낸 재상 이산해李山海, 1535-1609는 그 바위 전설을 듣고서 묘사하길 옥황상제 머무는 곳에서 연주하는 음악 「균천광악」鈞天廣樂이 흐르는 곳이요

정선, 〈월송정〉, 《관동명승첩》, 32.2×57.7, 종이, 1738, 간송미술관.

越松亭

김홍도,
〈월송정〉,
《해산도첩》,
30.4×43.7,
비단, 1788,
개인.

김응환, 〈월송정〉,
《해악전도첩》, 32×42.8, 비단,
1788, 개인.

허필, 〈월송정〉, 《관동팔경 8폭 병풍》,
42×85, 종이, 1844, 선문대박물관.

정충엽, 〈월송정〉, 22.4×28,
비단, 18세기, 개인.

지산, 〈월송정〉, 《관동팔경 8폭 병풍》,
45×83, 종이, 19세기, 개인.

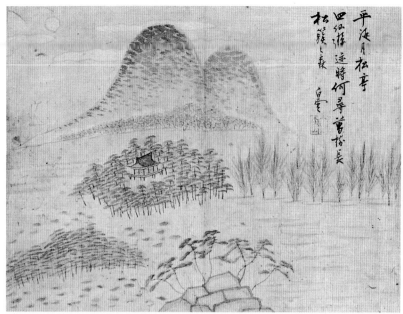

심동윤, 〈월송정〉,《백운화첩》,
32.5×43, 종이, 1822년경,
관동대박물관.

김오헌, 〈월송정〉,《관동팔경 8폭 병풍》,
54.4×33, 종이, 20세기 초,
강릉오죽헌시립박물관.

그래서 마을 사람들은 저 신령스러운 바위에 소망을 빈다고 기록해두었다.

의병을 일으킨 신돌석申乭石, 1878-1908 장군은 울진 바로 아래 영덕盈德 사람이었다. 유명한 굴미봉이며 월송정을 찾았던 그는 이곳에 와서 '누대에 오른 나그네 갈 길 잃고, 잎새 진 나무 뒤덮인 강토를 탄식한다. 남자 나이 열네 살 무엇을 이루었는가, 가을바람 비껴 감개에 젖는구나'라는 시 한 수를 읊었다. 내용으로 보아 어린 시절 찾아왔음을 알 수 있다. 그런 장군의 호연지기가 깃든 곳이었지만 일본 사람들은 전쟁에 방해가 된다며 월송정을 파괴해버렸다. 지금의 건물은 1933년과 1969년에 한 번씩 새로 지었다가 1980년에 또다시 지은 것이다.

건물보다 아름다운 건 솔숲이다. 건물과 마찬가지로 소나무 숲까지 모두 태워버려 황량한 벌판으로 버려졌던 것을 1956년 손치후孫穉厚란 사람이 1만 5천 그루 소나무를 심었고 이것이 자라나 지금 그렇게도 울창하다.

어귀에 있는 마을의 이름은 화구花邱, 다시 말해 꽃두들이요, 그 앞 황보천 다리 이름은 군무교軍舞橋, 다시 말해 칼춤다리라고 부른다. 꽃두들은 마을 생김새가 꽃 모양 언덕이라, 칼춤다리는 천 년 전 노닐던 네 명의 화랑이 바람을 가르고 파도를 가라앉혔다고 해서 그렇게 부르는 듯하다.

심동윤의《백운화첩》중 〈월송정〉을 보고 있으면 어쩐지 꽃두들에 칼춤 추는 네 화랑의 유희가 보이는 듯 환해진다. 김오헌이 그린《관동팔경 8폭 병풍》중 〈월송정〉을 보면 화폭 오른쪽 가장자리에 꽃두들이 선명하게 보인다.

시인이요 생육신으로 산천을 떠돌던 나그네 매월당 김시습도 이곳을 다녀갔다. 그는 「평해 월송정에서 놀며」라는 시의 마지막 구절에서 '불 탄 흔적엔 풀빛만 더욱 푸르디 푸르구나'라고 읊었다.[41] 그가 말한 불 탄 흔적은 무엇이었을까. 그저 맑고 고운 풍경만은 아니었을 게다.

02

"이곳도 절경, 저곳도 승경이라"

강원도 하면 금강산과 관동팔경을 떠올리곤 했다. 금강산에 갈 수 없게 된 분단 이후로는 관동팔경과 더불어 설악산을 상기하곤 한다. 하지만 관동의 해안선에 어찌 팔경만 있을까. 강원도 곳곳에 어찌 설악만 있을까. 사람들이 그곳만을 고르니 나머지 저곳들을 쉽사리 떠올리지 못할 따름이다.

오대산이며 두타산에 태백산까지 즐비한 게 산악이요 그 사이 패인 계곡과 흐르는 물길은 이루 다 말로 할 수 없을 지경이다. 백두대간 동쪽 영동 땅만이 아니라 서쪽 영서 땅도 모두 그러하다. 강원은 마치 보물창고와도 같아서 이곳도 절경이요, 저곳도 승경이다.

그토록 아름다운 땅을 600년 전인 1460년에 한껏 누린 이가 있다. 그해 가을 강원을 유람한 매월당 김시습은 기행시집 「유관동록」에서 강원의 '산 형상은 기이하고 시내 빛은 영롱'하다고 했다. 그 가운데 '골짝이 깊고 나무가 빽빽하여 세속 사람들이 드물게 오는 곳으로 말하면 오대산이 으뜸'이었다고도 했다. 또한 대관령 넘어 바다로 나아가니 이곳이 '바로 신선들이 일찍이 놀며 즐기던 곳인데 하늘은 맑고 바다는 깨끗하여 거울같이 비어 있는 것이 끝이 없었다'고도 했다.

끝이 없는 땅, 그런 땅에서 나고 자란 교산 허균은 자랑스럽게도 '관동은 나의 옛 터전'이라 하였다. 고향의 사촌沙村 뒷산인 교산을 자신의 아호로 취한 허균은 고향 생각만 하면 마냥 좋았다. 「내 고향 사촌에 이르러」라는 시에서 '걸음이 사촌에 이르니 갑자기 얼굴이 환해져라. 주인이 돌아올 날을 교산은 여지껏 기다리고 있었지'라고 노래했다. 고향을 품은 강원을 사랑해 마지 않던 허균은 또한 『학산초담』에서

이 땅으로 '저 수많은 사람들이 구경을 왔으나 그들이 지어낸 아름다운 문장인 가구佳句이며 경탄을 자아내는 말솜씨인 경어驚語가 퍼져나가지 않았다'면서 그 까닭에 대해 '이토록 묘사해야 할 절경이 너무나도 무궁해서가 아니겠느냐'고도 하였다.

고려시대 이래 숱한 시인 묵객들의 시편과 기행문이 넘쳐나는 것을 몰라서 저런 말을 한 것은 아닐 것이다. 그러나 그의 눈높이로 보았을 때, 강원의 산천을 제대로 묘사한 '가구와 경어'가 없었던 까닭이었을 것이다. 교만하다고 할 만큼 고향에 대한 매우 큰 자부심이었다.

강원 땅을 유람한 화가들은 단지 유명한 곳만을 그리지 않았다. 한양에서 출발할 때는 모르고 갔으나 현지 안내인의 추천으로 가보니 경탄을 금치 못할 곳이 한두 군데가 아니었다. 알지 못한 채 지나가다 눈에 띄어 마을 사람들에게 물어보니 그 고장에서는 이미 잘 알려진 곳도 허다했다. 화가들은 이처럼 현지에서 마주한 풍경을 잊지 않고 그려놓았고, 그 덕분에 그 시절 그 풍경이 오늘날 우리 앞에까지 전해졌다.

설악산, 생명을 살리는
신성한 산

"천 개의 봉우리 우뚝 서 하늘을 찌르다"

설악은 슬뫼 다시 말해 살뫼 또는 살메를 한자로 바꾼 것이다. 살이라고 발음하는 슬은 산다는 뜻으로 살림, 생명과 신성함과 숭고함이다. 뫼, 메는 산악이다. 따라서 설악이란 생명을 살려주는 신성한 산이었다. 그런 까닭에 신라시대 때 영산靈山이라고 하여 국가 제사를 지냈다.[1]

청담 이중환은 『택리지』에서 설악산을 두고 금강산과 더불어 '돌산, 돌샘이고 우뚝하게 뛰어나며 깊숙하게 싸늘하다. 겹쳐진 묏부리와 높은 숲이 하늘과 해를 가리웠다'고 했다.[2] 어린 시절 신동으로 이름을 떨치던 19세기 문인 김금원은 여러 명승지를 여행하고서 남긴 「호동서락기」에서 '산봉우리들이 우뚝 펼쳐져 있는데 바위가 흰 것이 눈 같아 설악이라 이름 붙였다'고 했다.[3] 이중환이나 김금원처럼 그 생김새 때문에 설악이라는 이름이 생겼다는 주장과 더불어 『동국여지승람』에서는 '8월에 내리기 시작한 눈이 이듬해 여름에 이르러서야 녹는다'며 눈이 녹지 않는 기후 때문이라고 하였다.[4]

설악산은 예전에 속초와 양양 영역에 속한 산을 가리켰다. 하지만 20세기에 접어들어 본래 설악산을 외설악이라고 한 뒤 예전 인제군 영역의 한계산을 끌어들여 내설악이라고 했다. 또한 내설악 남쪽 장수대 지구와 외설악 남쪽 오색약수 지구를 분리해 남설악도 만들어냈다. 그러니까 지금 설악산은 내설악, 외설악, 남설악으로 나뉘어 세 개의 설악으로 넓어졌다. 금강산을 내금강, 외금강, 해금강으로 구분한 것을 따른 걸까.

또 다른 이야기가 있다. 20세기 사람들은 설악이 금강을 이기지 못한다고 여겼던가보다. 결국 1967년 한글학회가 편찬한『한국지명총람』에는 '아름다운 경치는 금강산 다음가는 절세의 가경을 이루어 남한 최고의 관광지'가 되었다고 쓸 수밖에 없었다.[5] 그러나 김금원은「호동서락기」에서 '천 개의 봉우리 우뚝 서 하늘을 찌르는데 가벼운 안개 퍼지니 그림보다 낫다'고 노래하며 '금강과 어깨를 겨루었다'고 했다.[6] 버금간다는 자부심을 드러낸 것이다. 김금원의 이런 마음이 더욱 좋다.

외설악을 품고 있는 속초는 설악산에서 발원해 동해를 향해 흐르는 쌍천을 감싸고 있다. 북으로는 고성, 남으로는 양양과 인접해 있어 항상 양쪽에 부속되곤 했다. 속초시 도문동은 설악산으로 들어가는 주요 관문이다. 속초와 양양 사이에 있는 물치리 삼거리에서 서쪽을 보면 신흥사를 향해 가는 도로가 뚫려 있다. 도로는 널찍하기 그지없는 쌍천을 따라 나 있는데 쌍천은 대청봉에서 발원하여 천불동 계곡을 거쳐 물치리 앞바다로 흘러드는 아주 큰 강이다. 쌍천을 따라가는 길목이 바로 도문동이다. 독립운동가이자 청년을 길러낸 스승 매곡梅谷 오윤환吳潤煥, 1872-1946을 배출했다. 그가 세운 정자 학무정은 속초팔경의 하나로 아름답기도 하지만 자랑스러운 뜻을 품고 있어 더욱 빛난다. 설악동이라고 부르는 이 도문동은 하도문, 중도문, 상도문 세 개의 마을로 이루어져 있고 그 길이가 12킬로미터나 된다. 도문동이라는 이름 가운데 문을 길 위에 난 '문'門으로 쓰고 있지만 원래 길을 묻는다는 뜻의 '문'問이었다. 도문이라는 낱말은 유래가 깊다. 위대한 원효와 의상이 강

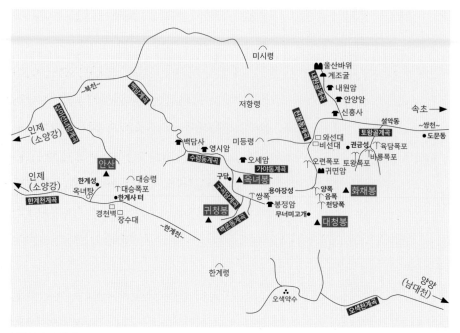

설악산 주요 위치

릉 낙산사에서 설악산을 향해 가다가 길을 잃었다. 이때 백발노인이 저곳이라며
손짓을 해주었다. 그곳이 오늘날 하도문 남쪽의 강선동이다. 신선이 하늘에서 내
려온 동네란 뜻이다.

　　설악에는 원효, 의상과 관련 있는 설화가 여럿인데 그 가운데 노루목이란 땅
이름은 원효와 의상이 길을 잃었을 때 흰 노루가 나타나 길을 알려주었다고 해서
붙은 이름이다. 천불동계곡의 금강굴 또한 원효가 수도한 뒤로 그 멋진 이름을 얻
었다고 한다. 아무래도 그 백발노인은 설악동의 신선이다. 설악산 산신을 모시는
제사를 지냈다는 기록은 역사학자인 뇌천雷川 김부식金富軾, 1075-1151의 『삼국사기』에
처음 등장한다. 그러니까 설악산 신선의 존재는 삼국시대 이전 아주 오랜 옛날로
거슬러 올라가는 것이다. 신성한 생명의 산을 지키려는 의지는 살림의 산에 터전

을 둔 마을 사람들의 소명이었을 것이다.

내설악을 품고 있는 인제는 스스로를 산의 고향이라 부른다. 넓은 땅 가운데 9할이 산악 지대이기 때문이다. 해발 1,000미터가 넘는 56개의 산이 즐비하고 그 사이로 패인 계곡과 하천은 소양강으로 합류해 들어간다. 그런 까닭에 어느 곳인들 승경지가 아닌 곳이 없다. 고대 맥국이었으나 고구려 때 돼지발을 뜻하는 저족현猪足縣, 까마귀도 돌아온다는 오사회烏斯回라 하였는데 신라 때 드문 짐승의 발굽이란 뜻의 희제현稀蹄縣이라고 했다가 고려 태조 때 비로소 사슴의 발굽이란 뜻의 인제麟蹄라는 이름으로 불렀다.

한 시대를 호령한 군웅 궁예가 화천과 이 땅을 아울러 후고구려를 창건하였으나 오래가지 못했다. 또한 인제군 남면 김부리 마을에는 신라의 마지막 불꽃인 마의태자麻衣太子, 10세기를 기리는 사당 김부대왕각이 있다. 창업 군주였던 궁예를 기리는 이는 없지만 음력 5월 5일 단오절과 9월 9일 중양절에 마의태자를 기리는 행사 전통은 오랜 세월을 이어왔다. 20세기의 인물은 「목마와 숙녀」의 요절 시인 박인환朴寅煥, 1926-1956이다. 인제읍 상동리 159번지에서 태어난 박인환은 눈부시게 아름다운 모국어로 노래한 시편을 선물하고 기껏 서른 살의 나이에 저세상으로 떠나갔다. 그리고 2012년 생가 터에 박인환문학관이 들어섰다.

오색약수로 널리 알려진 이른바 남설악을 품고 있는 양양 또한 아름답기만 한 것이 아니라 예국 땅으로 아주 오랜 문명의 땅이었다.

유재 김하종이 1815년에 그린 《해산도첩》 중 〈설악전경〉은 생명의 신비를 간직한 살뫼의 진실을 빼어나게 표현한 작품이다. 첫 인상은 화폭을 지배하는 부드러운 곡선으로 뒤덮인 산이다. 그렇게 원만하지만 산 하나하나는 날렵한 모양을 하고 있어 기품이 넘치는데 그 속에다가 아주 가느다란 바위 기둥을 촘촘히 꽂아놓았다. 뾰족한 침처럼 생긴 바위 기둥은 흰색을 칠해 밝고 환한 기운이 감돈다.

설악산, 생명을 살리는 신성한 산

雪嶽全景

김하종, 〈설악전경〉, 《해산도첩》, 29.7×43.3, 비단, 1815, 국립중앙박물관.

그리고 산악 전반에 푸른색을 칠해 깊고 신선한 기운을 살려냈으며 휘도는 계곡마다에 흐르는 흰 구름이 신비롭다. 여름까지 녹지 않는 눈이 무더위를 씻어내는 데다가 가을이면 단풍이 불타는 듯 찬 서리조차 녹여내는 설악산의 특성을 김하종은 음과 양의 긴장과 조화로 풀어낸 것이다. 화폭 하단 중앙에 유람객이 앉아 있는데 그 너럭바위가 돌출해 있는 것이 마치 설악이라는 세계를 한눈에 조망하는 중심처럼 보인다. 이곳이 어디인지 자못 궁금하다.

설악산의 계곡은 크게 토왕골계곡, 내원골계곡으로부터 천불동계곡과 구곡담계곡, 백담계곡, 십이선녀탕계곡 그리고 한계천계곡과 오색천계곡까지 모두 여덟 곳을 꼽을 수 있다. 이 가운데 옛 그림으로 살필 수 있는 곳은 토왕골, 내원골, 천불동, 구곡담, 한계천 등 모두 다섯 계곡이다. 나머지 백담, 십이선녀탕, 오색천 등 세 계곡을 그린 그림은 아직 찾지 못했다. 언젠가 나머지 계곡들을 그린 그림들을 함께 살필 수 있는 날을 기대하며 기다린다.

토왕의 호령 울려퍼지는 토왕골계곡

토왕土王이 호령하던 토왕골계곡에 토왕폭포가 쏟아진다. 땅의 왕을 뜻하는 토왕이 있어 이 폭포를 토왕폭포라 했는지, 아니면 흙으로 쌓아올린 성벽이 있어 토왕골이니 토왕폭포라고 했는지 알 수 없다. 도문동을 가로지르는 쌍천을 거슬러 신흥사에 거의 다 왔을 즈음 왼쪽에 흐르는 강을 건너 올라가면 토왕골계곡이고 거기 토왕폭포가 쏟아진다.

토왕골계곡을 오르다보면 맨 처음 여섯 개의 못이 있는 육담폭포를 만난다. 그 위에는 높이 40미터 비룡폭포가 자리하고 있고 한참 위로 올라가면 장엄한 토왕폭포가 우주를 삼킬 듯 양 날개를 펼친다. 이곳은 오행 가운데 땅의 기운인 토기

土氣가 왕성한 곳이어서 기암괴석이 크게 발달했고 결국 폭포를 성채처럼 둘러쌌다고 한다.

그 성채의 날개처럼 생긴 바위 절벽 위로 쏟아져내리는 토왕폭포는 화채봉에서 발원해 칠성봉을 끼고 돌아 떨어지는 물줄기다. 대승폭포, 독주폭포와 함께 설악 3대 폭포 중 하나인데 그 형상이 가장 웅장하다. 흙의 왕이라는 뜻을 지닌 토왕답게 상단 150미터, 중단 80미터, 하단 90미터로 총 320미터나 되는 높이를 지닌 3단 폭포다.

토왕폭포란 이름은 땅의 왕처럼 생긴 모습에서 비롯한 것이기도 하지만 설화에 따르면 토왕폭포 옆에 지금도 흔적이 남아 있는 토왕성 때문이다. 이 토왕성은 오래전 이 땅의 왕인 토성왕土城王이 돌로 쌓아올린 성벽인데 옆에 있는 폭포를 가리킬 때 토왕폭포라고 부르다보니 굳어졌다는 것이다.

1788년 단원 김홍도가 선배 복헌 김응환과 함께 사생 여행을 다녀와 제작한 《해산도첩》 중 〈토왕폭〉은 도문동의 쌍천에서 보이는 자태를 그린 것이다. 화폭 최하단에 소나무가 울창한 쌍폭을 그렸을 뿐 화폭 거의 전부를 칠성봉, 노적봉, 집선봉이 병풍처럼 화려하게 전개되는 모습으로 채웠다. 그러다 보니 정작 폭포는 멀리 뒤로 물러나 힘이 빠지고 말았다. 아마도 폭포까지 오르지 않은 채 멀리서 보고 말았던 모양이다.

토왕골계곡과 천불동계곡 사이에 권금성이 있다. 비록 그림은 없더라도 토왕성과 쌍벽을 이루는 성곽이므로 간단하게나마 언급은 하고 넘어가야 한다. 권금성은 철옹성으로, 토왕성과의 조화로움이 탁월했는데 토왕성은 억압지세이고 권금성은 순치지형이라 토왕성이 억누르고 권금성은 풀어내곤 했단다. 권금성을 거점으로 삼은 이들은 산적떼였으나 의적이었으므로 노루목에서 행인들이 길을 잃으면 오히려 길안내를 해 안전을 보장해주곤 했다. 애초에 침략해온 중국 군사를 피해 이곳으로 숨어든 권 가와 김 가가 번갈아 하룻밤 만에 쌓아올린 성이라는 창

土王瀑

김홍도,
〈토왕폭〉,
《해산도첩》,
30.4×43.7,
비단, 1788,
개인.

건에 관한 설화가 전해진다. 설화는 설화이고, 수비에 치중할 수밖에 없던 마의태자가 성을 지키는 전투인 수성전에 유리한 성곽을 주로 지었는데 그 가운데 하나가 권금성이라는 이야기도 전해진다. 정작 공격 한 번 하지 못하고 세상을 떠난 그를 아쉬워하는 이들이 훗날 만들어낸 이야기가 아닐까 하는데 실상은 알 수가 없다.

내원골계곡을 따라 신흥사에서 울산바위까지

신흥사에서 오른쪽으로 울산바위까지 이어진 계곡을 내원골이라고 한다. 그 길 위에 신라의 자장慈藏, 590-658이 창건한 내원암內院庵이 있어 그런 이름을 얻었다.

토왕폭포를 지나친 단원 김홍도는 가까운 신흥사에 이르러 하루를 묵었다. 신흥사에서 안양암을 거쳐 울산바위를 향해 계속 오르면 내원암에 당도한다. 자장이 창건했을 때 암자 이름은 능인암能仁庵이었다. 그러다 698년 어느 날엔가 불에 타버리자 이를 안타까워하던 의상이 701년 그 자리에 선정사禪定寺를 다시 지었다. 그렇게 천 년이 흘러간 뒤 1644년 용암龍巖이 중창하여 비로소 내원암이라는 이름을 얻었다.

18세기 실경산수화의 새로운 세계를 개창한 거장 진재 김윤겸의 〈내원암〉은 그야말로 부드럽고 따스한 한폭의 풍경이다. 배경에 세 개의 봉우리가 겹겹이지만 따로 떼어놓아 여유롭다. 화폭 중앙에 잎사귀가 풍성한 나무들로 감싼 암자가 아늑하고 양옆으로도 노란색으로 물든 나무들이 곱다. 양쪽으로 갈래지어 흐르는 시냇물 또한 차분한데 다리를 건너는 유람객의 몸짓도 여유만만이다. 이 그림을 두고 설악이 아니라 다른 지역에 있는 내원암을 그린 것이라는 견해도 없지 않다. 실제로 내원암이라는 암자는 전국 각지의 사찰에 딸린 암자를 말하는 것이어서 그럴 수도 있겠다.

김윤겸, 〈내원암〉, 28.8×42.1, 종이, 1768년경, 개인.

석굴을 법당으로 꾸몄으므로 구조가 남달라 수도승들이 선망해온 계조암繼祖庵은 내원암에서 울산바위를 향해 오르는 길목에 있다. 계조암의 기원은 자장이 652년 금강산으로 가던 길에 발견한 넓은 자연 석굴에 머무르며 수도를 시작한 것으로부터다. 이어 동산東山, 각지覺知, 봉정鳳頂이 주지를 이어받았고 또 원효와 의상도 여기서 수도를 거듭하였기에 큰스님들이 대를 이어 계승했다는 뜻으로 그 굴을 계조굴이라 불렀고 또 계조암이라는 이름도 얻었다.

그 이름만으로 수도승의 성지가 된 이곳 계조굴 뒤쪽에 백 명이나 되는 사람들이 한꺼번에 앉아 식사를 할 수 있을 정도로 큰 바위가 그 명성을 증명하는데 그 이름이 식당암食堂岩이다. 또 석굴 안에서 수도를 하다가 잠이 들려 하면 어디선가 목탁 소리가 들려오는데 그런 까닭에 법당의 바위를 목탁바위라 부른다. 그뿐 아니다. 흔들바위가 있는데 한 사람이 흔드나 백 사람이 흔드나 똑같이 흔들리는 게 신기해서 모두들 놀라워한다.

1788년 사생 여행을 다녀온 단원 김홍도가 그린 《해산도첩》 중 〈계조굴〉은 그 일대의 기이한 모습을 풀 한 포기 빠뜨리지 않고 섬세하게 묘사한 작품이다. 화폭 상단에는 울산바위를 장엄한 병풍처럼 펼쳐놓았다. 울산바위 아래 허리띠처럼 옆으로 길게 늘어뜨린 나무숲이 눈길을 끈다. 나무숲 아래쪽 큰바위에 검은색을 입혀 두드러지게 해놓고 뚫린 굴 안의 석굴 사원을 세심하게 묘사했다. 기와지붕과 나무기둥 그리고 출입을 할 수 있는 돌문이 보인다. 그 앞 너럭바위에 유람객이 앉았고 바로 옆에 흔들바위를 얹어두었는데 이 바위에도 검은색을 칠해 특별히 강조하였다.

신흥사에서 내원암, 계조굴을 거쳐 올라가면 울산바위가 장대하다. 둘레가 4킬로미터나 되고 또 모두 여섯 개의 바위가 모여 이루어진 봉우리다. 이 바위에 있는 굴에서 바람이 쏟아져나와 마치 분노의 함성처럼 들리는 까닭에 천후산天吼山이라는 이름으로도 불렀다. 양양과 고성 일대에 바람이 많은 것도 바로 이 울산바위가 토해내는 바람 때문이라고 한다.

울산바위는 어떻게 태어난 것일까. 전설은 다음과 같다. 조물주가 금강산을 조성할 때 세상의 잘생긴 바위들을 모두 불러들였다. 저 남쪽 울산에 있던 이 바위도 집을 나서 움직이기 시작했지만 몸집이 워낙 크다보니 발걸음이 더뎠다. 설악산의 이곳에 이르렀을 때 이미 금강산 조성은 끝이 났다. 소식을 들은 울산바위는 그만 이곳에 눌러 앉고 말았다. 그러자 울산 땅 관리들이 매년 세금을 걷어가곤 했다. 이에 신흥사 동자승이 나서서 세금을 내지 않을 터이니 울산바위를 도로 가져가라고 했다. 당황한 울산에서는 풀을 태운 재로 꼰 새끼줄로 바위를 묶어주면 가져가겠다고 했다. 불가능한 조건을 건 것이다. 그러자 동자승은 영랑호와 청초호 사이에 자라는 풀로 새끼를 꼬아 바위에 동여맨 뒤 그대로 불태워 재로 꼰 새끼처럼 만들어놓았다. 당연히 울산 쪽은 포기하고 물러가버렸다. 오늘날 풀을 동여맨다는 뜻의 속초束草라는 이름의 기원이기도 하다.

1826년 무렵 흡곡현감이 되어 설악을 그린 청류 이의성의《산수화첩》중 〈계조굴〉은 전에 없는 독특한 묘사와 색감을 통해 기이한 기운을 보여준다. 화폭 상단과 하단을 나누어 상단 울산바위는 거의 균열에 가까운 주름으로 묘사했고 하단 계조굴은 곡선으로 덩어리진 바위에 명암까지 부여하여 한 폭에서 두 가지의 즐거움을 주었다. 그럼에도 상하가 엇박자의 교묘한 조화를 이루는 것이 감탄을 자아낸다.

1815년 당대 제일의 도화서 화원 유재 김하종이 사생 여행을 다녀와서 그린 《해산도첩》중 〈계조굴〉에도 울산바위가 그려졌다. 화폭 상단을 차지하고 있는 거대한 바위는 마치 우주를 지배하는 성채와도 같다. 푸른색 물감을 매우 빠른 속도로 내리치듯 칠하여 금속성 구조물로 보인다. 사이사이에 날카로운 먹선을 수직으로 내리그어 속도감도 살아 있다. 강건하고 우렁차며 세상을 압도하는 힘에 넘친다. 화폭 하단 계조굴도 섬세함을 추구한 단원 김홍도, 기이함을 추구한 청류 이의

김홍도, 〈계조굴〉, 《해산도첩》, 30.4×43.7, 비단, 1788, 개인.

이의성, 〈계조굴〉, 《산수화첩》, 32×44, 종이, 1826-1829, 개인.

김하종, 〈계조굴〉, 《해산도첩》, 29.7×43.3, 비단, 1815, 국립중앙박물관.

미상, 〈계조굴〉, 《금강산도권》, 26.7×43.8, 종이, 19세기, 국립중앙박물관.

성과 달리 유재 김하종은 장엄하다. 또한 그림 속 석굴 사원을 보면 기둥과 주춧돌이 보이고 심지어 창문도 있으며 그 안에 독경하는 스님마저 보인다. 또 사원 오른쪽 바위 건너 틈새로 초막이 숨어 있다. 사원을 둘러싼 바위는 위쪽 울산바위와 전혀 달리 곡선을 사용해 포근하게 감싸는 듯 뭉게구름처럼 보인다.

《금강산도권》 중 〈계조굴〉은 유재 김하종의 금속성과 달리 일상의 세계를 그렸다. 나무와 풀의 초록과 연둣빛이 생기가 넘치는 데다 바위 또한 주름진 것이 자연스럽다. 단원 김홍도의 〈계조굴〉을 임모한 것이라고 하지만 오히려 밝고 명랑하며 유쾌한 분위기를 연출한 것이 청류 이의성의 〈계조굴〉과 더욱 가깝다.

설악의 얼굴 천불동계곡

신흥사에서 울산바위와 반대쪽인 왼쪽 방향으로 향하면 천불동계곡이다. 천불동계곡은 워낙 빼어나 많은 이들이 설악의 얼굴이라고 한다. 천불동계곡에서 처음 만나는 비경이 와선대와 비선대다. 그로부터 귀면암을 비롯해 오련폭포, 양폭, 음폭, 천당폭이 이어지고 무너미고개를 넘어가면 비로소 높이 1,707미터의 대청봉에 이른다.

신선이 누운 반석이라는 뜻의 와선대臥仙臺가 천불동계곡의 첫 시작점이다. 널찍한 바위가 주변의 무성하기 그지없는 나무숲과 어울려 절경을 이룬다. 와선대의 주인 마고선麻姑仙은 이곳에 여러 신선을 초대해 바둑을 두거나 거문고를 타곤했으며 때로는 누워서 그림 같은 천불동계곡을 감상하곤 했다. 지금은 와선대 너럭바위가 감쪽같이 사라져버렸으므로 마고선과 그 동료들은 더 이상 이곳을 찾아오지 않는다.

단원 김홍도가 그린 《해산도첩》 중 〈와선대〉는 계곡의 물길보다 배경을 이루는 숲이 무성하여 유난히 두드러져 보인다. 화폭 상단 오른쪽은 미륵봉이라 부르는 장군봉일 수도 있지만 생김새로 보아 귀면암이다. 귀면암은 귀신의 얼굴을 하고 있어 신선이 지어준 이름이다. 하늘에서 지상을 내려다보니 단풍이 참으로 아름다운 산이 있어 내려왔다. 도착한 곳은 속초 강선리다. 강선리에서 물치를 지나 쌍천을 거슬러 계속 올라오다가 와선대에서 마고선과 어울리고 이내 이곳 귀면암에 도착했다. 신선들은 길목에 우뚝 서서 그 늠름한 자태로 무서운 얼굴을 하고 있는 이 바위를 수문장으로 임명하여 이 산을 지킬 권한을 부여했다.《금강산도권》의 〈와선대〉와 같은 듯 다른 그림을 감상하는 것도 즐겁다.

와선대에서 조금 위로 올라가면 신선이 하늘로 나르는 바위라는 뜻의 비선대가 있다. 와선대에서 노닐던 신선들이 이곳으로 올라와 비로소 하늘을 향해 솟구친다는 곳이다. 비선대에서 대청봉을 향해 올라가면 귀면암이 나오고 연이어 기이한 폭포들이 구비마다 즐비하게 등장한다.

《금강산도권》 중 〈비선대〉는 이곳에서 마주칠 수 있는 폭포는 물론 시야를 압도하는 온갖 봉우리들을 연출한 작품이다. 화폭 최하단 못에 붙어 있는 너럭바위에 유람객이 앉아 쏟아지는 물소리를 듣고 있다. 왼쪽으로 몇 개의 턱을 넘는 물길이 흐르는데 오른쪽에선 사선으로 내리꽂듯 직진하는 물줄기가 두려울 만큼 빠르다. 그 매끄러운 모양이 마치 신선들이 타고 올라가는 하늘 길 같기도 하다.

설악산, 생명을 살리는 신성한 산

卧仙臺

김홍도,
〈와선대〉,
《해산도첩》,
30.4×43.7,
비단, 1788,
개인.

미상, 〈와선대〉, 《금강산도권》, 26.7×43.8, 종이, 19세기, 국립중앙박물관.

미상, 〈비선대〉, 《금강산도권》, 26.7×43.8, 종이, 19세기, 국립중앙박물관.

쌍폭을 품은 구곡담계곡

백담계곡의 백담사를 거쳐 수렴동계곡의 영시암永矢庵을 지나면 계곡이 끝난다. 거기서 왼쪽으로는 가야동계곡, 오른쪽으로는 구곡담계곡이 펼쳐진다. 수렴동계곡이 끝나기 전 영시암에서 왼쪽으로 꺾어 올라가면 유명한 암자인 오세암五歲庵이 나온다. 다섯 살짜리가 머무는 집이란 뜻의 오세암은 처음부터 오세암이 아니었다. 신라의 자장이 이곳에서 관음보살을 몸소 만난 뒤 창건했을 때는 관음암이었다. 세월이 흘러 폐허가 되었다. 1643년 설정雪淨이 중건하면서 그 이름을 오세암으로 지었다. 오세암이라 지은 까닭은 연유가 있다. 설정이 네 살짜리 조카를 두고 월동 준비를 하느라 양양 읍내로 나갔는데 그만 폭설이 내려 길이 끊기고 말았다. 이듬해 봄에야 암자에 올 수 있었는데 추위에 죽은 줄 알았던 조카가 살아 있었다. 눈에 길이 막혔을 때부터 관음보살이 나타나 함께 겨울을 났다는 게다. 그게다가 아니다. 다섯 살 때 그 어렵다는 유가의 경전 총서인 사서삼경을 깨우친 오세신동五歲神童 김시습이 이곳에서 수련한 인연이 있어 이 암자가 오세암으로 명성을 떨쳤음은 두말할 나위가 없다. 실제로 오세암에는 매월당 김시습 초상을 봉안하여 추모해왔으나 한국전쟁 때 불에 타 없어졌다.

수렴동계곡을 따라 계속 직진하다보면 계곡을 양쪽으로 가르는 능선이 나타나는데 그 이름부터 험난하기 그지없는 용아장성龍牙長城이다. 용아장성은 용의 이빨처럼 희고 뾰족한 봉우리들이 연이어 늘어져 내설악 절경을 이루고 있다. 그 갈림길 오른쪽의 구곡담계곡 초입 아홉 개의 못으로 이루어진 구담九潭을 지나면 쌍룡폭포라고 부르는 쌍폭이 나타난다. 오른쪽의 쌍폭골, 왼쪽의 청봉골이 만나는 'Y'아 자형 계곡 일대에 두 마리의 쌍룡이 꿈틀댄다. 쌍폭은 높이 21미터의 암컷 폭포라고 하는 자폭雌瀑과 높이 45미터의 숫컷 폭포인 웅폭雄瀑만이 아니라 용의 아들 폭포인 용자폭龍子瀑, 용의 손자 폭포인 용손폭龍孫瀑이 함께 한다.

雪嶽
雙瀑

김하종, 〈설악쌍폭〉,《해산도첩》, 29.7×43.3, 비단, 1815, 국립중앙박물관.

쌍폭을 지나 계속 오르면 가장 높은 곳에 있는 봉정암鳳頂庵에 이르고 다시 소청, 중청봉을 거치면 높이 1,707미터의 설악산 주봉인 대청봉에 도달한다.

유재 김하종의 《해산도첩》 중 〈설악쌍폭〉은 두 줄기 폭포수가 미끄러지듯 휘어지며 내려와 못으로 쏟아지는 모양이 유려하다. 김하종은 폭포를 복판에 두지 않고 화폭 왼쪽으로 모아놓고 그 반대편 오른쪽은 꿈틀대는 바위를 돌출시켜 대비시켰다. 그리고 보니 폭포는 더욱 매끄럽고 암벽은 살아 용틀임을 한다. 그런가 하면 긴 폭포는 직선에 가깝게, 짧은 폭포는 곡선에 가깝게 그려 암폭과 숫폭을 드러냈다. 그런데 화폭 왼쪽 상단의 산봉우리는 매우 원만하다. 깊고 험한 계곡의 지형을 기대한 이들에게는 어쩐지 부족하겠으나 눈을 돌려 오른쪽 상단을 보면 멀리 험준한 봉우리가 버티고 있으니 안심해도 좋다.

한계천계곡에서 세상 가장 큰 경천벽을 마주하다

차가운 시내라는 뜻의 한계천계곡은 내설악의 최남단을 가로지르는 물줄기다. 인제군 한계리에서 한계천계곡을 따라 옥녀탕, 경천벽, 장수대가 연이어 있다. 장수대에서 한계사 터를 끼고 왼쪽으로 꺾어 북쪽으로 오르면 저 유명한 대승폭포가 자리하고 있다. 다시 내려와 장수대에서 한계천을 거슬러 동쪽으로 계속 직진하면 어느덧 한계령에 이르고 그 고개를 넘으면 드디어 양양군 서면의 오색약수다.

오세암을 향하던 매월당 김시습이 한계천에 이르렀다. 그는 한계천을 일러 목놓아 우는 여울이란 뜻의 오열탄嗚咽灘이라며 다음처럼 읊조렸다.

"목메어 우는 한계의 물은 텅 빈 산을 밤낮 흐르는데
뛰어난 사람 따를 힘 없어 장차 쉬기에 넉넉하다네

설악산, 생명을 살리는 신성한 산

땅이 궁벽하여 구름 깨끗하고 못이 맑아 이끼 없지만

꿈에서조차 돌아가지 못한 채 바람 따라 떠돌며 시름을 견디네"[7]

왜 이렇게 목놓아 울었을까. 두 번째 행의 '뛰어난 사람'은 사육신을 가리킨다. 그들은 목숨을 바쳤지만 자신은 목숨을 부지한 채 이곳에 숨어들어 쉬고 있기에 터져나오는 울음을 참을 수 없었던 듯하다. 사람들은 아름다운 산천을 마주하면 기쁨의 노래를 부르지만 매월당 김시습은 그렇지 않았나보다. 삼촌이 조카를 죽이고 왕위를 찬탈하는 반역이 눈앞에 벌어졌으니 가는 곳마다 슬픔이요 마주치는 곳마다 울음이었던 게다.

한계천의 장수대 가까이에 한계사 터와 한계성이 있다. 한계성은 『신증동국여지승람』에 둘레가 2킬로미터가량의 성이라 하였다.[8] 오늘날 한계사는 사라졌고 다만 어여쁜 3층 석탑만 남았다. 외롭게 서 있는 것만으로도 기특하다. 한계성도 다 무너져내린 끝에 74미터가량만 남아 쓸쓸하다. 왕국의 복권을 꿈꾼 신라의 마의태자는 금강에만 머무르지 않고 설악으로 경계를 넓혀나갔다. 그 가운데 하나가 바로 이곳 내설악의 한계성이고 또 하나가 외설악의 권금성이다.

내설악의 한계성은 방어전에 철옹성이었다. 실제로 고려시대 때인 1258년 몽고군이 침입했을 때 조휘趙暉, 13세기라는 자가 몽고에 협력하여 고려군을 차례로 함락시킨 뒤 1259년 한계성을 공략했지만 고려의 특수부대인 야별초夜別抄에게 패배해 물러났다. 영서 지역 제일의 명승지인 이곳의 험난한 지형 안에 자리잡은 성채는 이처럼 천혜의 요새였다.

하늘에서 선녀가 내려와 목욕을 했다는 옥녀탕을 지나 장수대 쪽으로 가다 보면 경천벽이 모습을 드러낸다. 세상에서 가장 큰 절벽이라고들 하는데 옛사람들의 과장법일지라도 한 번 보면 감탄할 만하다. 경천벽은 하늘을 떠받치고 있는 바

김하종, 〈설악경천벽〉, 《해산도첩》, 29.7×43.3, 비단, 1815, 국립중앙박물관.

위 울타리라는 뜻인지 아니면 하늘까지 닿아 있어 하늘로 가는 길을 말하는 것인지 알 수 없다. 물론 깎아지른 듯한 절벽이 워낙 넓고 넓어 가만히 보고 있으면 내 앞으로 쏟아져내릴 것만 같은 두려움을 준다.

이 절벽은 학의 보금자리여서 학서암鶴棲庵이라고도 불렀다. 그 언젠가 독사가 학을 해치려고 다가가다가 갑자기 벼락이 떨어져 죽고 말았는데 그때 흔적이 생겼다. 그러니까 이 절벽은 하늘에 닿아서 하늘을 받쳐주는 수고로움을 아끼지 않았고 또 받침을 받는 하늘은 학들이 노니는 절벽을 보호해주었던가보다.

유재 김하종의 《해산도첩》 중 〈설악경천벽〉은 경천벽만을 드러내는 그림이 아니다. 화폭 왼쪽 하단에 한계천이 흐르고 한가운데 날쌘 모습의 장대한 바위 절벽이 솟아올랐다. 그 상단 멀리 1,430미터 높이의 거대한 말안장처럼 생긴 안산鞍山이 솟아 있고 하단에는 장수대처럼 높은 봉우리를 넓게 배치해두었다. 그래서 오히려 경천벽의 장엄이 줄어들었지만 한계천계곡 일대를 넓게 보여주는 데는 장점이 있다.

오대산, 다섯 개의 연꽃잎에
둘러싸인 형상

뿌리가 깊어 오래된 이야기도 많은 땅

오대산은 금강과 설악의 화려하고 기이한 생김에서 벗어났으며 봉우리는 완만하고 또 가파른 계곡도 드물어 마치 제집인 듯 포근하다. 『신증동국여지승람』에 '다섯 봉우리가 고리처럼 벌려 섰고 크고 작은 것이 고른 까닭에 오대五臺라 이름하였다'고 했는데[9]정곡을 찌른 것이다. 실제로 높이 1,563미터의 주봉인 비로봉과 호령봉虎嶺峰, 상왕봉象王峰, 두로봉頭老峰, 만월봉滿月峰까지 모두 다섯 봉우리가 높낮이 없이 평평하고 또한 산세로 보면 다섯 개의 연꽃잎에 둘러싸인 모양이다.[10] 이 다섯 봉우리와 더불어 다섯 곳을 중대, 북대, 서대, 동대, 남대로 지목하고 그 자리에 중대 사자암, 북대 미륵암, 서대 수정암, 동대 관음암, 남대 지장암 등 각각 암자를 세워놓았다.

오대산을 말할 때는 문수文殊를 빼놓을 수 없다. 오대산의 주인 문수는 지혜로움이 절묘하고 어질기 그지없다는 뜻의 묘길상妙吉祥이라는 이름으로 불리운 부처의 제자였다. 항상 상서로움이 넘쳤고 따라서 세상 사람들의 사랑을 받았다.

오대산, 다섯 개의 연꽃잎에 둘러싸인 형상

지혜로우며 슬기로운 문수는 어린 시절부터 총명함으로 세상의 범죄를 단죄하곤 했다. 사방팔방을 두루 감시하기에 좋은 다섯 봉우리의 오대산을 자신의 거점으로 삼은 까닭도 거기에 있었다. 용맹하고도 매우 빠른 사자를 타고 다녔는데 사건 현장에 누구보다도 빠르게 도착하기 위해서였다. 문수를 이야기할 때는 보현普賢을 빼놓을 수 없다. 문수와 짝을 이루는 보현은 문수처럼 부처의 제자로 어질기 그지없어 고통 받는 세상 사람들을 치유하고 다녔다. 크고 느린 코끼리를 타고 다녔는데 한 사람이라도 놓치지 않기 위해서였다. 세상 사람들은 문수와 보현을 사랑하고 또 늘 만나고 싶어 했다.

오대산은 크게 월정사 구역과 천유동 구역으로 나눈다. 월정사 구역은 평창군 북동쪽과 홍천군 동쪽에 걸쳐 있고, 천유동 구역은 강릉시 북서쪽에 걸쳐 있다. 월정사 구역의 계곡은 신선골, 동피골, 조계골, 작은북대골, 동역골이 있다. 천유동 구역 계곡은 청학동계곡, 구룡폭포계곡이 있다. 사찰을 비롯한 유적지는 대체로 월정사 구역에 몰려 있다. 월정사와 상원사 그리고 중대 사자암·북대 미륵암·서대 수정암·동대 관음암·남대 지장암·육수암·영감사 및 사고 터와 적멸보궁 등이 월정사 구역에 있고, 천유동 구역에는 금강사가 있다.

오늘날 오대산은 동쪽의 청학산을 끌어와 그 범위가 더욱 넓어졌다. 하지만 위대한 지리학자이자 최고의 지도 제작자인 고산자古山子 김정호金正浩, 1804-1866가 만든 『대동여지도』를 보면 청학산은 오대산의 한 부분이 아니라 서로 다른 산이었다. 청학산 천유동은 강릉이 배출한 위대한 학자인 율곡栗谷 이이李珥, 1536-1584가 1569년 이곳을 여행한 뒤 쓴 「유청학산기」에 그 이름이 처음 등장한다.[11] 그로부터 300년이 흐른 뒤 고산자 김정호의 『대동여지도』에서도 이곳을 청학산 천유동이라 하였다. 그러니까 천유동은 오랜 역사를 지닌 이름이다. 그런데 20세기에 이르러 소금강이라는 지명이 등장했다. 맥락 없이 출현한 소금강이 공식 지명이 되어 천유동을 밀어냈다. 청학산을 오대산에 끼워넣은 일도 마땅치 않지만 수백 년 동안

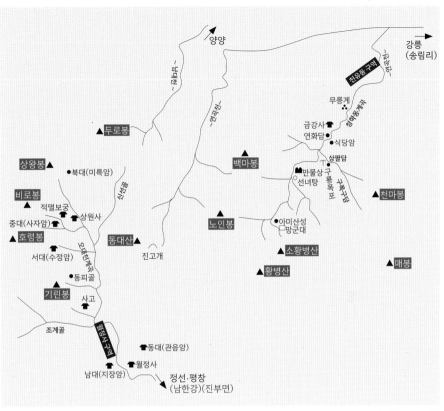

불러온 이름 천유동을 버려야 할 이유가 없음에도 소금강, 소금강하는 까닭을 알 수 없다. 천유동이라는 아름다운 이름을 두고 왜 금강산을 끌어들이는지 모를 일이다. 박용수가 『오대산』에서 지적한 바처럼 소금강이라는 이름이야말로 스스로를 낮추는 자기비하이고 정체성을 없애버린 몰개성이다.[12] 잘못이다.

오대산 복판을 뚫고 지나가는 진고갯길은 두 가지다. 하나는 강릉 송림리에서 서쪽 방향으로 들어가는 길이다. 송림리에서 들어가다 진고갯길을 벗어나 왼쪽으로 꺾으면 청학산 천유동 구역이다. 다른 하나의 길은 평창군 진부면에서 북쪽

오대산, 다섯 개의 연꽃잎에 둘러싸인 형상

방향으로 올라가는 길이다. 진부면에서 들어가다가 진고갯길을 벗어나 왼쪽으로 꺾어 월정사 구역으로 올라간다. 물론 어느 쪽에서 진입해도 진고갯길은 한 줄기로 연결되어 있다. 따라서 양쪽 모두 진입로이자 출구인 셈이다.

오대산은 뿌리가 깊어 오래된 이야기도 많다. 신라의 보천태자普川太子와 뒷날 성덕왕聖德王, 691-737이 된 효녕태자孝明太子는 이곳에서 수행하던 시절 날마다 부처의 제자 문수에게 공양했다. 조카를 죽이고 왕위에 오른 조선의 세조도 문수와 깊은 인연을 맺었다. 등에 종기가 생긴 세조가 오대산에 올라 계곡 시냇물에 홀로 들어가 고름을 씻어낼 때 이야기다. 등을 닦으려 했으나 손이 닿지 않았는데 마침 동자승이 보여 씻어달라고 부탁했다. 동자승이 고사리 손으로 다 씻었다고 하자 세조는 동자승을 놀래주려고 '아이야, 왕의 몸을 씻었다는 말을 어디에도 하지 말라'고 했다. 등 뒤에서 어린아이의 목소리가 들려왔다. '임금님께서도 문수가 등을 씻어주었다는 말을 어디에도 하지 마세요'라고 했다. 크게 놀란 세조가 등을 돌렸으나 동자승은 이미 사라지고 없었다. 다음날 아침 세조의 큰딸 의숙공주懿淑公主, ?-1477는 아버지의 등에 있던 종기가 감쪽같이 나은 것을 보고 감격했다. 공주는 당대 제일의 불상 조각 장인 금어로 하여금 나무로 문수동자상을 새기게 하여 상원사에 봉안했다. 그 문수동자상은 오늘날까지도 수많은 이들의 소망을 한몸에 받아 안고 있는데 안정과 평온의 아름다움을 뽐내는 15세기 미술사의 걸작이다. 그리고 세조가 목욕할 때 옷을 걸어두었다는 관대걸이가 지금도 전해오는데 돌을 다듬어 지붕까지 만들었다.

청담 이중환은 『택리지』에 흥미로운 기록을 남겼다. 조선시대 역사상 가장 교활한 간신으로 이름을 떨친 사우당四友堂 한명회韓明澮, 1415-1487 이야기다. 오대산을 사랑했던 세조의 책사 한명회는 스스로 전설을 만들었다. 젊은 날 명산 유람을 하다가 오대산에 들어가 선도仙道를 깨우치고 정신이 육체를 빠져나와 신선이 되는 시해尸解의 경지에 이르렀다는 것이다. 그래서 이 땅이야말로 '불사약不死藥인 연단鍊丹을 제조할 만한 복지福地'라며 '이 산이 제일'이라는 한마디를 남겼다.[13] 세조의 총애를 한몸에 받던 그였으므로 세조의 산이었던 오대산에 자신의 전설을 그렇게 꾸몄던 게다. 교활한 인간의 교활한 거짓이다.

월정사 구역을 그린 그림은 여러 점이 있지만 그 밖의 곳은 그림이 나타나지 않아 충분히 다루지 못했다. 청학산의 천유동 구역을 그린 것으로 추정하는 두 점의 작품이 있어 그나마 함께 이야기할 수 있게 되어 다행이다. 언젠가 오대산의 다른 절경들을 담은 그림들을 함께 살필 수 있는 날을 기대하며 기다린다.

월정사를 거쳐 중대에 이르는 월정사 구역

월정사 구역의 초입에 월정사가 평안하게 자리하고 있다. 그 옆쪽에 동대를 지키는 관음암이 있다. 월정사 앞을 흐르는 오대천계곡을 따라 오르면『조선왕조실록』을 보관한 사고史庫가 있다. 더 오르다가 왼쪽으로 꺾으면 서대인 수정암이 나타나고 거기서 더 오르면 높이 1,560미터의 호령봉이 널찍한 어깨를 펼친다. 다시 오대천계곡으로 내려와 북쪽으로 계속 오르면 중대를 지키는 사자암과 상원사가 멀지 않다. 상원사에서 서쪽으로 향해 적멸보궁을 지나면 드디어 오대산의 주봉인 비로봉이 나타난다. 또 상원사에서 북쪽으로 오르면 북대를 지키는 미륵암에 도착하고 거기서 서쪽으로 높이 1,493미터인 상왕봉이 품을 열어놓고 있다. 그리고 보면 서대를 품은 호령봉, 적멸보궁을 품은 비로봉, 북대를 품은 상왕봉이 마치 하나인 듯 연이어 연봉을 이루어 세 봉우리를 잇는 능선이 참으로 원만하고 유연하기 그지없다. 오대산의 곱디 고운 성품을 고스란히 보여주는 풍경이다.

월정사는 신라를 석가의 땅으로 물들인 자장이 창건한 사찰이다. 고려 때 중창을 거듭했으며 조선에서도 그 운명이 지속되었다. 1950년 한국전쟁은 월정사를 폐허로 전락시켰다. 지금의 전각은 모두 전쟁이 끝난 뒤 새로 중건한 것이다. 하지만 고려 초기 때 만든 화려한 모양의 8각 9층 석탑과 탑 앞에 왼쪽 무릎을 세운 채 앉아 공양을 올리는 석조보살좌상은 월정사가 참으로 오랜 역사의 향기를 머금은 사찰임을 알려주고 있다.

달빛 기운을 머금은 절집이란 뜻의 월정사라는 이름의 뿌리는 기록이 없어 알 수 없다. 다만 월정사의 북쪽에 높이 1,433미터의 만월산이라 부르는 동대가 있으므로 연상되는 바가 있다. 만월산에 가득찬 달빛 정기가 흘러 이곳에 모였으므로 월정이라 했다는 게다.[14]

1788년 단원 김홍도가 그린 《해산도첩》 중 〈월정사〉는 오대천변의 울창한 수목 안에 자리잡아 호젓한 모습이다. 절터인 가람이 먹구름에 둘러싸인 보름달 같다. 달빛 정기를 한곳에 끌어모은 사찰답다. 가람을 빈틈없이 꽉 채운 건물들이 융성한 사찰임을 보여주는데 그 한복판에 우뚝 선 8각 9층 석탑을 짙은 색깔을 칠해 도드라지게 드러냈다. 사찰의 왼쪽 뒤로는 탑이나 종 모양을 한 부도를 모아둔 부도 숲을 배치했는데 전나무 숲 사이로 선명하다. 화폭 상단의 산들은 유연한 곡선으로 부드럽고 원만한 산세를 드러내고 있다. 그야말로 오대산의 특징을 한눈에 보여준다.

《금강산도권》 중 〈월정사〉는 단원 김홍도의 〈월정사〉 구도를 빌린 임모본이다. 구도는 그대로 가져왔으나 세부 경물 묘사는 크게 변화를 주었다. 각각의 경물을 선명하게 드러내기 위해 산과 나무에 색을 입혔는데 맑은 담채의 초록과 주황빛으로 산을 물들이고 짙은 연두와 초록빛으로 칠한 나무를 여기저기 줄지어 도열시킨 것이 아주 특별한 효과를 거두었다.

역사책 창고라는 뜻의 사고는 왕조의 핵심 기록인 『조선왕조실록』을 보존하는 수장고였다. 조선은 개창 당시 한양, 충주, 성주, 전주에 사고를 설치해 실록을 보존해왔다. 임진왜란 때 일본군이 모두 불태웠는데 전주 사고만이 화를 면할 수 있었다. 일본군이 아예 발을 들여놓지 못한 도시였기 때문이다. 임진왜란이 끝난 1606년 선조는 전주본을 등사해 다섯 곳에 안치했다. 이를 위해 수도 한양 외에 태백산, 정족산, 오대산, 적상산에 사고를 설치했다. 도시가 아니라 깊은 산중을 선택했다고 해서 그저 깊은 곳에 숨기기만 하려던 건 결코 아니다. 사고 터를 선정할 때는 물과 불과 바람이 함부로 들지 않는 장소를 고르고 골랐으며 이웃에 수호 사찰도 함께 창건해 승려로 하여금 엄격히 지키도록 했다. 이를테면 오대산 사고의 경우 창건 당시 왕실 족보를 보존하기 위한 선원보각과 실록을 보관하는 실록각을 지었으며 수호 사찰인 영감사를 창건했다.

이렇게 설치한 사고들은 조선왕조가 막을 내릴 때까지 변함없었다. 그러나 1910년 8월 조선을 강점한 일본은 실록을 약탈하여 한양으로 가져오는가 하면 오대산본 788책을 1913년 도쿄제국대학으로 가져갔다. 탐욕으로 가져갔으면 제대로 보존해야 했지만 10년이 지난 1923년 9월 관동대지진 때 거의 다 불타고 말았다. 일본이 실록을 약탈해간 뒤 사고와 주변 건물만 남아 썰렁했는데 이마저도 1950년 한국전쟁 때 모두 훼손당했다. 그뒤 1960년 영감사, 1989년 선원보각, 1992년 실록각을 중건했다. 그러나『조선왕조실록』은 오랜 시간 그곳에 없었다. 세월이 꽤 흘러 일본으로부터 2017년까지 75책의 실록을 반환 받은 것을 가지고 국립조선왕조실록박물관을 설립해 2023년 11월부터 보존과 전시를 시작했다. 박물관은 원래의 사고 터가 아니라 월정사 초입의 월정사성보박물관 옆에 새로 지었다.

단원 김홍도가 그린《해산도첩》중〈사고〉를 보면 선원보각과 실록각, 영감사의 배치가 한눈에 들어온다. 게다가 건물 주변을 깔끔하게 청소하여 풀 한포기 자라지 않는 모습이 두드러져 보인다. 화재의 위험에 철저하게 관리하고 있음을 알려준다. 화폭 오른쪽 하단의 영감사가 차지하고 있는 위치를 눈여겨보면 사고 건물이 한눈에 들어옴을 알 수 있다. 변고에 아주 빠르게 대응할 수 있도록 한 것이다. 사고 뒤쪽 봉우리는 높이 1,301미터의 기린봉이며 그 아래 계곡으로부터 흐르

月精寺

김홍도,
〈월정사〉,
《해산도첩》,
30.4×43.7,
비단, 1788,
개인.

미상, 〈월정사〉, 《금강산도권》, 26.7×43.8, 종이, 19세기, 국립중앙박물관.

미상, 〈사고〉, 《금강산도권》, 26.7×43.8, 종이, 19세기, 국립중앙박물관.

史庫

김홍도, 〈사고〉, 《해산도첩》, 30.4×43.7, 비단, 1788, 개인.

는 오대천 지류가 사고를 감싸고 휘돌아 흐른다. 과연 그 지형이 물과 불을 결코 허락하지 않는 요새인 데다 누려움을 안길 만큼 불안 솟아올랐다. 《금강산노권》 중 〈사고〉는 앞서 밝혔듯 단원 김홍도의 〈사고〉의 구도를 빌린 임모본이다.

상원사上院寺는 일연의 『삼국유사』에 따르면 신라의 보천태자와 뒷날 성덕왕이 된 효명태자가 관련되어 있다. 자장이 645년에 창건했다는 설도 있지만 그저 전해오는 이야기여서 기억해둘 뿐이다. 오대산에서 수행하던 보천과 효명이 날마다 문수에게 공양했다는 것은 앞에서 이야기했다. 왕위에 오른 뒤에도 그 일을 잊지 않고 있던 성덕왕은 705년 보천태자와 함께 문수에게 공양하던 곳에 진여원眞如院을 창건했다. 진여원은 고려시대 말기에 황폐해져 있었는데 나옹懶翁, 1320-1376의 제자 영령암英靈庵이 1376년에 중창하였고 이후 조선시대에 들어와 태종의 후원에 이어 세조와 깊은 인연을 맺으면서 더욱 번창하였다. 1945년 해방 직후 불에 휩싸인 적이 있었지만 곧 복구했다. 거의 모든 사찰이 파괴당하던 1950년 한국전쟁 때도 비교적 큰 피해 없이 오늘에 이르고 있어 경이롭다.

상원사에는 이곳을 창건한 신라 성덕왕 시절인 725년에 만든 동종이 있고 또한 상원사를 원찰로 삼은 세조 때인 1466년에 봉안한 문수동자상이 있다. 유서 깊은 절집에는 유물이 많지만 이곳 동종에 새겨진 비천상의 몽환스러운 선율과 문수동자상의 강건하고 미묘한 미감은 어디서도 흉내낼 수 없는 특별한 가치를 지닌다.

상원사와 세조의 사연은 더 있다. 문수동자의 손길로 등의 종기를 치료한 세조는 다음 해 상원사를 찾았다. 예불을 올리러 법당에 오르려는 순간 고양이 두 마리가 옷을 물고 잡아당기며 끝내 들어가지 못하게 했다. 해괴하다 여긴 세조가 병사들로 하여금 수색케 한 끝에 자객을 체포해 목숨을 건질 수 있었다. 이에 세조는 고양이상을 돌로 새겨 법당 앞에 세우도록 했다. 이뿐만 아니라 상원사와 더불어 봉은사를 비롯한 한양 근교의 사찰에 고양이밭이라는 이름의 묘전猫田을 하사하고 그 수입으로 고양이를 기르도록 했다. 그렇게 10년이 흐른 뒤 세조가 늙어 병 들었고 이에 며느리인 인수대비仁粹大妃, 1437-1504가 상원사 중창을 청했다. 공사를 시작하자 병이 씻은 듯 나았고 다음 해 세조가 낙성식에 직접 참석해 예불을 행했다.

단원 김홍도가 그린《해산도첩》중〈상원〉과《금강산도권》중〈상원고암〉은 화풍이 다르지만 구도는 온전히 같다. 먼저 구도를 보면 화폭을 좌우로 나누어 왼쪽은 온통 구름바다로 채웠다. 오른쪽 상단은 오대산의 주인 비로봉을, 하단은 가파른 언덕 위에 자리잡은 상원사의 모습을 그렸다. 옹기종기 모인 건물이 다부져 보이고 앞마당이 넓어 급한 경사에도 안정감을 얻었다. 화폭 맨 아래를 보면 숨은 듯 흐르는 계곡물이 있는데 비로봉에서 발원한 오대천 상류다. 오대산을 그린 몇 점 안 되는 그림 가운데 빼어난 조형성을 자랑한다.

중대는 오대산을 구성하는 다섯 개의 대臺 가운데 중앙을 차지하고 있으며 여기에는 사자암이 자리를 지키고 있다. 이 암자가 사자암이라는 이름을 얻은 까닭은 이곳이 보천태자와 효명태자가 문수에게 공양하던 진여원 터로서, 문수는 동물의 왕이자 지혜로운 사자를 타고 천하를 주유하며 세상을 보살폈기 때문이다. 이에 조응하여 동대의 관음암은 관음, 서대의 수정암은 대세지, 남대의 지장암은 지장, 북대의 미륵암은 미륵을 공양한다. 다시 말해 오대산의 주인 문수는 그 중심이자 한복판인 중대를 차지한 것이다.

중대의 사자암에는 '중대향각'中臺香閣이라는 현판이 붙어 있다. 향각은 향불을 피우는 전각이라는 뜻이다. 사자암을 향각이라 부르는 까닭은 저 위쪽에 자리한 적멸보궁을 지키는 수호 암자이자 적멸보궁 일대를 향기롭게 적시는 향로 구실을 하는 전각인 이른바 노전爐殿이기 때문이다. 중대 위로 가파른 절벽을 오르면 적멸보궁이 우뚝하다. 적멸보궁은 부처의 몸을 태울 때 나온 뼈인 정골頂骨과 구슬인 진신사리眞身舍利를 모시는 아주 특별한 전각이다. 자장이 중국에서 귀국할 때 이 정골과 진신사리 100과를 가져왔고 이 보물을 이곳 오대산 적멸보궁과 더불어 경

오대산, 다섯 개의 연꽃잎에 둘러싸인 형상

上院

김홍도, 〈상원〉,
《해산도첩》,
30.4×43.7, 비단,
1788, 개인.

미상, 〈상원고암〉, 《금강산도권》, 26.7×43.8, 종이, 19세기, 국립중앙박물관.

미상, 〈중대〉, 《금강산도권》, 26.7×43.8, 종이, 19세기, 국립중앙박물관.

상남도 양산 통도사通度寺, 강원도 인제의 봉정암鳳頂庵, 영월의 법흥사法興寺에 나누어 봉안했다. 그리고 임진왜란 때 사명이 통도사의 사리를 나누어 강원도 정선의 정암사淨巖寺에 봉안함으로써 조선 5대 적멸보궁을 완성했다.

오대산 적멸보궁은 사리를 어디에 안치했는지 알려지지 않았다. 다른 적멸보궁의 경우 계단 및 사리탑에 안치하고 있으나 오대산의 경우 찾을 수 없게끔 미궁의 안치법을 적용해 신비로움을 더했다. 그 대신 건물 뒷벽에 창을 내놓았다. 그 창밖을 보면 건물 뒤쪽에 높이 84센티미터의 비석이 서 있다. 다른 비석과 달리 글씨 대신 5층 석탑의 윤곽을 선으로 새겨놓았다. 사리탑을 상징한 것이다. 풍수로 보면 이곳은 용의 정수리에 해당하는 천하 명당이다. 주변을 보면 연이은 봉우리들이 병풍처럼 둘러싸고 있어 안온하면서 숙연한 장소라고들 한다.[15]

적멸보궁과 중대 사자암을 한꺼번에 그린 김홍도의 〈오대산 중대〉를 보면 그 말이 다르지 않다. 화폭 상단에 옆으로 길게 늘어선 산등성이를 마치 수평선처럼 보이게 옅고 푸른빛으로 칠했다. 가운데 우뚝 솟은 봉우리는 오대산의 주인인 비로봉이며 사이사이로 계곡을 깊숙이 파놓았다. 계곡 앞쪽으로 뾰족하게 솟아오른 삼각형 봉우리를 우뚝 세워놓았는데 꼭대기 건물이 적멸보궁이다. 가파른 산길을 따라 오르면 중턱에 사자암이 있다. 그 옆으로 꼭대기의 적멸보궁에 이르는 길을 따라 의연한 모습을 드러낸다. 화폭 맨 아래를 보면 바닥에 시냇물이 굴곡진 산길과 어울려 신묘한 선율을 들려주는 듯하다.

《금강산도권》 중 〈중대〉는 김홍도의 〈오대산 중대〉를 도안화하여 흥미를 유발시킨다. 상단 구름을 뚫고 올라가버린 비로봉과 화폭 왼쪽에 계곡으로 넘어드는 구름이 신묘하다. 산기슭의 사자암과 꼭대기의 적멸보궁을 호위하는 것처럼 연두초록빛 나무들이 무성하게 배치되어 생기가 감돈다. 단원 김홍도의 그림에 비해 명랑하고 활력에 넘친다.

五臺山中臺

김홍도,
〈오대산 중대〉,
《해산도첩》,
30.4×43.7, 비단,
1788, 개인.

하늘이 노닐 만한 땅, 천유동 구역

청학산은 19세기까지 명주군이라 부른 강릉 땅에 있는 산이었다. 높이 1,407미터의 황병산黃柄山을 주봉으로 매봉, 천마봉, 노인봉, 백마봉을 거느린 깊은 산이다. 이처럼 즐비한 봉우리들이 마치 날개를 활짝 펼친 학 같다고 하여 청학산이란 이름으로 불러왔다. 앞서 언급한 바대로 20세기에 접어들어 오대산에 흡수시킨 다음 그 이름을 소금강이라고 바꿔 부르고 있다. 잘못된 기록을 근거삼아 멀쩡한 산 하나를 없앤 것이다. 그래서는 안 된다. 거듭 말하지만,『대동여지도』를 보면 오대산과 청학산이 동서로 엄연히 나뉘어 다른 산임을 알려준다. 청학산 기슭에는 청학동계곡과 구룡폭포계곡이 아주 또렷하다. 그럼에도 사람들은 청학산의 날개를 접어 오대산의 품속으로 밀어넣었다. 산은 말이 없으나 뜻 있는 사람이라면 그 산이 청학산임을 어찌 잊을 수 있겠는가.

청학산에 위치한 천유동 구역은 그 이름처럼 하늘이 노닐 만한 땅이다. 기암괴석과 폭포, 못이 즐비하여 절경지인 까닭이다. 예전에는 무릉계를 경계 삼아 청유동을 안과 밖으로 나누었지만 바깥쪽은 무참한 파괴로 말미암아 경관이 사라져버렸다. 지금은 무릉계 안쪽만 남아 이곳을 청학동이라거나 소금강이라는 엉뚱한 이름으로 부르고 있다. 입구의 수령 480년인 금강송을 지나면 이어지는 연화담蓮花潭 근처에는 여승들이 사는 금강사가 있다.

연화담에서 조금 오르면 넓은 반석이 있다. 마의태자가 군사를 이끌고 아미산성으로 가던 도중 이곳에서 식사를 했다고 하여 식당암이라 부른다. 이곳을 계속 거슬러 오르면 매봉과 천마봉 사이에서 흘러내린 물줄기에 긴 폭포가 연이어 있다. 제1폭인 상팔담부터 제6폭 군자폭, 제9폭인 구룡폭까지인데 나머지 6폭은 이름이 없고 모두 합쳐 구폭구담이라 한다. 그밖에도 천하대, 십자소, 삼선암, 청심대, 세심대, 학유대와 같은 명승이 즐비하다.

김하종, 〈구구동〉, 《해산도첩》, 29.7×43.3, 비단, 1815, 국립중앙박물관.

김하종, 〈구구동〉, 《풍악권》, 30.9×49.7, 종이, 1865, 개인.

구폭구담을 가리켜 피골이라고도 부른다. 마의태자의 군사들이 이곳에서 패배할 때 흘린 피가 한없이 흘러 생긴 이름이다. 맨 위쪽 상팔남은 사형대라고도 부르는데 이는 이탈해 도주하는 병사를 상팔담에서 처형했기 때문에 생긴 이름이다. 구룡폭포계곡 동쪽으로 고구려와 신라 군대가 치열한 전투를 벌인 아미산성이 있고 여덟 번째 폭포 근처 바위에는 '구룡연'이라는 전서체 글씨가 새겨져 있다. 이는 동방제일명가인 미수 허목의 글씨다. 또한 계곡에 귀면암, 일월암, 촛대석, 탄금대와 같은 바위들이 즐비하다. 이를 만물상이라 부른다.

'천유동'이라고 명시한 작품은 아직 찾지 못했다. 하지만 1815년 김하종이 그린 《해산도첩》과 1865년에 그린 《풍악권》에 포함된 〈구구동〉을 보면 이곳 구폭구담의 만물상을 그린 게 아닌가 짐작할 만하다. 물론 김하종의 〈구구동〉은 외금강 북쪽 만물상 구역의 만물초를 소재 삼은 것으로 볼 수도 있다. 그러나 김하종의 《풍악권》에는 〈만물초〉가 엄연히 따로 있어서 〈구구동〉을 외금강 만물상 구역의 만물초를 그린 것이라고 할 까닭은 없다. 하지만 여전히 구구동이라는 지명은 미궁이다. 게다가 김하종의 《해산도첩》과 《풍악권》에 오대산을 소재로 한 작품이 없어서 이곳을 다녀갔는지도 불분명하다. 다만 구구동이라는 지명의 소재지를 찾을 때까지는 김하종의 두 권의 화첩에 실린 〈구구동〉을 천유동 구역의 만물상을 그린 것이라 여기며 즐길 뿐이다.

《해산도첩》의 〈구구동〉은 아주 잽싸고 빠른 붓질로 날카롭고 강인한 바위의 형태와 질감을 두드러지게 표현했다. 더구나 푸른 물감을 수직으로 세운 바늘 같은 침봉에 칠해 강경한 맛을 더욱 살려냈다. 그에 비해 《풍악권》의 〈구구동〉은 같은 곳을 그렸으나 크게 다르다. 날렵하고 빠른 속도감이나 푸른빛의 억센 맛이 없고 오히려 느슨하고 부드러워졌다. 곡선과 연한 필선을 사용한 까닭인데 만년의 여유를 발휘하여 긴장감을 없애고자 한 결과다.

영동, 백두대간 동쪽 해안선을
따라가는 땅

대관령, 영동과 영서의 경계

대관령을 영동과 영서의 경계로 삼는다. 평창과 강릉을 가르는 해발 832미터 높이의 분수령이며 그 길이는 13킬로미터나 뻗어 있다. 꺾여서 휘돌아가는 구비가 99개나 된다. 어디 그뿐인가. 길 하나만 대관령이라고 하는 게 아니다. 고원지대인 까닭에 고갯길 주변 일대를 아우른다. 대관령은 그 많은 고개들 중 가장 아름다운 기운을 머금은 곳으로 겨울에는 눈이 많고 사시사철 바람 잘 날이 없다. 근래 풍력발전단지가 들어서 낯선 풍경이 생겼으나 그보다도 2004년부터 대관령음악제가 열려 매년 한여름이면 매혹적인 선율을 선물한다.

대관령은 또한 아주 오랜 옛날 신사임당申師任堂, 1504-1551의 아들로 태어나 대학자로 자라난 율곡 이이의 추억이 서린 곳이다. 1541년 어느 날 어머니 신사임당이 여섯 살 아들 이이와 함께 대관령을 넘는 중이었다. 길을 멈춘 신사임당이 시를 읊었다.

大關嶺

김홍도, 〈대관령〉,
《해산도첩》,
30.4×43.7, 비단,
1788, 개인.

김홍도, 〈대관령 망 강릉〉 초본첩, 29.7×41.7, 종이, 1788, 개인.

미상, 〈대관령〉, 《금강산도권》, 26.7×43.8, 종이, 19세기, 국립중앙박물관.

"늙으신 어머님을 고향에 두고

외로이 서울로 향하는 이 마음

한번씩 머리 들어 북촌을 바라보니

흰구름 떠 있는 곳 저녁 산만 푸르구나"[16]

　　대관령을 지나며 친정을 본다는 뜻의 「유대관령망친정」踰大關嶺望親庭이다. 뒷날 어른이 된 이이는 어머니께서 대관령을 넘을 때면 견딜 수 없어 가마를 멈추고 눈물을 흘리며 이 시편을 읊으셨다고 회고했다.

　　대관령에서 동쪽 바다를 보면 해안가에 거울 같은 경포호가 있다. 경포호 오른쪽 초당마을은 난설헌 허초희와 교산 허균이 태어나 자란 집이고 호수에서 내륙으로 들어서면 선교장과 오죽헌이 있는데 오죽헌은 신사임당과 이이의 집이다.

　　단원 김홍도가 그린 《해산도첩》 중 〈대관령〉을 보면 아흔아홉 구비 고갯길이 아주 또렷하다. 고향을 떠나는 이에게는 눈물이 앞을 가려 서글프기 그지없는 천릿길이다. 저 멀리 해안선까지 뻗은 길을 따라가면 왼편에 어여쁜 경포호가 있다. 마치 누워 있는 달 같다. 같은 해 김홍도가 그린 〈대관령 망 강릉〉은 낱장의 개인 소장품인데 국립중앙박물관 소장품인 《해동명산도 초본첩》에서 떨어져 나온 초본의 한 장 아닌가 싶다. 실제로 앞서 살핀 《해산도첩》 중 〈대관령〉과 구도가 완전히 일치한다. 그린 이를 알 수 없는 《금강산도권》 중 〈대관령〉 역시 구도가 비슷하다. 매월당 김시습은 흰 물결과 붉은 구름 신기루처럼 보이는 경포대에서 동해의 푸른 바다가 '술잔처럼 보인다'[17]고 노래했다.

　　오늘날 풍경은 사뭇 다르다. 세기가 바뀌고 얼마 안 되어 경포호 주변 백사장을 뒤덮을 만큼 거대한 호텔 건물이 들어서더니 시야를 홀로 차지했다. 이뿐만 아니라 고속도로며 고속철도를 놓고 산을 뚫어 굴을 만들고보니 대관령에 오를 일이 사라졌다. 이제 저와 같은 풍경과 만나는 건 불가하다.

　　　　　　　　　　영동, 백두대간 동쪽 해안선을 따라가는 땅

강릉, 영동의 가장 큰 도시

강릉은 영동 지역에서 가장 큰 도시다. 높은 산과 드넓은 바다에 아름다운 호수는 물론이고 남대천을 비롯한 하천이 흘러 참으로 황홀한 마을이다. 757년 명주溟洲를 거쳐 1308년 강릉이라는 이름을 얻었다. 명승지는 관동팔경의 하나인 경포대와 청학산 천유동이다. 강릉의 인물은 신사임당과 이이 모자, 허초희와 허균 남매다. 허초희가 강릉과 경포를 노래한 「죽지사」竹枝詞를 읊노라면 그 슬픈 생애가 겹으로 다가와 서글프기 그지없다.

> "우리 집은 강릉 땅 강가에 있어
> 문 앞 흐르는 물에서 비단옷을 빨았지요
> 아침에 목란 배를 한가히 매어두고는
> 짝지어 나는 원앙새를 부럽게 보았어요"[18]

강릉 북쪽 사천면 사천나루 해안에 자리한 정자가 있다. 창석정滄石亭이다. 이 고을의 이름은 신라시대 때는 불모래라는 뜻의 사화沙火였다. 가까이에 사화산이 있어 그렇게 지었다. 서쪽의 대관령 줄기에서 흘러내리는 사천천과 평야가 있어 농업이 발달한 땅이다. 사천천 상류에 용연사와 용연계곡이 있어 아름답고 또 이곳 출신 시인 초허超虛 김동명金東鳴, 1900-1968을 기리는 문학관도 있다. 무엇보다도 교산 허균의 시비가 우뚝해서 좋다.

《금강산도권》중 〈창석정〉을 보면 해안선임에도 매우 외진 곳처럼 숨어 있다. 두 사람이 낚시를 하고 있는, 호수처럼 보이는 물가는 사천천 하류쯤인데 건너편에 정자가 동산에 제 모습 감춘 채 다소곳하다. 흙이 드러난 부분을 붉게 칠했는데 불모래라는 뜻의 고을 이름과 관련이 있는 건 아닐까. 화폭 하단에 마을이 옹기

종기 모여 있는 것도 눈길을 끌지만 역시 낚시꾼이 제일인데 그림을 보면 그 낚시의 끝 모양이 신기하다.

강릉 저동 94번지에도 정자가 있었다. 매학정梅鶴亭이다. 강릉 선비 김형진金衡鎭이 경포호 북쪽 시루봉 아래에 지었다. 매화를 심고 학과 더불어 노닐며 그 이름을 매학정이라 하였다. 1889년 금란반월회 맹원들이 지금의 저동 15-1번지로 옮겨와 그 이름까지 금란정金蘭亭으로 바꿨다. 이들은 1902년 풍운의 정객 석운石雲 권동수權東壽, 1842-1906이후에게 '금란정'이라는 글씨를 받아 현판으로 새겨 걸어두었다.

《금강산도권》중 〈매학정〉을 보면 매학정은 화폭 하단 봉긋한 언덕배기에 서 있음을 알 수 있다. 경포호 북쪽으로 경포대가 비스듬히 보인다. 지금은 흔적조차 없는 그 매학정보다도 멀리 화폭 상단의 강문동과 초당마을이 볼 만하다.

정자는 더 있었다. 선교장船橋莊 안에 자리한 정자다. 선교장은 강릉 운정동 명당 터에 자리하고 있는 가옥으로 이내번李乃蕃, 1703-1781이 창업주다. 안채 이외에 사랑채인 열화당悅話堂과 동별당東別堂 그리고 활래정活來亭이 있다. 열화당은 1815년, 활래정은 1816년에 건립했다. 미술 출판으로 명성을 쌓아올린 출판사 열화당이라는 이름은 이곳 선교장 열화당에서 가져왔다. 상류층 주택임에도 인간미가 넘치는 활달한 공간을 지닌 선교장은 그 아름다움으로 널리 알려졌다. 이곳 마을 앞에 배다리, 다시 말해 선교船橋가 있었다. 그로 말미암아 선교장이라는 이름은 물론 배다리 마을이라는 동네 이름도 생겼다. 예전에는 경포호가 무척 넓어 이곳 배다리까지 닿아 있었으며 호수 건너편 강문동이나 초당마을까지 꼭 배를 타고 이동했다고 한다.

《금강산도권》중 〈활래정〉을 보면 인공 호수 안에 만든 섬에 정자가 한가로운데 주변 마을의 복사꽃이며 봄의 생기를 자랑하는 온갖 나무들이 눈부시다.

호해정湖海亭은 경포호 북쪽에 위치한 또 하나의 호수, 호해에 있던 정자다. 호해는 안쪽 호수라고 해서 내호, 경포호는 바깥쪽 호수라고 해서 외호라고 하였고 사람들은 경포대에 있으면 호해정이 있는 줄을 모르고 호해정에 있으면 경포대

미상, 〈창석정〉, 《금강산도권》, 26.7×43.8, 종이, 19세기, 국립중앙박물관.

미상, 〈매학정〉, 《금강산도권》, 26.7×43.8, 종이, 19세기, 국립중앙박물관.

미상, 〈활래정〉, 《금강산도권》, 26.7×43.8, 종이, 19세기, 국립중앙박물관.

가 있는 줄 모른다고 했을 정도로 둘 사이에 우열을 가리지 못했다고 한다. 지금은 호수를 흙으로 덮어버려 밭으로 바뀌었고 다만 정자만이 덩그렇게 놓였다. 그 수변은 아파트가 들어섰다. 그런 까닭에 이제는 호수와 바다가 보인다는 뜻으로 지은 호해정이 아니라 전답과 가옥이 보이는 정자 전옥정田屋亭으로 이름을 바꿔야 할 판이다.

단원 김홍도의《해산도첩》중〈호해정〉은 얼핏 앞에서 관동팔경 중 하나로 살핀,《해산도첩》중〈경포대〉와 같아 보인다. 바다와 호수의 경계인 흰 모래톱이 그런 착각을 일으키는데 실제로도 비슷한 모습을 갖추고 있었던 듯하다.〈호해정〉의 화폭 하단 왼쪽에 숨어 있는 것 같은 호해정 주변을 보면 가옥도 있고 돌섬에 새 들이며 또 지붕을 올린 배도 유람객을 기다리고 있다.

《금강산도권》중〈호해정〉도 역시 비슷하다. 지금은 그림뿐 마을은 그 흔적마저 찾을 수 없다. 매월당 김시습이 강릉에서 본 이곳 '꽃마을인 화촌花村'[19]은 정말 있기나 했던 마을일까.

천연정天淵亭은 강릉 성산면에 있던 정자다. 성산면은 오대산 기슭을 품은 고을인데 계곡과 숲이 아름다운 곳이다. 자연만이 아니라 보광리에 명주군溟州君 왕릉, 구산리에 구산서원, 오봉서원은 물론 신라 때 창건한 사찰 보현사가 있어 유서 깊은 땅임을 알려준다.《금강산도권》중〈천연정〉을 보면 크고 넓게 쏟아져내리는 오대산 물줄기가 휘도는 바위 언덕 위에 우뚝하다. 남대천 상류의 어느 지류일 텐데 물줄기와 바위가 예사롭지 않다.

구산서원은 오봉서원 건립을 주도한 함헌咸軒, 1508~?의 문집에 등장한다. 강릉에서 잘 알려진 서원은 오봉서원과 송담서원인데 1868년 서원철폐령에 따라 철폐되었고 구산서원은 별다른 기록이 없어 더 이상 알 수 없다. 짐작해보면 강릉 남대천이 구비 지어 흐르는 이곳 성산면 구산리에 있던 서원이 아닌가 싶은데 지금은 구산이라는 마을 이름이 남아 있을 뿐이다. 함헌은 1562년 삼척부사를 지내며

미상, 〈호해정〉, 《금강산도권》, 26.7×43.8, 종이, 19세기, 국립중앙박물관.

미상, 〈천연정〉, 《금강산도권》, 26.7×43.8, 종이, 19세기, 국립중앙박물관.

湖海亭

김홍도, 〈호해정〉,
《해산도첩》,
30.4×43.7, 비단,
1788, 개인.

뛰어난 업적을 쌓은 인물로 오봉서원을 건립하고서 자신이 북경에서 가져온 공자의 조상을 봉안하였다.

단원 김홍도의 《해산도첩》 중 〈구산서원〉은 남대천을 끼고 도는 구산리 마을과 그 오른쪽 언덕바지에 널따란 터를 거느린 모습이다. 마을 뒤쪽에 탐스럽게 우뚝 솟은 봉우리는 높이 230미터의 왕제산이다. 단원 김홍도가 1788년 이곳에 도착했을 때 구산서원이 없었을 수도 있다. 그렇다면 아마도 강 건너의 높이 542미터 오봉산과 그 기슭의 오봉서원을 그린 것인지도 모르겠다. 오봉서원은 지금도 그 자리에 서 있다. 그러나 화폭 상단에 '구산서원'이라는 화제가 선명하여 왕제산을 품고 있는 구산리 고을과 구산서원을 그린 것임을 의심하는 건 무리다.

금강과 설악을 품은 곳, 고성

강릉 북쪽 마을인 고성은 고구려 때에는 돌연히 꿰뚫는다는 뜻의 달홀이었다. 남북국시대의 신라 때인 757년 오래된 고을, 으뜸가는 마을이라는 뜻의 고성으로 바꿨다. 한국전쟁이 끝나면서 생긴 군사분계선으로 말미암아 그때부터 남과 북으로 나뉘었다.[20]

서쪽으로는 백두대간이 가로막았지만 진부령 고개를 넘으면 인제군이 펼쳐진다. 금강산과 설악산을 품고 있어 산과 계곡이 지나칠 만큼 풍성하여 위태롭지만 아름답다. 또한 높은 산이 가파르게 떨어져 깊은 바다로 이루어진 해안선을 따라 화진포와 선유담, 송지호, 청간정이 즐비하고 그 아래 속초에는 영랑호와 청초호가 있으며 안쪽으로 금강산 기슭의 건봉사와 화암사 그리고 설악산 신흥사가 있어 발길 멈출 데가 참 많다.

고성 화진포 일대에는 높이 179미터의 고성산이 있고 고성군 공설운동장 일대에도 높이 296미터의 고성산이 있다. 이름이 같아서인지 어느 쪽이나 임진왜란 때 일이 똑같이 전해온다. 침입해온 왜군이 혈맥을 끊기 위해 봉우리에 있는 약 165제곱미터50평가량 크기의 바위를 파고 살아 있는 소를 묻었다. 세월이 흐르면서 그 자리에 이끼가 끼더니 바위 표면에서 자라났다. 그 바위에 올라 구르면 사방에서 쿵쾅거리는 소리가 났으므로 사람들은 그 산 이름을 큰소리란 뜻의 고성高聲이라 부르기 시작했다고 한다.

선유담은 신라의 영랑, 술랑, 남석랑, 안상랑 등 네 명의 화랑이 바둑과 장기를 두었다는 곳이다. 2016년 10월 6일자『동아사이언스』에 실린 고기은 작가의 말에 따르면 국도를 넓히면서 해안과 끊겨 점차 육지로 변하고 있다고 했다. 1967년에 나온『한국지명총람』강원편의 선유담 항목을 보면 못 가운데 작은 봉우리가 솟아 있고 소나무가 자라는데 봄이면 철쭉과 진달래가 만발해 경치가 아주 아름다웠다고 한다. 조선 문장 4대가의 한 사람인 택당澤堂 이식李植, 1584-1647이 간성현감으로 왔을 때 선유담의 아름다움에 빠져 호숫가에 정자를 지었는데 학이 모인다는 뜻의 가학정駕鶴亭이라는 이름을 붙였다.

표암 강세황과 단원 김홍도가 1788년에 그린 〈가학정〉, 청류 이의성이 그린 〈가학정〉,《금강산도권》중 〈가학정〉을 보면 모래톱 같은 길 하나를 사이에 둔 채 동해바다와 선유담이 나뉘어 있다. 다른 호수와 다른 점은 선유담 주변에 유난히 소나무가 많다는 것인데 바다와의 경계를 이루는 모래톱 위로 소나무가 길게 줄지어 섰다. 일부러 심은 방풍림처럼 보인다. 그 행렬은 가학정 주변까지 멈추지 않고 있다. 마치 소나무 향기가 뿜어져 나오는 듯한데 학이 날아들지 않을 수 없었을 것이다. 그림에는 학이 보이지 않고 나귀를 탄 선비 일행의 모습만 보인다. 지금은 나귀 탄 선비 일행은 물론이요 소나무도 선유담도 가학정도 모두 사라지고 없다.

丘山書院

김홍도,
〈구산서원〉,
《해산도첩》,
30.4×43.7, 비단,
1788, 개인.

강세황, 〈가학정〉, 《풍악장유첩》, 33×48. 종이, 1788, 국립중앙박물관.

駕鶴亭

김홍도, 〈가학정〉, 《해산도첩》, 30.4×43.7, 비단, 1788, 개인.

이의성, 〈가학정〉, 《산수화첩》, 44×32, 종이, 1826-1829, 개인.

미상, 〈가학정〉, 《금강산도권》, 26.7×43.8, 종이, 19세기, 국립중앙박물관.

동해를 가다, 두타산 무릉계곡에 오르다

동해는 북쪽에는 강릉, 남쪽에는 삼척과 접해 있고 동쪽으로는 동해항과 묵호항을, 서쪽으로는 두타산과 청옥산을 품고 있다. 동해의 탄생은 1980년인데 이전까지는 강릉의 일부였다.[21]

동해를 상징하는 두타산은 산과 계곡의 아름다운 자태를 뽐낸다. 위로 오대산, 아래로 태백산과 어깨를 나란히 하는데 부처가 누워 있는 모습을 하고 있다. 두타는 깨끗하게 털어낸다는 뜻의 산크리스트어 두따dhuta를 한자로 바꾼 것으로 마음속 번뇌를 청소한다는 의미다. 이곳은 고려의 위대한 문인 동안거사 이승휴와 인연이 깊다. 젊은 날 어머님을 모시고 살았던 인연뿐 아니라 뒷날 이곳 두타산 삼화사에서 10년을 은거하며 민족의 대서사시 『제왕운기』를 완성했기 때문이다.

두타산 무릉계곡은 삼척부사 성암省菴 김효원金孝元, 1542-1590이 붙인 이름이다. 무릉계곡은 4킬로미터 길이의 깊은 계곡인데 입구에 호랑이가 건너뛰다가 빠져죽었다는 호암소虎巖沼가 있다. 계곡의 끝에 있는 용추폭포에 이르기까지 기암괴석이 즐비하다. 태암胎巖, 미륵암, 반학대半鶴臺, 능암能巖, 쌍현암雙峴巖, 학소대鶴巢臺 그리고 관음폭포와 병풍바위선녀탕이 펼쳐진다. 이처럼 동해 제일 비경임을 스스로 자랑할 만큼 아름답기 그지없는데도 가끔 이 무릉계곡을 소금강이니 중국 장가계로 비유해 무릉계라는 제 이름을 낮춰보는 자들이 없지 않다.

단원 김홍도가 무릉계에 이르러 주목한 것은 약 5,000제곱미터1,500평 넓이의 거대한 너럭바위 무릉반석이다. 2천 명이 한꺼번에 앉아도 넉넉할 만큼 커다란 이 바위에는 수도 없는 이들이 제 이름을 새겨놓았다. 김홍도의《해산도첩》중 〈무릉계〉를 보면 하단 왼쪽에 전개되어 있는 바위는 마치 드넓은 운동장처럼 보인다.

武陵溪

김홍도, 〈무릉계〉, 《해산도첩》, 30.4×43.7, 비단, 1788, 개인.

미상, 〈무릉계〉, 《금강산도권》, 26.7×43.8, 종이, 19세기, 국립중앙박물관.

龍湫溪黑
直走海
門

미상, 〈용추폭포〉, 《금강산도권》, 26.7×43.8, 종이, 19세기, 국립중앙박물관.

이 무릉반석을 감싸고 도는 시냇물도 엎드려 흐르는 와폭臥瀑처럼 미끄러지듯 날렵한 모습으로 묘사했고 또한 그 물줄기가 화폭 하단에 이르면 엄청난 크기의 꽃봉오리처럼 물거품을 일으킨다. 화폭 상단 멀리 청옥산과 두타산이 또렷하다.

《금강산도권》 중 〈무릉계〉는 김홍도의 〈무릉계〉를 바탕삼아 아기자기하고 어여쁘게 변형시켜놓은 작품이다. 명료하고 유쾌한 기운이 넘쳐 흘러 기분이 절로 좋아진다.

무릉계의 끝자락, 계곡의 끝에는 용추폭포가 흐른다. 청옥산과 두타산 기슭에서 흐르는 물줄기가 쌍폭으로 쏟아져 이곳으로 모인다. 청옥산 물줄기가 상중하 3단으로 나뉘어 떨어지는데 가뭄이 들면 이곳에서 기우제를 지내곤 했다. 폭포 아래 바위 벽에는 삼척부사 저암著庵 유한준兪漢雋, 1732-1811이 쓴 '용추'龍湫를 새겨두어 눈길을 끈다.

《금강산도권》 중 〈용추폭포〉를 보면 두 개의 폭포가 모두 보인다. 바위 기둥이 병풍을 이루어 장대하고 그 사이를 뚫고 쏟아져내리는 물줄기의 위력이 거세차다. 화폭 최하단 너럭바위에 앉은 세 사람의 유람객이 너무도 작아서 마주한 바위와 폭포가 더욱 어마어마하지만 색채와 필선이 곱고 유쾌해서 결코 두렵지 않다.

삼척의 경이로운 풍경, 능파대

삼척 땅은 삼국시대 이전 실직국悉直國으로 문명을 이루고 있던 하나의 세계였다. 신라의 지배에 저항해 104년 항쟁을 펼쳤으나 끝내 패망했다.[22] 굽히지 않고 죽음을 택했으니 참으로 강인한 기상을 갖춘 땅이다. 그 전통은 일제강점기까지 이어져 1913년 저 유명한 임원리 측량 사건이 일어났다. 일제가 사유지를 탈취하자 원덕면 주민이 궐기해 항쟁하였고 결국 70여 명이 투옥당하는 고난을 겪었다.

미상, 〈능파대〉, 《금강산도권》, 26.7×43.8, 종이, 19세기, 국립중앙박물관.

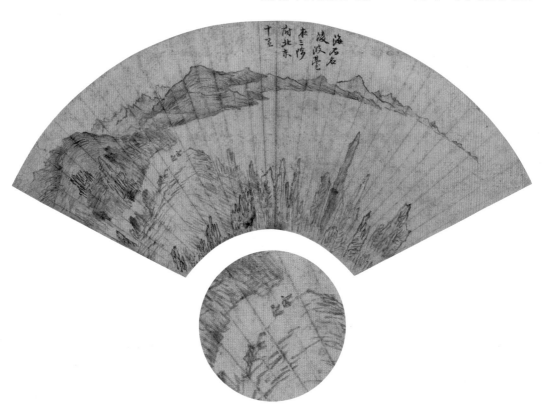

이윤영, 〈능파대〉, 27.3×58.7, 종이, 18세기 전반, 고려대박물관.

凌波臺

김홍도,
〈능파대〉,
《해산도첩》,
30.4×43.7,
비단, 1788,
개인.

삼척에는 고려의 공양왕릉이 있다. 조선 태조 때 일이다. 폐위당한 공양왕恭讓王, 1345-1394과 두 왕자가 이곳으로 유배를 오자 삼척을 거점으로 고려회복운동이 일어남에 태조는 삼부자를 목매어 죽이는 교살에 처했다. 참혹했다. 이에 삼척군민들은 해마다 제사를 지내왔고 살아남은 공주가 그 억울함을 하소연함에 태종 때 공양왕으로 추봉했다. 하지만 공양왕릉은 경기도 고양시 원당동에도 있다. 그래서 누군가는 삼척의 것은 바르지 않다고 하는데 실로 알 수 없는 일이다.

삼척과 동해의 경계 지점에 자리한 능파대는 촛대바위라 부르는 뾰족한 돌기둥이다. 일대에 자리한 해암정도 시원하지만 이곳 능파대를 삼척팔경의 하나로 손꼽는다. 어떤 승경이든 단원 김홍도의 눈으로 들어가 그 손끝으로 나오면 경이로운 풍경으로 태어난다. 《해산도첩》 중 〈능파대〉도 마찬가지다. 유명한 촛대바위 바로 앞 언덕의 두 명과 배를 탄 두 명의 유람객이 무슨 이야기를 나누고 있을지 궁금하다. 화폭 한가운데 바위 꼭대기에 14마리의 새를 그려놓은 것도 경탄을 자아낸다. 물론 너무 작게 그려 얼핏 보면 풀포기처럼 보일 뿐이다.

《금강산도권》 중 〈능파대〉는 그 새를 좀 더 크고 많이 그렸다. 무려 20마리나 된다. 그 가운데 두 마리는 바위를 향해 날아오고 있는 중이다.

만년에 충청도 단양 땅 구담에서 은거한 은일지사 단릉丹陵 이윤영李胤永, 1714-1759의 부채그림 〈능파대〉에서는 두 명의 유람객이 언덕 끝에 앉아 바다와 더불어 바로 앞에 펼쳐진 촛대바위를 감상하고 있다. 화폭 상단의 곡선을 따라 휘어지는 산줄기가 그윽하고 아름답다.

영동과 영남의 경계, 울진

울진은 강원도 최남단으로 영동과 영남의 경계를 이루는 땅이다. 삼국시대 이전 우중국優中國, 고구려 때 우진야于珍也였다가 신라 때 울진이 되었다.[23] 이름이 그러하듯 울창하여 보배처럼 아름다운 땅이었다. 바다로는 관동팔경의 망양정과 월송정이 모여 있고 산으로는 35킬로미터의 불영계곡이 현란하다. 임진왜란 때 울진의병의 활약은 참으로 치열하여 지금도 죽음을 불사한 분투골, 말무덤인 마분동, 모두가 전사하여 피로 물든 피골이라는 땅 이름이 전해오고 있다.

불영계곡에는 불영사가 있다. 이곳은 특히 조선 숙종의 왕후 인현왕후仁顯王后, 1667-1701와의 인연이 특별하다. 인현왕후는 폐위를 당한 뒤 친정인 한양 안국동의 감고당에서 5년 동안 유폐 생활을 견뎌야 했다. 결국 자결을 결심한 인현왕후의 꿈에 불영사의 양성법사가 나타나 사흘만 기다리라고 당부했다. 그뒤 실제로 인현왕후는 다시 왕후로 복위되었고 이 이야기를 들은 숙종이 불영사에 전답을 내려 오늘날까지 이어오고 있다는 것이다. 신통한 법력을 지닌 양성법사는 그 이름이 남몽선南夢仙, 1441-1516으로 이 고장의 위대한 천문학자 격암格菴 남사고南師古, 1509-1571와 같은 영양남씨다.

성스러움이 머무는 굴이라는 뜻의 성류굴 역시 울진에서 빼놓을 수 없는 곳이다. 그 이름은 임진왜란 때 생긴 것으로 부처를 보호하기 위해 굴 속에 감췄다고 해서 생겼다. 굴은 매우 깊어 300미터가 넘고 또 갈래를 지은 굴도 500미터가 넘는다. 게다가 동굴 안에는 12개의 광장과 세 개의 깊은 연못까지 있다. 신선이 머무는 곳이란 뜻의 선유굴 또는 하늘의 솜씨라는 뜻을 지닌 장천굴이라는 이름도 있다. 신비로운 장소임은 분명하다. 하지만 성류굴의 사연은 그렇게 성스럽지만은 않다. 임진왜란 당시 무도하게 침략해 들어오는 일본군의 패악을 피해 일대의 주민 500여 명이 성류굴로 모여들었다. 이에 일본군은 굴 입구를 막아버렸고 주민들은 모두 그 안에서 참혹한 죽음을 맞이하고 말았다.

참극이 일어나기 전에는 매월당 김시습이 「울진 성류굴에서 자며」에서 읊은 것처럼 '앞 냇가에서 낚시해 잡은 물고기를 맛있게 먹고 노을진 바위에 핀 산꽃과

정선, 〈성류굴〉, 28.5×27.2, 종이, 1734, 간송미술관.

김홍도, 〈성류굴〉, 《해산도첩》, 30.4×43.7, 비단, 1788, 개인.

깊은 밤 하늘을 나르는 학을 즐기던' 그림 같은 땅이었다.

울진 땅의 성류굴을 그린 그림은 두 점이 전해오고 있다. 하나는 겸재 정선이 1734년에 그린 〈성류굴〉이고 또 하나는 단원 김홍도가 1788년에 그린 《해산도첩》 중 〈성류굴〉이다.

겸재 정선의 〈성류굴〉은 굴보다도 굴 입구의 엄청난 바위 기둥이 압도하는 작품이다. 거대한 통나무를 잘라 한복판에 내리꽂은 듯 장엄한 절벽 맨 아래 입구도 두 개의 구멍이 뚫려 있어 기이하다.

단원 김홍도의 〈성류굴〉은 가느다란 붓으로 잘게 끊어치는 선을 끝없이 반복해 주름진 바윗덩어리를 신비로운 모습으로 형상화했다. 더구나 앞으로 기울여 놓아 공포감을 조성하고 있는데 하단 굴 입구로 들어가려는 유람객들의 자세는 태연하다.

원래 생김새가 어떠하건 18세기를 찬란하게 수놓은 두 명의 화가가 달라도 너무 다른 형태로 그린 이 두 점의 〈성류굴〉이야말로 보는 사람의 마음에 따라 풍경이 어떻게 달라지는지를 알려주고 있다.

영서, 백두대간 서쪽 내륙으로 이어지는 땅

평창, 대관령과 오대산이 닿은 땅

평창은 고구려 이래 까마귀가 무성하게 빛난다는 뜻의 욱오郁烏 또는 울오鬱烏 라는 이름으로 불러온 고을이다. 까마귀는 신의 전령으로 고구려를 상징하는 새였다. 고려 때 평창으로 그 이름을 바꿨는데[24] 평창이란 기운이 충만하여 올곧은 땅 이라는 뜻으로 원래의 이름을 계승하되 까마귀만 버린 것이다. 평창은 동쪽에 높이 832미터의 대관령을 품고 있으며 신라의 자장으로부터 조선 세조와 인연이 깊은 오대산이 있는 신성한 땅이다. 또한 조선왕조를 개창한 창업 군주 태조 이성계 李成桂, 1335-1408의 고조할머니 효공왕후孝恭王后의 고향인 까닭에 특별한 대우를 받은 행정 구역이었다.

청심대는 평창군 진부면 마평리의 오대천변에 자리하고 있는 정자다. 예전 그대로는 아니다. 지금의 청심대는 20세기에 들어와 지은 것이다. 정자 앞에 불쑥 솟아오른 바위가 솟구쳐 있다. 신기하게도 두 개로 나뉘어 있는데 세종 때 기생 청심이 이곳 바위 벼랑에서 몸을 날려 죽은 곳으로 알려져 있다. 청심은 당시 강릉부

김홍도, 〈청심대〉,
《해산도첩》,
30.4×43.7, 비단,
1788, 개인.

사의 애첩이었다. 갑자기 상경하는 부사를 배웅한 그녀는 슬픈 미래를 예감하고 이곳 첨성대 바위에서 투신했다. 청심을 추모하는 이들은 청심의 절개를 거듭 힘주어 말하면서 열녀로 추앙하고 있지만 떠나간 부사의 행적은 알려지지 않았다. 그 무정함을 생각하면 절개니 열녀니 하는 낱말은 민망하다. 아마도 부사가 떠난 직후가 아닌, 떠난 뒤 연락조차 없음에 절망하여 투신하지 않았을까. 뒷날 그 소식을 들은 부사는 깊은 고통을 겪었을 것이다. 또한 세종 때가 아니라 고종 때 일이라고도 한다.

단원 김홍도가 그린《해산도첩》중〈청심대〉는 오대천 건너에서 바라본 풍경이다. 화폭 왼쪽에는 높이 1,244미터의 누에머리처럼 생긴 잠두산 봉우리가 보인다. 화폭 중앙에 우뚝 치솟은 봉우리 위에 평평한 너럭바위가 있고 한쪽으로 뾰족한 바위가 위험한 모양으로 하늘을 찌른다. 유람객 일행이 꼭대기 너럭바위에 앉아 주위 풍광을 부지런히 담아두고 있다. 일행은 또 있다. 봉우리에 오르지 못한 채 도로 위에 말 두 마리와 함께 앉아 있는 두 사람이다. 이들은 말꾼으로 복헌 김응환과 단원 김홍도 두 화가를 위해 평창 또는 강릉 관아에서 보내온 이들일 것이다. 대관령을 넘어가는 김홍도 일행의 교통 수단이 말이었음을 알려준다.

《금강산도권》중〈청심대〉도 마찬가지다. 다만 다른 것은 등장 인물의 자세다. 청심대 꼭대기에 올라가 있는 한 선비의 자세를 보면 누운 듯 소나무에 기대고 있고 또한 청심대에 오르지 못하고 아래쪽 도로에 있는 유람객 한 명도 누운 듯 풀밭에 기대고 있다.

〈청심대〉두 점을 보고 있으면 오늘날 청심대와 어떻게 다른지 한눈에 알 수 있다. 오늘날의 청심대 풍경은 우선 뾰족바위 옆에 사당이라며 우람하게 세워놓은 정자가 모든 걸 지배한다. 위험 방지를 위해 설치한 나무 계단과 손잡이가 시선을 압도한다. 청심대 주위는 도로며 다리가 감싸고 돌아 오히려 옹색해질 대로 옹색해졌다.

미상, 〈청심대〉, 《금강산도권》, 26.7×43.8, 종이, 19세기, 국립중앙박물관.

청령포와 낙화암의 땅, 영월

영월은 깊지만 눈부시게 아름다운 땅이다. 백제 때 백월白越이었고 고구려 때 내생柰生이었다가 고려시대 때 영월이라는 이름을 얻었다.[25] 구름도 자고 가야 할 만큼 온통 산악뿐이라 너무 깊어 아무도 모르던 땅이었다. 하지만 단종이 이곳에 유배를 온 1456년 6월부터 모르는 사람이 없는 땅으로 바뀌었다. 수양대군은 어린 조카 단종을 폐위시킨 뒤 단종의 아내인 정순왕후定順王后, 1440-1521와 떼어놓은 채 다시는 돌아오지 못할 머나먼 땅 이곳 영월로 보내버렸다. 그것도 부족했는지 한 해 뒤인 1457년 10월 24일 사약을 내려 죽였다. 단종의 나이 겨우 17세였다. 단종 복위에 나선 사육신을 비롯한 268명의 충신을 참살하고 그 시신도 영월 동강에 버렸다. 영월이 붉게 물든 시절이었다.

단종의 시신을 거두는 자는 삼족을 멸한다는 엄명에도 불구하고 영월사람 엄흥도嚴興道와 군위현감을 역임한 정사종丁嗣宗은 단종의 시신을 몰래 수습해 지금 장릉이 있는 동을지산冬乙旨山에 암장했다. 엄흥도는 공주 동학사로 피신했고 정사종은 청령포 강물에 투신 자결했다. 장릉으로 가는 길목에 창절사彰節祠가 있는데 엄흥도와 함께 더불어 사육신과 생육신의 위패를 모시는 사당이다. 이때 살아남은 생육신 매월당 김시습이 영월 사람들을 보고서 주민들은 간교한 속임수가 전혀 없어 순박하고 어리석고 미련하다고 했다.[26] 그토록 당하고서도 또 그토록 착한 것이 분하고 원통해 어리석고 미련하다고 속상해 한 것이다.

유배를 온 단종은 처음에는 영월의 청령포에 머물렀지만 홍수 탓에 영월읍으로 나와 관풍헌과 자규루에 머무르다가 이곳에서 세상과 이별했다. 이때 읊은 시「자규」子規의 첫 소절은 다음과 같다.

"한 마리 원한 맺힌 새가 궁중에서 나와

외로운 몸 짝 없는 그림자가 푸른 산을 떠도는데

밤이 가고 또 밤이 와도 잠 못 이루고

해가 가고 해가 와도 한은 끝이 없구나"[27]

자규는 우리말로 두견새 또는 접동새라고 부른다. 이 새는 제집에서 쫓겨난 뒤 원통함을 견딜 수 없어 밤마다 돌아갈 수 없다고 부르짖으며 목에서 피가 나오도록 우는 새다. 단종이 누이처럼 따르고 또 사랑해 마지 않던 아내 정순왕후는 한양 동묘 앞 동망산 인근에 살며 주민과 더불어 그 슬픈 생애를 다한 뒤 세상을 떠났다. 단종이 못 산 생애까지 대신 살아주었던 게다. 단종의 누이 경혜공주敬惠公主, 1436~1474의 시댁인 해주정씨 집안에서 정순왕후의 시신을 거두어 양주군 시가에 묘역을 만들어 모셨다. 1698년 단종과 정순왕후 복위가 이루어짐에 따라 단종의 묘는 장릉, 정순왕후의 묘는 사릉으로 각각 복권되었다. 복권에도 불구하고 두 사람은 영월과 남양주로 나뉘어 영원한 이별의 운명을 벗어나지 못하고 있다. 지금이라도 두 곳의 능은 그대로 두되 위패를 더해 양쪽으로 합장해주면 안 되는 일일까.

청령포는 3면이 강으로 둘러싸여 위험하나 멋진 곳이다. 뒤로는 험준한 암벽인 도산刀山이 솟아 있고 울창한 소나무 숲에 둘러싸인 어소御所가 있다. 단종의 유배 저택인 어소에는 뒷날 영조가 단종이 머물던 옛 터라는 뜻의 '단묘유지비'端廟遺址碑라는 글씨를 내려 비석을 세웠다. 그 뒷면에는 울면서 받들어 쓴다는 뜻의 '체경서'涕敬書라는 문장이 있어 읽는 이로 하여금 눈물을 훔치게 한다. 한바탕 눈시울을 적시고 나면 그 일대에 나이 600살의 관음송이 의젓하게 쓰다듬어주지만 평온은 잠깐이다. 단종이 왕비를 그리워하며 쌓아올린 망향탑과 자주 올라 시름에 잠기던 노산대를 품은 육육봉六六峰이 눈물바다를 이루고 있어서다. 아름답지만 슬픔이 여전한 땅이다.

清泠浦水西
如環周僅一里
許四面屛巖壁
巖削立以船
路只通西北一
陽其基址至今
年基址至今
宛然有
先大王朝 御書
碑閣周四方
萃壇故人處
又有短碑刻
清泠浦三字
距府治八里

미상, 〈청령포〉, 《월중도》, 28.9×33.4, 종이, 18세기, 한국정신문화원 장서각.

落花巖在錦江西岸石巖上
石祖碑刻落花巖三字慈忠
祠在其前三十餘步西向南三
間前建西爲從人位東爲侍
女位西庭有祭物庫錦江亭
在慈忠祠下十許步東向三間
前退距距府治二里

미상, 〈낙화암〉, 《월중도》, 28.9×33.4, 종이, 18세기, 한국정신문화원 장서각.

18세기에 제작한 《월중도》越中圖 가운데 〈청령포〉에 보이는 그대로 청령포는 강물에 포위된 비좁은 곳이다. 그 주변도 험준한 바위가 병풍처럼 둘러싸고 있어 하늘이 만들어놓은 감옥이다. 상단에 써놓은 화제를 보면 '청령포는 물이 고리처럼 도는데 둘레가 겨우 1리쯤이다. 사면에 석벽이 가파르고 바위가 깎아지른 듯 서 있어 뱃길이 겨우 서북쪽 한 모퉁이로만 통한다'고 했다. 그림의 한복판 바둑판 같은 사각형에 '비각'碑閣이라는 글씨가 있다. 단종이 머물던 어소에 영조가 세운 비석인 단묘유지비와 함께 표기했음을 알 수 있다. 지금이야 넓은 기와집을 지어두었지만 단종이 머물던 때 어소는 초가가 아니었을까 싶다. 어소 앞에는 눈부시게 아름다운 관음송이 자라나고 화폭 오른쪽 상단에는 칼처럼 생긴 도산이 뾰족하게 솟아 있다. 고리 모양의 둥근 강물과 톱니와도 같은 바위로 둘러싸인 유배지를 흔히 볼 수 없는 방식의 구도로 절묘하게 형상화한 걸작이다.

영월읍 동쪽 강변에는 낙화암이, 그 주변에는 민충사와 금강정이 자리하고 있다. 낙화암은 단종이 승하하자 그를 모시던 궁녀와 관비, 궁비 들이 통곡하면서 절벽 아래 깊고 푸른 금강에 뛰어들어 죽어간 순절 터다. 순절자들은 궁녀인 자개者介, 관비인 아가지阿加之와 불덕佛德, 무녀인 용안龍眼·내은덕內隱德·덕비德非 그리고 시종 아무개다. 역사는 사육신과 생육신만 기억하는데 이제부터는 이곳 영월에 사육민死六民도 있음을 기억해야 할 것이다. 마을 사람들이 낙화암이라는 이름을 지어 추모해오다가 단종을 복권시킨 영조 때 비석을 세우고 근처에 그들의 위패를 모신 사당을 지었다. 그뒤 영조가 사육신에게 시호를 내릴 때 이곳에도 민충사愍忠祠라는 사액을 내렸다.

《월중도》 중 〈낙화암〉은 그 제목을 낙화암이라고 붙였지만 유장하게 흐르는 금강을 가로로 배치하고 아래쪽에 낙화암, 민충사, 금강정을 차례로 나열했다. 금강 위쪽에 덕포리 마을과 더불어 높이 889미터의 계축산 일대가 근엄하다. 화폭 하단 왼쪽 가파르게 솟아오르는 언덕 끝에 키 작은 비석이 있는데 '낙화암' 세 글자가 보인다. 하단 중앙에 민충사가 우아한 자태를 하고 서 있는데 화폭 상단의 화제를 보면 '서쪽은 종인從人의 자리이고 동쪽은 시녀侍女의 자리이며 서쪽 뜰에는 제사 물품을 두는 창고가 있다'고 한 것으로 보아 사당 내부에 위패를 나누어 각각 배치했음을 짐작할 수 있다. 종인이나 시녀나 모두 단종과 운명을 함께한 사육민의 집이다. 그 옆으로 슬프지만 아름다운 경관을 누리는 정자 금강정이 다소곳이 서 있다.

원주, 그림 속 그림 같은 흥원창 마을

원주라는 이름은 고려 태조 왕건이 지은 것이고 조선왕조 500년 동안 원주는 강원의 수도였다. 고구려 때 넓은 벌판이란 뜻의 평원平原이라 한 것을 보면 그 이전 백제 때부터 너른벌이라 불렀을 것이다. 남북국시대 때 북쪽 너른 벌판이란 뜻의 북원北原이라고 했던 것을 고려에 들어와 원주라 한 것이다. 삼국시대에는 서로 차지하기 위해 각축을 벌일 만큼 원주는 군사 요충지였다. 가을이면 붉은 단풍이 눈부시게 아름다운 원주의 진산인 치악산의 옛 이름은 적악赤岳이었다. 적악산이 원주를 품고 있어 더할 나위 없이 아름다운 고을이었다.

산봉우리 가까이 있는 상원사는 오대산의 상원사와는 다른 창건 설화가 있다. 무착無着이 창건했다고도 한다. 창건 설화는 뱀이 많은 치악산의 생태와 관련이 있다. 구렁이 앞에서 위기에 처한 꿩을 발견한 청년이 활을 쏴 구렁이를 죽이고 꿩을 구했다. 어느덧 어두워지자 산 속의 암자에 자던 중 구렁이가 온몸을 감고서 내 남편을 네가 죽였으니 너도 죽음을 면치 못할 것이라고 했다. 다만 새벽 동틀 때 폐허가 된 빈 절의 종이 세 번 울리면 살 수 있을 것이라 하였다. 사람도 없는 절에서 종소리가 날 리 만무하니 죽기를 기다리던 중 신기하게도 종이 세 번 울렸다. 살아난 청년은 그 빈 절에 가보았다. 종 아래 머리가 깨진 세 마리의 꿩이 죽어 있었다.

영서, 백두대간 서쪽 내륙으로 이어지는 땅

羅州下流

興元倉

정수영, 〈흥원창〉 부분, 《한임강명승도권》, 종이, 1796-1797, 국립중앙박물관.

은혜를 갚은 것이다. 청년은 뒷날 잊지 않고 그 자리에 절을 지어 짐승과 사람의 인연을 기렸고 그로부터 적악산은 어느덧 꿩의 산이란 뜻을 품은 치악산이라고 부르기 시작했다.

치악산은 충절을 지킨 두문동 72학사 중 한 사람인 운곡耘谷 원천석元天錫, 1330-?의 산이기도 하다. 운곡 원천석은 고려가 멸망하자 고향 치악산에 은거하였다. 뒷날 왕위에 오른 태종 이방원이 옛 스승인 그를 찾아 이곳 치악산까지 와 출사를 호소하였으나 결코 응하지 않았다. 참된 은일지사였던 게다. 운곡 원천석 이야기를 떠올릴 때면 또 다른 이의 이야기도 떠오른다. 무위당无爲堂 장일순張壹淳, 1928-1994의 이야기다. 독재정권 시절 옥고를 치른 사회운동가이자 서화가의 삶을 살아온 그는 한살림을 창업한 생명사상가였다. 그는 의병 출신 서화가 차강此江 박기정朴基正, 1874-1949의 제자로 저 유명한 웃음 짓는 미소란微笑蘭을 창안했다. 그의 많은 난초 그림 가운데 절정은 역시 미소란인데 귀하다. 원주에 가면 치악산은 뒷전이고 복추어탕과 더불어 그의 흔적이 남은 곳을 다니며 추모하곤 한다.

홍원창興元倉은 원주시 부론면 흥호리에 있다. 강원도 횡성군 태기산에서 발원한 섬강과 태백산 검룡소에서 발원한 남한강이 합쳐지는 두물머리 은섬포에 설치한 창고인 수참水站이다. 수참은 전국 각 지역에서 거둬들인 미곡과 물품을 한양의 경창京倉으로 운송하기 위해 주요 도시를 관통하는 강 나루에 설치한 시설이다. 그 지역 이름에 나루인 '진'津이나 건널목인 '도'渡를 붙이곤 하지만 원주의 홍원창처럼 거대한 창고 역할을 한다고 해서 창고라는 뜻을 더해 '창'倉을 붙이기도 한다. 강을 이용한 운송 사업에 민간이 대거 진출함에 따라 국가가 관리하는 나루는 점차 효용을 잃어갔다. 한강에는 국가가 관리하는 나루를 모두 11개소로 지정하고 있지만 18세기에 접어들면서 몇 곳만 남기고 폐쇄했다고 한다.

18세기 말인 1796년 화가 지우재 정수영이 그린《한임강명승도권》중〈홍원창〉을 보면 강변 마을에 건물들이 즐비하다. 이때까지만 해도 홍원나루는 여전했나보다. 섬강과 남한강이 합수한 물길이 반원을 그리며 둥글게 휘어나가면서 여주로 빠지는 거센 여울이 힘차고 씩씩하다. 화폭 하단에 섬강과 남한강이 합쳐지는 두물머리를 넓게 그리고 왼쪽에 '원주 하류'라는 글씨를 써넣었다. 화폭 중앙에 섬처럼 뜬 흥원창 마을이 아름답다.

소양강 흐르는 곳, 춘천

춘천은 삼국시대 이전 고대문화를 꽃피운 맥국의 중심 도시로 일찍이 우뚝 솟은 고을이라고 해서 솟을 묘 또는 소머리 마을이라는 뜻을 지닌 우수주牛首州라 하였다. 고려 태조 때 봄이 빨리 오는 고을이라는 뜻으로 춘주春州라는 이름을 지었고 조선시대에 이르러 봄이 빨리 오는 내라는 뜻의 춘천이 되었다. 춘천은 북한강과 소양강이 합수하는 두물머리에 자리하여 내륙 수로의 거점이자 물류의 중심으로 강원 땅의 수도였다. 고려시대 몽고군이 침략했을 때인 1253년 강원도청 뒤쪽 봉의산을 거점으로 하는 춘천 주민들의 결사항전은 춘천 정신의 상징이 되었다. 일본제국의 침략이 노골화하던 1896년 이곳 봉의산에서 일어난 춘천의병은 아주 오랫동안 춘천 정신이 살아 있음을 보여주었다. 더불어 춘천은 이름 그대로 봄의 강물이 흐르는 산악 도시였으나 1967년 의암호 건설로 말미암아 호반 도시로 일변함에 따라 관광 도시로 이름을 떨치고 있다.

소양정은 높이 300미터의 봉의산 북쪽 기슭의 소양강가에 서 있는 누각이다. 소양정은 삼한시대부터 있었다고 하여 가장 오래된 정자다. 원래 위치는 지금보다 강변 아래쪽에 있었고 또 그 이름도 이요루二樂樓였다. 이요루는 산과 물을 좋아한다는 요산요수를 의미하는데 뒤로는 봉의산, 앞으로는 소양강이 있어 산과 강 두 가지를 모두 즐긴다는 뜻이다. 지금의 소양정은 1966년에 새로 지은 것이다.

昭陽亭

미상, 〈소양정〉, 《금강산 6폭 병풍》, 39.7×52.6, 종이, 19세기, 개인.

그린 이를 알 수 없는 《금강산 6폭 병풍》 중 〈소양정〉은 건너편에서 봉의산 기슭의 소양정과 그 일대를 자상하게 묘사하였다. 건물도 여러 채가 흩어져 있고 봉의산 양쪽으로 민가들이 즐비하다.

매월당 김시습은 춘천을 떠돌다가 소양정 아래쪽 신연강新淵江 나루터에서 읊은 시 「신연강을 건너며」에서 '강산은 참으로 아름다우나 내 땅이 아니며 풍경은 비록 풍성하나 돌아감만 못한다'고 노래했다. 제아무리 아름다운 강산이라도 떠나온 고향만은 못하다며 고향을 잃은 채 떠도는 자신의 신세를 은유한 것이다.

진재 김윤겸이 그린 〈소양정〉은 의암호에 가라앉기 전의 춘천호반을 잘 보여준다. 화폭 오른쪽 가장자리에 봉의산이 우뚝 솟아 있고 소양정은 강변 산기슭 아래 옆으로 길게 그려놓았다. 소양정 앞 강물이 바다같이 넓은데 소양강과 북한강이 합쳐지는 곳이다. 화폭 오른쪽 줄기는 소양강이고 왼쪽 줄기는 북한강이다. 소양강은 설악산 서쪽 인제군에서 발원해 양구를 거쳐 내려오고, 북한강은 금강산 서쪽 금강군에서 발원해 김화·화천을 거쳐 이곳 춘천에서 소양강과 합류한다. 그림 한가운데 모래사장처럼 보이는 두물머리는 춘천시 우두동이며, 나무숲 바로 뒤에 있는 동산이 높이 133미터의 우두산이다. 우두산 뒤쪽으로 구봉산이 솟아 있고 그 좌우로 병풍처럼 산악들이 즐비하게 펼쳐져 그윽하고 아름답다.

영서, 백두대간 서쪽 내륙으로 이어지는 땅

김윤겸, 〈소양정〉, 25.5×44.5, 종이, 18세기, 개인.

곡운구곡, 화천에 감춰진
은일지사의 영토

곡운구곡의 탄생

곡운구곡谷雲九曲은 화천군과 춘천의 경계 지대인 사내면 용담리를 가로지르는 지촌천에 자리하고 있다. 꽃물결 흐르는 강물이란 뜻의 화천華川이라는 이름은 조선시대 고종 때 생겼다. 고구려 때는 생천牲川 또는 야시매也尸買, 남북국시대의 신라 때는 낭천狼川이었는데 짐승이나 주검 같은 뜻을 지녔으므로 두려움이 서려 있었다. 조선이 끝나갈 무렵에야 화천이라고 고쳤는데 산골마다 꽃 물길 흐르는 고을이니 실로 합당하다. 그 가운데 곡운구곡이 참으로 화려하다.

화천군의 동쪽에는 금강산에서 발원한 북한강이 굽이굽이 흐르고 서쪽에는 백운산, 석룡산, 화악산이 장엄하게 솟아 계곡마다 바위와 물길이 아름답다. 이토록 아름다운 곡운구곡이 개발시대에도 그나마 원형을 지킬 수 있었던 까닭은 한국전쟁 이후 군부대가 줄곧 차지하고 있었던 때문이다. 군부대가 떠나자 사람의 손길이 닿는 건 어쩔 수 없었다.

1981년 여름, 군인 그것도 사병 신분으로 생활할 때의 일이다. 경기도 용인의 군부대 참모부 사무실 책꽂이에『정신문화』가 있어 무심코 펼쳤다. 거기에 곡운구곡에 대한 논문이 실려 있었다. 그 무렵 조선회화사에 탐닉하고 있었지만 워낙 자료가 없던 시절이었다. 17세기까지는 실제 풍경이 없고 18세기 이후라고 해도 드물다고 배웠던 터였다. 그런데 그 논문에 따르면 18세기도 아닌 17세기, 그러니까 더 정확하게는 1682년에 강원도 화천군 화악산과 백운산 일대를 그린 실경화가 엄연히 있다고 했다. 저 유명한 단양팔경이나 관동팔경도 아니었다. 어찌 감격하지 않았겠는가. 하늘이 내린 선물처럼 여겼다.

이 논문의 필자 유준영俞俊英, 1935- 은 평양을 무대로 활동하는 화가 패주 조세걸의《곡운구곡도첩》이 어떻게 탄생했는지를 알려주고 있다.[28] 권문세가 출신의 문인 곡운 김수증이 1670년 관직을 사퇴하고서 춘천 북쪽 백운산 일대 아름답기로 소문 난 사탄史吞 땅에 들어갔다. 생활할 준비를 마치고 굽이굽이 휘도는 그 기막힌 풍광을 따라 아홉 지역으로 나눈 뒤 그 이름을 곡운이라 바꿨다. 이 땅은 15세기 생육신의 한 사람 매월당 김시습의 향기가 남아 있는 곳이었다.

김수증은 이곳에 거처하며 홀로 누림의 뜻은 물론, 은일지사의 이상 세계, 자연과 인간의 합일을 새겨두려고 화가 조세걸을 불렀다. 조세걸은 김수증과 함께 거닐며 그 절경에 흠뻑 젖어 들어갔고 무르익었을 즈음 붓을 휘둘러《곡운구곡도첩》을 매듭지었다. 곡운 김수증 쉰여덟, 패주 조세걸 마흔일곱이던 1682년의 일이다.

세속과 담을 쌓고서 살아간다는 뜻의 은일을 표방한 곡운 김수증은 할아버지 청음淸陰 김상헌金尚憲, 1570-1652 이래 끝없이 펼쳐졌던 17세기 권력투쟁사를 수놓은 장동김문의 적자였다. 김상헌은 남한산성에서 인조가 청나라 황제에게 바치려고 준비해둔 항복 문서를 찢어버렸다. 또한 항복 이후 인질로 잡혀갔을 때 청나라 황제 앞에 무릎을 꿇지 않음으로써 또 한 번 절의를 지켰다고 하여 명성이 바람처럼 퍼져나갔다. 인질에서 풀려나 귀국한 이후 인걸들이 구름처럼 몰려들어 그

곡운구곡, 화천에 감춰진 은일지사의 영토

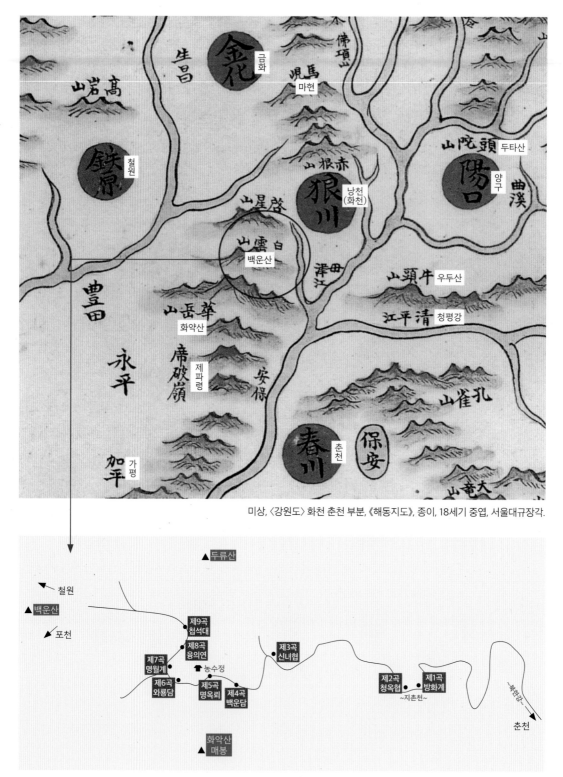

미상, 〈강원도〉 화천 춘천 부분, 《해동지도》, 종이, 18세기 중엽, 서울대규장각.

곡운구곡 주요 위치

추종 세력의 규모가 갈수록 대단했다. 사후의 일이긴 해도 중손자 셋 가운데 둘이 영의정에 오르는 영광도 누렸다. 그러나 그 두 사람 모두 유배와 사약을 받아 세상을 등져야 했다. 바로 김수증의 아우들이었다. 정계 한복판에서 혼신을 다해 다툼을 펼치다가 이슬로 사라져간 두 아우를 지켜보던 곡운 김수증은 세상으로부터 멀리 떨어져 이른바 은거의 길을 선택했고 그 은거지가 곡운구곡이었다.

곡운 김수증의 막냇동생이자 사약을 받아 유배지 진도에서 죽어간 영의정 문곡文谷 김수항金壽恒, 1629-1689은 자신의 여섯 아들에게 더 이상 벼슬길에 나가지 말라는 유언을 남겼다. 그러나 큰아들 몽와夢窩 김창집金昌集, 1648-1722은 부친의 유언을 따르지 않았다. 그는 마침내 영의정에 올랐지만 끝내 거제도에서 사약을 받았다. 형 김창집과는 달리 둘째아들 농암農巖 김창협金昌協, 1651-1708은 쏟아지는 임명장을 거듭 거절하며 부친의 유언을 지켰다. 그는 철학사상 낙론洛論의 종장으로 이름을 남겼다. 역시 부친의 유언을 지킨 셋째 아들 삼연三淵 김창흡金昌翕, 1653-1722은 산천을 떠돌며 자유인으로 생애를 수놓았고, 이 두 사람은 창신시대蒼新時代 예원의 사백詞伯으로 18세기 문예 부흥 시대를 열어나갔다. 벼슬길을 거절한 곡운 김수증처럼 관직에 뜻을 두지 않았던 조카 농암 김창협은 1692년《곡운구곡도첩》을 보며 말하기를 '세상에서는 좋은 그림을 일러 본디 생긴 그대로라는 뜻으로 핍진逼眞하다고 한다'며 '사람들은 실제를 구하려다가 얻지 못하면 나중에 물러나서 그것을 그림에서 구한다'고 하였다. 이 말을 들은 곡운 김수증은 '네 말이 좋구나'라며 '이 구곡을 항상 눈에 넣고 있을 수 없기에 그럴 때 보려고 한 것이다'라고 했다.[29]

《곡운구곡도첩》을 만든 까닭을 둘러싸고 연구자들 사이에는 몇 가지 견해가 있다. 대체로 연구자들은 은거를 선택한 인물이 지닌 의지의 산물이라고 했다. 이뿐만 아니라 구곡이라는 낱말에 주목하여 성리학의 이념과 관련 짓기도 한다. 중국 성리학자인 주희朱熹, 1130-1200의 무이구곡武夷九曲과 연관을 짓는 거다. 또는 조선 성리학자이자 노론의 영수 우암尤齋 송시열宋時烈, 1607-1689이 속리산에서 경영하기 시

곡운구곡, 화천에 감춰진 은일지사의 영토

작한 화양구곡華陽九曲과 관련지어 당파 정치와 연관을 시키려는 견해도 나왔다. 그러나 그런 추론보다 확실한 것은 당시의 기록이다. 농암 김창협이 쓴 「곡운구곡도 발」이다. 김창협은 먼저 왜 큰아버지 곡운 김수증이 '화가의 손을 빌려 그림을 그린 것은 어째서인가. 이는 진실로 감히 알 수 없는 점이다. 그러나 독실하게 좋아하고 깊이 즐긴 것이라고 말하지 않으면 안 될 것이다'라고 말했다면서 다음처럼 썼다.

"선생이 실제로 손수 화가 조세걸을 데리고 와서 직접 지시하였다. 골짜기
마다 직접 임하여 그리게 하였는데 마치 거울에 비친 모습을 베껴내듯하였
다. 그러므로 겹겹이 이어진 산등성이와 골짜기, 기이한 바위, 세찬 여울,
깊은 연못, 얕은 물가가 휘감아 돌고 굽어져서 숨겨진 모습을 볼 수가 있다.
게다가 초가의 위치와 정원의 텃밭을 경작하는 모습, 닭이 울고 개가 짖는
모습, 나귀가 지나가고 소가 잠자는 모습을 갖추어 사소한 것까지 모두 빠
뜨리지 않았다."[30]

이 문장의 핵심은 '거울에 비친 모습을 베껴내듯하였다'는 부분이다. 이렇게 그린 그림을 '산에 나가지 않을 때 보곤 했다'며 '그래서 아득하게 저잣거리와 조정 의 번잡함에서 저절로 멀리 벗어난다'는 것과 더불어 '장차 이 그림의 즐거움을 혼 자만 차지하지 않고 함께 나누고자 했다'는 게다. 그러니까 사실대로 그리고, 멀리 벗어나며, 즐거움을 함께 나눈다는 것이다. 실로 이 그림을 기획한 의도의 핵심을 찌르고 있는 말이다.

15세기 매월당 김시습이 사랑했던 이곳에 들어와 곡운구곡을 개설한 곡운 김수증은 이곳과의 인연을 「곡운기」에 다음처럼 썼다.

"내가 일찍이 평강 현감이 되어 서오지촌鋤五芝村을 지나는데 곡운과 거리가

30리에 불과했다. 경치가 뛰어나다는 말을 들었지만 찾지 못했다. 1670년 3월 한양에서 오리곡梧里谷을 지나 학현을 넘고 대천을 건넜다. 동네 사람들은 탄기灘岐라 하는데 곡운의 하류다. 또 달래고개라는 산현蒜縣을 넘었다. 산이 점점 높아지고 골짜기는 점점 깊어져 인적이 끊겼다."[31]

지촌천은 화천의 사내면 동쪽에 붙어 있는 춘천의 사북면 오탄리를 거쳐 춘천호로 흘러든다. 그러니까 춘천에서 곡운구곡을 가려면 오탄리 지촌천 옆으로 난 도로인 사내천로를 따라 서쪽 방향으로 향해야 한다. 제1곡 방화계傍花溪는 용담리 동쪽 지촌천 하류에 있고 거슬러 올라가 한 구비씩 지나쳐 제2곡 청옥협靑玉峽, 제3곡 신녀협神女峽, 제4곡 백운담白雲潭, 제5곡 명옥뢰鳴玉瀬, 제6곡 농수정籠水亭, 제6곡 와룡담臥龍潭, 제7곡 명월계明月溪, 제8곡 융의연隆義淵 등을 거치면 비로소 제9곡 첩석대疊石臺에 이른다. 이곳을 지나 조금만 더 따라가다보면 지촌천 건너편 사창리에 사내체육공원이며 사내고등학교가 있다.

패주 조세걸이 1682년에 완성한 《곡운구곡도첩》은 곡운 김수증이 보관하고 있다가 별세하자 후손에 의해 곡운영당에 봉안했다. 고종 때인 1868년부터 시작한 서원철폐령에 따라 철폐되면서 《곡운구곡도첩》도 어떤 운명을 겪었던 듯하다. 그뒤 1929년 고서화 판매상인 박준화朴駿和가 조선총독부박물관에 판매했고[32] 그것이 국립중앙박물관에 보존되어 오늘날까지 전해오고 있다.

《곡운구곡도첩》을 임모한 또 하나의 화첩 《임곡운구곡도첩》은 1804년 후손이 어느 화가에게 주문해 제작한 것이기는 하나 그대로 베끼지는 않았다. 베끼기 전 주문자와 함께 곡운구곡을 한 번 여행한 게 아닌가 싶지만 알 수 없다.

제1곡부터 순서대로 《곡운구곡도첩》에 실린 그림들을 살펴보기로 한다. 다만 후대에 그린 《임곡운구곡도첩》에 관하여는 따로 설명을 더하지 않겠다.

곡운구곡, 화천에 감춰진 은일지사의 영토

제1곡 방화계, 바위와 꽃이 만발한 계곡

주문자인 김수증이 화가 조세걸과 함께 다녔다고 했으므로 〈방화계〉 화폭 하단 가운데 바위 위에 죽장을 짚고 앉아 있는 선비는 바로 김수증이다. 그 오른쪽 옆으로 난 길 위에는 나귀를 끌고 오는 동자도 보인다.

화폭 하단 냇물 바닥에는 바위가 지천으로 널려 있고 상단에는 높은 산들이 시야를 가로막고 있는데 유난한 것은 키 큰 소나무들이다. 지금은 그런 나무는커녕 냇가 한쪽을 시멘트로 덮고 커다란 도로를 냈다. 깊은 맛은 사라지고 그저 흐르는 물과 바위만 거창할 뿐이다. 화폭 상단에 화제를 써넣었는데 화제보다도 김수증의「곡운기」에 실린 내용이 약간 더 자상하다.

"10여 리를 가서 아름다운 곳을 만났는데 동네 사람들은 소복삽이라고 한다. 골짜기는 그윽하고 깨끗하며 기상은 깊고 그윽하다. 부딪혀 흐르는 여울과 층층이 솟은 바위로 이루어졌는데 바위에 핀 꽃은 셀 수도 없으니 드디어 이름을 바꿔 방화계라고 했다."[33]

소복삽의 뜻은 작은 두건이나 농기구의 하나인 가래를 의미하지만 이곳 풍경과 무슨 관련인지는 알 수 없다. 다만 용담리의 옛 지명 가운데 제4곡 백운담을 가리켜 대복삽, 다시 말해 큰 고삽이라고 불렀는데 그 뜻은 크고 경치가 좋은 못이다.[34] 그러니까 소복삽은 경치가 빼어난 작은 못을 뜻한다.

그림을 보면 시냇가 양쪽으로 빨간 꽃이 화사하게 피었다. 다만 그 색이 바래보이지 않을 뿐, 자세히 보면 대단하다. 그러므로 바위와 꽃이 많은 계곡이란 뜻의 방화계라는 이름은 그 실제 풍경을 묘사한 것이다.

제2곡 청옥협, 옥같이 푸른 빛이 나는 골짜기

방화계에서 400미터쯤 올라가면 청옥협이 투명한 아름다움을 드러낸다. 조세걸은 〈청옥협〉 화폭 중앙 상단에 큰 산을 배치하고 양쪽을 틔웠다. 냇물도 산을 감싸고 휘돌아가는데 나무가 없어 시야가 탁 트였다. 김수증은 「곡운기」에 다음처럼 묘사했다.

> "또 10여 리를 가니 돌로 깔아둔 다리가 물에 닿아 있다. 점차 트여 참으로
> 옛사람이 말한 빛이 있는 것처럼 환하게 보인다는 것과 같다. 드디어 이름
> 을 지어 청옥협이라고 했다."[35]

그림을 보면 냇물과 바위가 무척이나 깨끗하다. 맑기 그지없는 청옥의 빛을 의식하고서 그린 것이다. 지금도 그 모습이 여전하지만 반대쪽에 시멘트 축대를 쌓아 도로를 냈으므로 청옥의 풍경은 그때의 절반이다.

곡운구곡, 화천에 감춰진 은일지사의 영토

一曲 傍花溪

自春川府
北行渡曲淵
踰鳥見通峽
五若村西轉
而鳥楮里谷
一峽峽足
為回泉踰
華嶺至此山
回合轉水石
清壯余劍名
為傍花溪去
吾家十里

조세걸, 〈방화계〉, 《곡운구곡도첩》, 37.5×51.6, 종이, 1682, 국립중앙박물관.

二曲 青玉峽

自傍花溪過五里
許轉一山石棧斜側
左眄芝灣右挿層
峰此爲青玉峽

조세걸, 〈청옥협〉, 《곡운구곡도첩》, 37.5×51.6, 종이, 1682, 국립중앙박물관.

미상, 〈방화계〉, 《임곡운구곡도첩》, 36.7×53, 비단, 1804, 국립중앙박물관.

미상, 〈청옥협〉, 《임곡운구곡도첩》, 36.7×53, 비단, 1804, 국립중앙박물관.

제3곡 신녀협, 신녀의 골짜기

제2곡 청옥협에서 2.5킬로미터가량 상류를 향해 거슬러 올라가면 아홉 곳 가운데서 가장 아름답다는 신녀협이 모습을 드러낸다. 김수증은 「곡운기」에 이곳 신녀협을 다음처럼 묘사했다.

> "얼마쯤 가니 여기정女妓亭이 있다. 신녀협神女峽으로 고쳤다가 정녀협貞女峽
> 으로 이름 붙였다. 소나무가 있는 벼랑은 높고 시원해 수석을 굽어보니 매
> 우 맑고 밝아 수운대水雲臺라고 이름 붙였다. 마을 사람들이 전하길 이곳은
> 매월당이 머물며 감상한 곳이라고 해서 뒤에 청은대淸隱臺로 고쳤다."[36]

김수증이 희고 맑은 바위가 드넓게 펼쳐진 계곡에 도착했다. 그곳 사람들 말을 들어보니 이곳을 여기정이라고 하는데 마음에 들지 않았다. 해서 신녀협으로 바꿨다가 다시 정녀협으로 바꿨다. 기생 놀이터라는 뜻을 지닌 여기정을 신선 세계의 여인이 노니는 계곡을 뜻하는 신녀협으로 바꿨다가 또 다시 절개를 지키는 여인의 계곡을 뜻하는 정녀협이라고 고친 것이다. 이렇게 바꾼 까닭은 세속의 유희를 지워내려는 뜻이었다. 이어 너른 바위에 수운대라는 이름을 지어주었다. 그 뒤 그곳이 바로 매월당 김시습이 노닐던 곳이란 말을 듣고 또 다시 숨어서 깨끗함을 누리는 곳이라는 뜻을 담아 청은대로 수정했다.

조세걸은 〈신녀협〉 화폭 상단에는 큰 산, 중단에는 커다란 소나무, 하단에는 바위와 물길을 배치했다. 바위틈 사이로 자라난 소나무가 두드러지지만 그 아래 널찍한 너럭바위를 배치해 눈길을 모은다. 바로 이곳이 기생과 신녀 그리고 시인이 노닐었던 청은대. 곡운 김수증은 1672년에 곡운 계곡을 다 둘러보고 「산중일기」를 남겼는데 여기서 말하기를 '계곡 가운데 가장 으뜸 가는 곳'[37]이라고 지목

곡운구곡, 화천에 감춰진 은일지사의 영토

過青玉峽稍似開張
綠溪而至此舊石
故亭全改爲神女
味又名貞女味水上
有梅月堂舊詩云

三曲
神女峽
一名貞女峽

조세걸, 〈신녀협〉, 《곡운구곡도첩》, 37.5×51.6, 종이, 1682, 국립중앙박물관.

神女峽

미상, 〈신녀협〉, 《임곡운구곡도첩》, 36.7×53, 비단, 1804, 국립중앙박물관.

했다. 그러므로 당연히 이곳을 가장 많이 찾았을 것이다. 화천군은 2006년에 지촌
천을 건너는 출렁다리와 더불어 신녀협 언덕 위에 누정을 세우고 청은대라는 현판
을 달아놓았다. 결국 청은대는 출렁다리 아래로 감춰지고 말았다.

제4곡 백운담, 흰구름 흐르는 못

동네 사람들은 용담계곡 초입에 있는 백운담을 대복삽, 다시 말해 큰고삽이
라고 불렀는데 크고 경치가 좋은 못이란 뜻이다. 제3곡 신녀협에서 1.2킬로미터
떨어진 곳으로 송정교를 건너 근래 김수증길이라고 이름 지은 도로를 따라 용담계
곡으로 접어들면 백운담이 보인다. 김수증은 백운담을 '거북이와 용이 물을 마시
는 듯한 모습'이라면서 다음처럼 썼다.

> "봄 여름 사이에 마을 사람들은 통발을 설치하거나 그물을 던져 열목어를
> 잡는다. 그래서 이름을 바꾸어 설운계雪雲溪라고 하였다. 뒤늦게 옛날에 백
> 운담이라 불렀다는 것을 듣고 다시 옛 이름대로 하였다. 그 옆 바위벼랑이
> 우뚝 솟아 있어 열운대悅雲臺라고 하였다."[38]

그 큰 너럭바위들이 눈처럼 희어서 대복삽이라는 땅이름을 참지 못하고 곡
운 김수증은 구름 같은 눈으로 가득한 계곡이란 뜻의 설운계라 붙였다. 그런데 뒷
날 동네 사람들로부터 이곳을 본시 백운담이라고 했다는 사실을 알고 설운계를 포
기했다고 한다.
〈백운담〉은 화폭을 정확히 절반으로 나누어 상단에는 산과 소나무, 하단
에는 물을 마시는 용과 거북의 모습을 한 바위로 구성했다. 다산茶山 정약용丁若鏞,

溪轉一匝術後
雲亦此衲人多
未造駁魚余說
名雪雲陰向其
為名即名雲畔
也

甲曲
白雲潭

조세걸, 〈백운담〉, 《곡운구곡도첩》, 37.5×51.6, 종이, 1682, 국립중앙박물관.

미상, 〈백운담〉, 《임곡운구곡도첩》, 36.7×53, 비단, 1804, 국립중앙박물관.

1762-1836은 곡운구곡을 유람하고서 쓴「산행일기」에서 백운담을 구곡 가운데 첫째 가는 기이한 경관이라 하여 '제일기관'第一奇觀이라고 명명하고 그 기상이 '흰구름 같다'고 했다. 그리고 북쪽 바위에 초서체로 쓴 '백운담'이라는 글씨가 새겨진 것을 보았다고 했다.[39] 그 글씨가 어디로 사라졌는지 모르지만 연구자 윤진영은 2010년에 발표한「김수증의 은둔과 곡운구곡도」에서 전서체로 쓴 화운담華雲潭이라는 글씨를 찾았다고 한다.[40]

제5곡 명옥뢰, 옥구슬 울음 우는 여울

명옥뢰는 백운담에서 300미터가량 상류에 자리해 있고 물살이 고르다. 그 물 흐르는 소리가 부드러운데 옥구슬이 울음소리를 내는 것에 빗대어 명옥뢰라는 이름을 지은 것이 어여쁘다. 곡운 김수증은 명옥뢰를 '기이하고 장엄함은 백운담보다 덜하지만 맑고 평온함은 백운담보다 낫다. 그래서 명옥뢰라 하였다'고 하였다.[41] 또 화폭 상단 화제에 '이곳은 나의 밭과 가까운데 산 아래 집 몇 채는 우리 종복들이 사는 곳이다'라고 자상히 설명해두었다.

〈명옥뢰〉를 보면 하단의 바위들이 상당하고 또 그 중간 바위에 걸터앉은 인물과 흐르는 물줄기가 제법이다. 하지만 지금은 그 울퉁불퉁한 바위들은 모두 사라져 평범한 시내처럼 바뀐 데다 그 양쪽으로 민간 가옥들이 가득 들어차 온통 다른 세상으로 변해버렸다. 뭔가 이상하다. 곡운 김수증은 제4곡 백운담에서 제5곡 명옥뢰까지 수백 걸음을 걷는다고 하였으므로 지금의 위치가 아닌 것도 같다. 바로 아래 장대한 너럭바위들이 널려 있는 하류 쪽이 명옥뢰가 아닌가 추측한다.

文曲
嗚玉瀨

日日雲潭轉
數百武為嗚玉
瀨此逆吾廬山
下數家儼而
長臥詭潭
左其前

조세걸, 〈명옥뢰〉, 《곡운구곡도첩》, 37.5×51.6, 종이, 1682, 국립중앙박물관.

미상, 〈명옥뢰〉, 《임곡운구곡도첩》, 36.7×53, 비단, 1804, 국립중앙박물관.

제6곡 농수정과 와룡담

《곡운구곡도첩》에는 6곡이 두 개다. 첫째는 농수정이고 두 번째는 와룡담이다. 패주 조세걸이 그린 〈농수정〉을 보면 다른 작품과 달리 시냇물과 바위 풍경이 아니라 여러 채로 구성된 마을 풍경을 그려두었다. 그러니까 농수정은 구곡의 하나가 아니라 곡운 김수증의 저택 농수정을 그린 것이다.

농수정은 제5곡 명옥뢰와 제6곡 와룡담 사이의 뒤편 언덕 아래 자리하고 있었다. 지금이야 농수정은 흔적도 없이 사라졌고 그저 밭이랑이며 민가 몇 채가 여기저기 분별없이 들어서 있을 뿐이다. 근래 세운 곡운영당 안내판이 김수증길에서 마을로 들어가는 어귀에 있는데 곡운영당은 본시 김수증이 살던 집에 세운 건물 가운데 하나였다. 곡운영당은 김수증 사후 곡운서원이 되었다.

〈농수정〉은 화폭 상단을 산악으로 장엄하였고 하단은 여러 채의 초가집과 수십 그루의 소나무로 채웠다. 화폭 하단 중앙에 맨 앞으로 나와 있는 정자가 농수정인데 여기 그윽하게 앉아 있는 이가 바로 주인 김수증이다. 또한 그 왼쪽 뒤로 두 마리의 소와 농부를 그렸다. 갑자기 농촌 생활상을 보여주고 있어 당황스럽다.

곡운 김수증은 「농수정 소서小序」에서 농수정이라는 이름의 연원을 밝혔다. 신라의 위대한 문인 고운孤雲 최치원崔致遠, 857-?의 시 「가야산 독서당」에 짐짓 흐르는 물로 하여금 온 산을 뒤덮었네라는 뜻의 '고교유수진농산'故敎流水鎭籠山이라는 문장이 있는데 그 문장 가운데 '농'籠과 '수'水 두 글자를 가져온 것이라고 했다.[42] 그러니까 농수란 물로 뒤덮었다는 뜻이다. 여기에 '정'亭을 붙여 물로 뒤덮은 집이라는 뜻의 농수정이 탄생한 것이다. 물론 그 뜻을 새겨보면 물로 씻어내는 집이라서 이곳에 있으면 그 마음이 맑고 깨끗해지는 곳이라는 뜻이다. 이어서 그는 농수정 일대의 집을 다음처럼 묘사했다.

조세걸, 〈농수정〉, 《곡운구곡도첩》, 37.5×51.6, 종이, 1682, 국립중앙박물관.

김윤겸, 〈농수정〉, 29×39, 종이, 1768년경, 개인.

미상, 〈농수정〉, 《임곡운구곡도첩》, 36.7×53, 비단, 1804, 국립중앙박물관.

"나는 골짜기 가운데 집을 지었는데 1670년 가을에 시작하여 몇 년 사이에 겨우 일곱 칸의 초가집을 지었다. 1675년 겨울에 온 집안이 와서 살았다. 초가집을 지은 후에 또 초당 세 칸을 짓고 농수정사籠水精舍라는 편액을 걸었다. 또 농수정을 짓고 집안 사당인 가묘家廟를 세웠다. 좌우에 아이들 방을 짓고 마굿간, 행랑, 부엌 등 부속 건물을 간략하게 구비했다."[43]

국토를 유람하며 그 누구도 따를 수 없는 해맑은 실경산수를 토해낸 신실경화의 거장 진재 김윤겸은 곡운 김수증의 손자였다. 할아버지가 은거하시던 곡운구곡을 그리지 않을 수 없던 김윤겸은 어느 날엔가 유람길에 나섰다. 아마도 아홉 곡을 다 그려 화첩으로 남겼을 것이다. 하지만 오늘날 확인할 수 있는 것은 두 점뿐이다. 1985년 5월 공창화랑에서 열린 '조선시대 회화 명품전'에 제7곡 〈명월계〉가 나왔고 그로부터 28년이 흐른 2013년 6월 '옥선단 제14회전'에 〈농수정〉이 나왔다. 투명하고 맑기 그지없는 진재 김윤겸의 〈농수정〉은 저 패주 조세걸의 〈농수정〉과 너무 다른데 재미있는 것은 물길 바로 앞 농수정과 마을 뒤편의 곡운영당의 지붕이다. 조세걸의 작품에는 모두 초가였는데 김윤걸의 그림에는 기와를 올렸다. 이렇게 달라진 까닭은 김수증 사후 후손들이 중건하면서 기와를 올렸기 때문이다. 그러니까 진재 김윤겸이 그릴 때는 기와였던 게다.

와룡담은 제5곡 명옥뢰에서 상류로 400미터를 올라온다. 원래 용이 사는 못이라고 해서 용연龍淵이라 불렀고 가뭄이 들면 제사를 지내는 곳이었다. 이곳 지형은 계곡 물길이 활처럼 휘었는데 그 끝에 용연이 있고 마을 사람들은 이곳을 석실石室이라고 불렀다. 곡운 김수증은 예전 이름에 덧붙여 와룡담이라 하였고 또 귀운동歸雲洞이라는 이름도 붙였다.

조세걸의 〈와룡담〉을 보면 새가 하늘로 날아 아래를 내려 보는 부감법을 사

곡운구곡, 화천에 감춰진 은일지사의 영토

六曲
臥龍潭

鳴玉瀨与臥龍
潭相接柳邊積
水淨泓西出臥龍
水亭隱映杉林
間

조세걸, 〈와룡담〉, 《곡운구곡도첩》, 37.5×51.6, 종이, 1682, 국립중앙박물관.

미상, 〈와룡담〉,《임곡운구곡도첩》, 36.7×53, 비단, 1804, 국립중앙박물관.

용해 그렸음을 알 수 있다. 활처럼 휘어진 계곡 물길 안쪽에 농수정을 그렸고 그 뒤에 비석과 선비 한 사람이 서 있다. 냇물에 이런저런 바위가 있어 용이 살던 곳이었음을 헤아릴 수 있지만 계곡 양쪽에 난 도로로 말미암아 일찍이 용이 피난 가고 없음도 짐작할 수 있다.

제7곡 명월계와 제8곡 융의연

명월계는 제6곡 와룡담에서 200미터가량 거리다. 활처럼 휘어진 반대편 다리 옆인데 별다른 특징 없이 평범하다. 다만 볕이 잘 들고 환한 달빛이 특징인 듯하다. 곡운 김수증의 「곡운기」에도 별말이 없고 패주 조세걸의 〈명월계〉도 매우 평이한 풍경뿐이다.

《임곡운구곡도첩》 중 〈명월계〉는 화폭 중앙에 두 사람이 등장한다. 김수증 일행이 아니라면 유람객이다.

진재 김윤겸의 〈명월계〉는 바위와 물길이 쏟아져내리는 장면을 실감나게 묘사했다. 화폭 하단에 배치한 계곡을 비스듬히 뉘여놓은 데다 물결과 바위를 매끄러운 곡선으로 묘사해 그 속도감을 높였다. 그 위의 산 봉우리도 맑고 깨끗하게 비워서 물소리가 들리는 듯 시원하다.

명월계에서 200미터가량 올라가면 절개와 의리의 못이라는 의미를 지닌 제8곡 융의연이 있다. 곡운 김수증은 마을 사람들이 부르던 융의연을 자기 식으로 고치지 않고 그대로 따랐다고 한다. 기록이 없어 그 뜻이야 알 수 없지만 마을 사람들은 오래전부터 이곳을 노래한 생육신 매월당 김시습의 두터운 의리를 상징하여 그렇게 부른 게 아닌가 한다. 물길과 바위야 웬만하지만 건너편에 민가와 농지가 즐비하게 들어서면서 평범한 풍경이 되었다.

七曲
明月溪

自吾家西址
行憂明月溪

조세걸, 〈명월계〉, 《곡운구곡도첩》, 37.5×51.6, 종이, 1682, 국립중앙박물관.

八曲
隆義淵

由明月溪轉二山
左爲隆義淵稍
予緩

조세걸, 〈융의연〉, 《곡운구곡도첩》, 37.5×51.6, 종이, 1682, 국립중앙박물관.

미상, 〈명월계〉, 《임곡운구곡도첩》,
36.7×53, 비단, 1804, 국립중앙박물관.

김윤겸, 〈명월계〉, 39.5×29.8, 종이,
1768년경, 개인.

미상, 〈융의연〉, 《임곡운구곡도첩》,
36.7×53, 비단, 1804, 국립중앙박물관.

조세걸의 〈융의연〉을 보면 화폭 상단 왼쪽 산을 바위 절벽으로 묘사한 것이 보이는데 지금도 그대로였다면 물길과 어울려 대단했을 것이다. 바위에 걸터앉은 선비와 동자 그리고 소나무 아래 낮잠 자는 송아지 한 마리가 있어 실감을 더한다.

제9곡 첩석대, 겹으로 쌓인 바위 계곡

마지막 첩석대는 제8곡 융의연에서 400미터가량 상류에 있다. 곡운 김수증은 「곡운기」에서 이렇게 썼다.

> "비스듬히 서쪽으로 점점 나아가니 좌우에 암석이 기괴하다. 물이 그 사이
> 에서 쏟아져 나와 첩석대라 이름하였다. 수석의 뛰어난 경치가 여기에 이르
> 러 끝난다."[44]

〈첩석대〉에도 곡운 김수증의 묘사처럼 냇물 양쪽으로 기괴한 암석이 즐비하다. 마치 커다란 나무 판이나 상자를 쌓아올린 듯 말 그대로 돌을 겹겹이 쌓는다는 첩석 그대로다. 그 위에 그윽하게 앉은 선비의 모습이며 주변을 화려하게 장식하는 소나무와 즐비한 산줄기가 이곳이 절경임을 말한다. 게다가 화폭 중단 왼쪽에 흐릿하지만 7층 석탑이 우뚝 서 있어 사찰이나 암자가 거기 있음도 알려준다. 연구자 윤진영은 그 절을 신수암神秀菴 터라 하였다.[45] 오늘날 첩석대의 기괴한 암석은 어디에서도 찾을 길이 없다. 누군가 허락 없이 가져가 함부로 쓰다 버렸을 것이다. 그림과 비교할 때 구곡 가운데 훼손이 가장 심한 곳이 바로 이 첩석대다. 곡운 김수증은 「곡운기」의 끝에 이렇게 썼다.

九曲
疊石臺
又無轉而行於左右
宏名寺臨上有水鴈
其間稍上有塔
春遷有洛口此
向白雲巓觀上
此矣
其

조세걸, 〈첩석대〉, 《곡운구곡도첩》, 37.5×51.6, 종이, 1682, 국립중앙박물관.

미상, 〈첩석대〉,《임곡운구곡도첩》, 36.7×53, 비단, 1804, 국립중앙박물관.

"내가 방화계로부터 이곳에 이르니 10여 리 사이이고 늘어진 벼랑은 얽혀 있는데 구름과 나무가 그늘지고 빽빽하며 흰 돌과 이끼 낀 바위는 끊어진 듯 이상한 모양을 하고 있다. 물소리가 우렁찬데 사람이 만든 소리는 기척도 없다. 키 큰 소나무는 우뚝 솟아 철쭉꽃을 환히 비춘다. 사람으로 하여 마음과 눈을 깨끗하게 하니 나는 가장 빼어난 최승처最勝處로 구곡을 삼는다."[46]

위의 글에서 김수증은 제1곡 방화계로부터 제9곡 첩석대까지 길이를 10여 리 사이라고 했다. 오늘날로 보면 약 4킬로미터 남짓의 거리다. 하지만 실제 전체 길이는 약 5.6킬로미터에 이른다.

곡운 김수증이 살던 시절 곡운구곡은 구름과 나무가 많아 깊고 그늘져 운목음삼雲木陰森한 곳이라 했다. 어디 그뿐인가. 딱 끊긴 모양으로 남달리 기이한 자태라서 수상이태殊狀異態라고도 했다. 오늘날의 풍경은 그때와 달리 이곳저곳 훼손이 되었다. 그로 인해 제법 바뀌기도 했다. 그러나 그렇다고는 해도 곡운구곡은 여전히 곡운구곡이다. 오늘날 전해지는 모습만으로도 무척이나 기이하고 아름다운 자태가 시선을 압도한다. 그러니 이 얼마나 신비로운 풍경인가.

곡운구곡, 화천에 감춰진 은일지사의 영토

月古月精
山四古圓寺
色圓

부록

"실경의 숲에서 보낸
나의 서른 해는 이렇게 책이 되어
독자들에게로 향한다.
지난 시간 내내 내가 기뻤듯
여러분들도 앞으로의 시간 내내
이 숲에서 기쁘시길."

옛 그림으로 본 서울
-서울을 그린 거의 모든 그림

옛 그림으로 본 제주
-제주를 그린 거의 모든 그림

옛 그림으로 본
조선 1, 금강
-천하에 기이한, 나라 안에
 제일가는 명산

옛 그림으로 본
조선 2, 강원
-강원이여, 우리 산과 강의
 본향이여

옛 그림으로 본
조선 3, 경기·충청·전라·경상
-과연 조선은 아름다운 실경의 나라

‘옛 그림으로 본’ 연작을 이로써 마친다. 『옛 그림으로 본 서울』과 『옛 그림으로 본 제주』에 이어 『옛 그림으로 본 조선 1-금강』, 『옛 그림으로 본 조선 2-강원』, 『옛 그림으로 본 조선 3-경기, 충청, 전라, 경상』에 이르기까지 다섯 권을 세상에 내놓았다. 두려움이 앞선다. 이런 일이 있을 거라고 단 한 번도 상상하지 못했기 때문에 그러하다.

실경의 숲에서 서른 해를 보냈다. 우리에게는 실경이 없노라 배웠다. 어찌 그럴 수 있을까, 싶어 무작정 실경을 찾아나섰다. 참으로 오랜 세월이 흘렀다.

그 세월 동안 내가 깨우친 건 이 나라 조선은 실경의 나라요, 실경의 천국이라는 점이다. 조선에 불었던 유람 열풍이 그것을 가능케했다. 이름난 산하를 찾아 훌쩍 떠나는 탐승 열풍이 일어난 건 18세기였다. 이에 호응해 유명한 명승지를 그린 그림을 방 안에 걸어두고 누워서 유람하는 와유臥遊가 커다란 인기를 끌었다. 화가들마다 앞을 다퉈 금강과 관동, 단양을 향해 발걸음을 재촉했다. 토대가 마련되자 빼어난 화가들이 혜성처럼 나타났다.

조선 리얼리즘의 창시자 겸재 정선과 조선 리얼리즘의 완성자 단원 김홍도는 물론이요 신실경화의 기수 진재 김윤겸과 표암 강세황부터 맑고 투명한 감각의 소유자이며 온갖 개성으로 넘치는 지우재 정수영, 학산 윤제홍, 유재 김하종, 청류 이의성을 비롯한 거장들이 길을 나섰다. 이들만이 아니었다. 각 지역에서 자신들만의 화풍을 구사한 토박이 화가들도 빠지지 않았다. 참으로 넘치듯 풍요로운 실경의 탄생이 줄을 이어나갔다. 이로써 조선은 실경의 나라, 실경의 천국이 되었다.

홀로 실경의 숲을 헤매는 동안, 이 방대한 실경의 유산을 두고도 우리에게는 없다고 했던 암흑 같던 20세기가 지나갔다. 어느 순간부터 기다렸다는 듯 숱한 실경화가 제 모습을 차곡차곡 드러냈다. 쉼없이 이어지는 등장의 순간들을 마주할

'옛 그림으로 본' 연작을 마치며

때마다 나는 그저 하나씩 행낭에 채워넣었다. 그때마다 유능한 연구자들이 나서서 누가 어디를 왜 언제 그린 것인지를 추적하여 마침내 밝혀내곤 했다.

　　나는 무엇을 했는가. 한 점 그림이 나타나면 그림을 향해 나아갔다. 이제 막 세상에 존재를 알린 옛 그림을 배관하는 일은 쉽지 않았다. 그때마다 인연의 끈을 찾아야 하니 그러했고, 나를 두고 주로 20세기 미술사 또는 근대미술사를 공부하는 이라고 하여 더욱 그러했다. 1990년대에 접어들면서 여러 갈래의 인연이 생겨났다. 이전보다 조금씩 가까이 다가갈 수 있는 길이 열리는 듯했다. 여기에 더해 3대 수장 기관인 간송미술관, 호암미술관, 국립박물관 등이 지니고 있던 옛 그림들을 공개하기 시작했다. 그러자 상업 화랑들에서도 손에 쥐고 있던 옛 그림들을 내놓았다. 보고 느끼고 다가설 수 있는 문들이 여기저기에서 열리는 듯했다.

　　나의 실경 공부는 이동주 선생의 글로부터다. 그러나 잊을 수 없는 순간이 있다. 1981년 군복무 중의 일이었다. 용인 군사령부 정훈부 서가에서 유준영의 논문 「곡운구곡도로 본 17세기 실경도 발전의 일례」가 실린 『정신문화』 제8호를 발견한 것이 첫 번째다. 감동에 벅차 있을 무렵 두 번째 일이 생겼다. 파주 임진강 넘어 백학면 전방사단으로 복귀 명령이 떨어져 며칠 동안 휴가를 얻었다. 바로 그해 10월 18일부터 일주일 동안 서울 성북구 간송미술관에서 '진경산수'전이 열렸다. 시내버스 1번 종점 성북동에서 내린 뒤 걸어들어간 미술관은 절간처럼 조용했다. 전시장은 오롯이 나 혼자만의 차지였다. 강렬한 기억이었다.

　　10여 년이 지난 뒤인 1992년 2월, 국립중앙박물관에서는 '겸재정선'전이, 같은 해 10월, 간송미술관에서는 '겸재 진경 산수'전이 연이어 열렸다. 외진 곳에 있던 나는 전시는 가보지 못한 채 도록만을 구해 아쉬움을 달랬다. 돌이켜보면 실경에 관해 공부를 하리라 마음먹은 것이 이때로부터다. 공부를 제대로 시작한 건 그로부터 몇 해 뒤였다. 1995년 국립중앙박물관에서 열린 '탄신250주년기념특별전 단원 김홍도전'에서 『해산도첩』을 만났다. 이동주 선생의 「김단원이라는 화원」을 통해 들어보기만 했던 단원의 화첩을 처음으로 실견했다. 역사상 최초로 일반에게 공개된 그때, 단원 김홍도의 환생을 마주하는 듯하던 그날의 감격을 잊지 못한다.

할 수 있는 한 온갖 발품을 팔며 그림들을 보러 다녔다. 우연히 글을 쓸 수 있는 지면을 얻었다. 하나은행에서 발행하는 사보 『하나은행』에 2002년부터 그림 한 점씩을 골라 언제, 어디서, 누가, 왜 그렸는지를 소개하기 시작했다. 이후로도 글을 쓸 수 있는 지면이 여기에서 저기로 이어졌다. 그림 이야기를 쓰는 일은 즐거웠다.

나의 즐거움은 그림 이야기에 그치지 않았다. 그림의 소재이자 대상인 땅에 대한 이야기를 하는 것이야말로 글 쓰는 기쁨이었다. 그림을 보되 그림을 넘어 그림 속의 땅, 산, 강, 들의 내력을 보려 했다. 그것은 곧 거기서 살아간 사람들과 마을의 내력이었다.

실경화를 이야기할 때면 온통 그 땅과 사람의 역사에 빠져들었다. 어릴 때부터 지도를 펼쳐두고 지명을 찾는 놀이를 즐겼다. 근교의 산이며 강을 빼놓지 않고 다녔다. 중학생 때 청담 이중환의 『택리지』와의 만남은 행운이었다. 선인들이 남겨둔 고전을 통해 땅의 이치와 사람의 향기를 배웠다. 그런 모든 순간들이 씨앗이 되고 잎을 틔우고 꽃을 피우고 마침내 '옛 그림으로 본' 연작으로 열매를 맺었다고 할 수 있겠다.

처음 시작한 것이 2020년, 『옛 그림으로 본 서울』로부터였다. 구슬이 서 말이라도 꿰어야 보배라는 말을 떠올렸다. 오랜 시간 나의 행낭에 어지럽게 쌓여 있던 것들이 책이 되어 독자들을 만났다. 뜻밖에 독자들로부터 큰 호응을 받았고, 그 힘으로 이듬해 『옛 그림으로 본 제주』를 낼 수 있었고, 나선 걸음 끝에 금강과 강원을 넘어 경기·충청·전라·경상에 이르렀다. 북녘의 땅은 어떻게 할 것인가, 하는 질문이 꼬리표처럼 이어진다. 내가 아닌 다른 이의 몫으로 남겨야 하겠다. 자연에는 완성이란 존재하지 않는다. 하물며 사람의 일에 완성이란 당치 않다.

실경의 숲에서 보낸 나의 서른 해는 이렇게 책이 되어 독자들에게로 향한다. 지난 시간 내내 내가 기뻤듯 여러분들도 앞으로의 시간 내내 이 숲에서 기쁘시길.

2024년 봄,
최열

주註

책을 펴내며 | 강원, 우리 산과 강의 본향

1) 산림청은 강원도 인제군 원대리 원대봉 자락에 축구장 14개 넓이 10헥타르의 자작나무 숲을 조성한다며 2021년 10월부터 소나무, 참나무, 물박달나무, 신갈나무와 같은 수십 년 된 천연림을 베어냈다. 이뿐만 아니다. 2019년에는 그 남쪽 산자락에 축구장 56개 규모 46헥타르를 벌목해 채종원을 조성한다며 2021년까지 벌채를 감행했다. 게다가 새로 심는 자작나무가 불에 잘 타는 수종이므로 산불 대비를 위해 댐을 건설하기로 했단다. 댐이 들어서면 계곡물이 막힐 우려에 관심 없던 주민들도 반대하고 나서서 2021년 12월 현재 지연 중이란다. (「1%천연림 늙었다고 벤 산림청」, 『한겨레21』, 2023. 12. 8.) 개발이 개발을 낳는 꼴이다. 이렇게 조성한 평균 수령 40-50년의 자작나무 숲은 산림청 말대로 과연 '자연생태관광지'일까.

서장 "강원, 깊고 넓어 끝없이 아득한 땅"

1) 김금원, 「호동서락기」, 『금원집』, 1850.; 김소원, 『김금원』, 원주시, 2014.; 의유당 외 지음, 김경미 옮김, 『여성, 오래전 여행을 꿈꾸다』, 나의시간, 2019.

2) 김금원, 「호동서락기」, 『금원집』, 1850.; 김소원, 『김금원』, 원주시, 2014.; 의유당 외 지음, 김경미 옮김, 『여성, 오래전 여행을 꿈꾸다』, 나의시간, 2019.

3) 김금원, 「호동서락기」, 『금원집』, 1850.; 김소원, 『김금원』, 원주시, 2014.; 의유당 외 지음, 김경미 옮김, 『여성, 오래전 여행을 꿈꾸다』, 나의시간, 2019.

4) 이중환 지음, 이익성 옮김, 『택리지』, 을유문화사, 1971.

5) 이중환 지음, 이익성 옮김, 『택리지』, 을유문화사, 1971.

6) 이중환 지음, 이익성 옮김, 『택리지』, 을유문화사, 1971.

7) 김시습, 『매월당집』 2, 세종대왕기념사업회, 1978.

01 "관동팔경을 보지 않으면 천지의 완벽한 공적을 볼 수 없으리"

1) 이중환 지음, 이익성 옮김, 『택리지』, 을유문화사, 1971.

2) 이중환 지음, 이익성 옮김, 『택리지』, 을유문화사, 1971.

3) 김금원, 「호동서락기」, 『금원집』, 1850.; 김소원, 『김금원』, 원주시, 2014.; 의유당 외 지음, 김경미 옮김, 『여성, 오래전 여행을 꿈꾸다』, 나의시간, 2019.

4) 최욱철, 『관동팔경』, 강원미래연구소, 2007.

5) 안축, 「관동별곡」, 『근재집』 (한국고전번역원 한국고전종합DB)

6) 박상, 「관동팔영」, 『눌재선생속집』, 『눌재집』 (한국고전번역원 한국고전종합DB)

7) 이보라, 「조선시대 관동팔경도의 연구」, 홍익대학교 대학원 석사학위논문, 2005.

8) 정철, 「관동별곡」, 『송강집』(한국고전번역원 한국고전종합DB)

9) 이황, 「퇴계선생문집고증」, 『퇴계집』 (한국고전번역원 한국고전종합DB)

10) 민인백, 『태천집』 (한국고전번역원 한국고전종합DB)

11) 이보라, 「조선시대 관동팔경도의 연구」, 홍익대학교 대학원 석사학위논문, 2005.

12) 숙종, 「숙종대왕」 시편, 『열성어제』.

13) 이보라, 「조선시대 관동팔경도의 연구」, 홍익대학교 대학원 석사학위논문, 2005.

14) 이중환 지음, 이익성 옮김, 『택리지』 을유문화사, 1971.

15) 김상성 외, 『관동십경』 효형출판, 1999.

16) 이첨, 「상평보기」, 『신증동국여지승람』 5, 민족문화추진회, 1970.

17) 「풍속」, 『강원도지』, 강원도, 1940.; 『국역 강원도지』 상, 강원도, 2005.

18) 「자세」, 『강원도지』, 강원도, 1940.; 『국역 강원도지』 상, 강원도, 2005.

19) 안축, 「총석정기」, 『신증동국여지승람』 5, 민족문화추진회, 1970.

20) 오도일, 『서파집』 (한국고전번역원 한국고전종합DB)

21) 이중환 지음, 이익성 옮김, 『택리지』 을유문화사, 1971.

22) 김금원, 「호동서락기」, 『금원집』, 1850.; 김소원, 『김금원』, 원주시, 2014.; 의유당 외 지음, 김경미 옮김, 『여성, 오래전 여행을 꿈꾸다』 나의시간, 2019.

23) 김금원, 「호동서락기」, 『금원집』, 1850.; 김소원, 『김금원』, 원주시, 2014.; 의유당 외 지음, 김경미 옮김, 『여성, 오래전 여행을 꿈꾸다』 나의시간, 2019.

24) 이중환 지음, 이익성 옮김, 『택리지』 을유문화사, 1971.

25) 이중환 지음, 이익성 옮김, 『택리지』 을유문화사, 1971.

26) 한장석, 『미산집』 (한국고전번역원 한국고전종합DB)

27) 허균, 『성소부부고』 (한국고전번역원 한국고전종합DB)

28) 이중환 지음, 이익성 옮김, 『택리지』 을유문화사, 1971.

29) 정철, 「관동별곡」, 『송강집』 (한국고전번역원 한국고전종합DB)

30) 허균, 「학산초담」, 『성소부부고』 (한국고전번역원 한국고전종합DB)

31) 허초희, 「채련곡」, 『허난설헌시집』; 허경진 옮김, 『허난설헌 시집』 증보판, 평민사, 1999.

32) 이중환 지음, 이익성 옮김, 『택리지』 을유문화사, 1971.

33) 안축, 「관동별곡」, 『근재집』 (한국고전번역원 한국고전종합DB)

34) 이중환 지음, 이익성 옮김, 『택리지』 을유문화사, 1971.

35) 허목, 「죽서루기」, 『미수기언』 (한국고전번역원 한국고전종합DB)

36) 이중환 지음, 이익성 옮김, 『택리지』 을유문화사, 1971.

37) 숙종, 「망양정」, 『열성어제』.

38) 정철, 「관동 기생에게 주다」, 『송강집』 속집, (한국고전번역원 한국고전종합DB)

39) 정철, 「관동별곡」, 『송강집』 (한국고전번역원 한국고전종합DB)

40) 「평해군읍지」, 『울진문화』 31호, 울진문화원, 2017.

41) 김시습,『매월당집』1, 세종대왕기념사업회, 1977.

02 "이곳도 절경, 저곳도 승경이라"

1) 『한국지명총람』2, 강원편, 한글학회, 1967.

2) 이중환 지음, 이익성 옮김,『택리지』을유문화사, 1971.

3) 김금원,「호동서락기」,『금원집』1850.; 김소원,『김금원』원주시, 2014.; 의유당 외 지음, 김경미 옮김,『여성, 오래전 여행을 꿈꾸다』나의시간, 2019.

4) 「강원도」,『국역 신증동국여지승람』5-6, 민족문화추진회, 1970.

5) 『한국지명총람』2, 강원편, 한글학회, 1967.

6) 김금원,「호동서락기」,『금원집』1850.; 김소원 지음,『김금원』원주시, 2014; 의유당 외 지음, 김경미 옮김,『여성, 오래전 여행을 꿈꾸다』나의시간, 2019.)

7) 김시습,『국역 매월당집』2, 세종대왕기념사업회, 1978.

8) 「강릉도호부」,『신증동국여지승람』5, 민족문화추진회, 1970. (한국고전번역원 한국고전종합DB)

9) 「강릉도호부」,『국역 신증동국여지승람』5, 민족문화추진회, 1970.

10) 박용수,『오대산』대원사, 1996.

11) 이이,「유청학산기」,『율곡전서』민족문화추진회, 1968. (한국고전번역원 한국고전종합DB)

12) 박용수,『오대산』대원사, 1996.

13) 이중환 지음, 이익성 옮김,『택리지』을유문화사, 1971.

14) 박용수,『오대산』대원사, 1996.

15) 박용수,『오대산』대원사, 1996.

16) 신사임당,「유대관령망친정」; 관동대학교 영동문화연구소,『신사임당 가족의 시서화』강릉시, 2006.

17) 김시습,『매월당집』2, 세종대왕기념사업회, 1978.

18) 허초희,『허난설헌 시집』; 허경진 옮김,『허난설헌 시집』증보판, 평민사, 1999.

19) 김시습,『매월당집』2, 세종대왕기념사업회, 1978.

20) 고성군지편찬위원회,『고성군지』상·중·하, 고성군, 2020.

21) 관동대학교 영동문화연구소,『동해시사』동해시, 2000.

22) 『삼척군지』삼척군, 1985.

23) 『울진군지』울진군, 1984.

24) 『평창군지』평창군, 1979.

25) 『영월군지』영월군, 1992.

26) 김시습,『국역 매월당집』2, 세종대왕기념사업회, 1978.

27) 단종,「자규」,『열성어제』『선원보감』1-3, 선원보감편찬위원회, 계명사, 1989.

28) 유준영,「곡운구곡도를 중심으로 본 17세기 실경도 발전의 일례」,『정신문화』8호, 한국정신문화연구원, 1980.

29) 김창협, 「곡운구곡도발」, 『곡운구곡첩』, (한국고전번역원 한국고전종합DB)

30) 김창협, 「곡운구곡도발」, 『곡운구곡첩』, (한국고전번역원 한국고전종합DB)

31) 김수증, 「곡운기」, 『곡운집』, (한국고전번역원 한국고전종합DB)

32) 명세라, 「곡운구곡도첩을 판매한 박준화」, 『곡운구곡』, 국립춘천박물관, 2021.

33) 김수증, 「곡운기」, 『곡운집』, (한국고전번역원 한국고전종합DB)

34) 『한국지명총람』 2, 강원편, 한글학회, 1967.

35) 김수증, 「곡운기」, 『곡운집』, (한국고전번역원 한국고전종합DB)

36) 김수증, 「곡운기」, 『곡운집』, (한국고전번역원 한국고전종합DB)

37) 김수증, 「산중일기」, 『곡운집』, (한국고전번역원 한국고전종합DB)

38) 김수증, 「곡운기」, 『곡운집』, (한국고전번역원 한국고전종합DB)

39) 정약용, 「산행일기」, 『다산시문집』, (한국고전번역원 한국고전종합DB)

40) 윤진영, 「김수증의 은둔과 곡운구곡도」, 『권력과 은둔』, 북코리아, 2010.

41) 김수증, 「곡운기」, 『곡운집』, (한국고전번역원 한국고전종합DB)

42) 김수증, 「농수정 소서」, 『곡운집』, (한국고전번역원 한국고전종합DB)

43) 김수증, 「곡운기」, 『곡운집』, (한국고전번역원 한국고전종합DB)

44) 김수증, 「곡운기」, 『곡운집』, (한국고전번역원 한국고전종합DB)

45) 윤진영, 「김수증의 은둔과 곡운구곡도」, 『권력과 은둔』, 북코리아, 2010.

46) 김수증, 「곡운기」, 『곡운집』, (한국고전번역원 한국고전종합DB)

주요 참고문헌

― 문집

강이천, 『중암고』(重菴稿) (한국고전번역원 한국고전종합DB)

김수증, 『곡운집』(谷雲集) (한국고전번역원 한국고전종합DB)

김시습, 『매월당집』(梅月堂集) (한국고전번역원 한국고전종합DB)

김창협, 『농암집』(農巖集) (한국고전번역원 한국고전종합DB)

남효온, 『추강집』(秋江集) (한국고전번역원 한국고전종합DB)

민인백, 『태천집』(苔泉集) (한국고전번역원 한국고전종합DB)

박상, 『눌재선생속집』(訥齋先生續集), 『눌재집』(訥齋集) (한국고전번역원 한국고전종합DB)

성제원, 『동주선생집』(東洲先生集), 경인문화사, 1997.

안축, 『근재집』(謹齋集) (한국고전번역원 한국고전종합DB)

오도일, 『서파집』(西坡集) (한국고전번역원 한국고전종합DB)

이규경, 『오주연문장전산고』(五洲衍文長箋散稿) (한국고전번역원 한국고전종합DB)

이승휴, 『동안거사집』(動安居士集) (한국고전번역원 한국고전종합DB)

이곡, 『가정집』(稼亭集) (한국고전번역원 한국고전종합DB)

이동항, 『지암선생문집』(遲庵先生文集), 경인문화사.

이만부, 『식산집』(息山集) (한국고전번역원 한국고전종합DB)

이상수, 『어당집』(峿堂集) (한국고전번역원 한국고전종합DB)

이색, 『목은집』(牧隱集) (한국고전번역원 한국고전종합DB)

이유원, 『임하필기』(林下筆記) (한국고전번역원 한국고전종합DB)

이이, 『율곡전서』(栗谷全書) (한국고전번역원 한국고전종합DB)

이정귀, 『월사집』(月沙集) (한국고전번역원 한국고전종합DB)

이하곤, 『두타초』(頭陀草) (한국고전번역원 한국고전종합DB)

이황, 『퇴계집』(退溪集) (한국고전번역원 한국고전종합DB)

정약용, 『다산시문집』(茶山詩文集) (한국고전번역원 한국고전종합DB)

정철, 『송강집』(松江集) (한국고전번역원 한국고전종합DB)

조유수, 『후계집』(后溪集) (한국고전번역원 한국고전종합DB)

한장석, 『미산집』(眉山集) (한국고전번역원한국고전종합DB)

허균, 『성소부부고』(惺所覆瓿藁) (한국고전번역원 한국고전종합DB)

허목, 『미수기언』(眉叟記言) (한국고전번역원 한국고전종합DB)

― 번역서

강세황 지음, 김종진 외 옮김, 『표암유고』, 지식산업사, 2010.

국립수목원 편저, 『국역유산기』 4 강원도, 한국학술정보, 2015.

김금원(의유당) 외 지음, 김경미 옮김, 『여성, 오래전 여행을 꿈꾸다』, 나의시간, 2019.

김동주 편역, 『금강산 유람기』, 전통문화연구회, 1999.

김병연 지음, 허경진 옮김, 『김립시선』, 평민사, 2010.

김부식 지음, 『역주 삼국사기』, 한국정신문화연구원, 1997.

김소원 지음, 『김금원』, 원주시, 2014.

김시습, 『국역 매월당집』 1-5, 세종대왕기념사업회, 1977-1980.

김정희, 『국역 완당전집』 1-4, 민족문화추진회, 1986-1996.

유재건 지음, 실시학사 고전문학연구회 역주, 『이향견문록』, 민음사, 1997.

이중환 지음, 이익성 옮김, 『택리지』, 을유문화사, 1971.

일연 지음, 강인구 옮김, 『역주 삼국유사』 1-5, 이회문화사, 2002-2003.

조희룡·유재건 지음, 남만성 옮김, 『호산외사/이향견문록』, 삼성미술문화재단, 1980.

최병헌 편저, 『인제를 소재로 한 국역 한시집』, 예맥, 2004.

한산거사 지음, 송신용 교주, 『한양가』, 정음사, 1949.

허경진 옮김, 『허난설헌 시집』 증보판, 평민사, 1999.

허균, 『성소부부고』 1-5, 민족문화추진회, 1982-1985.

━ 총류

『강릉시사』, 강릉문화원, 1996.

『강원도사』 전통문화편, 강원도, 1995.

『강원도사』 1 자연인문환경, 강원도, 2010.

『강원도사』 6 조선후기, 강원도, 2012.

『고성군지』 상·중·하, 고성군지편찬위원회, 2020.

『관동지』 1-3, 강원도, 2007.

『국역 신증동국여지승람』 1-7, 민족문화추진회, 1969-1970.

『동해시사』, 동해시, 관동대학교 영동문화연구소, 2000.

『북강원편람』, 강원도, 1999.

『북강원편람』 증보판, 강원도, 2008.

『삼척군지』, 삼척군, 1985.

『속초시사』, 속초문화원, 2006.

『양양군지』, 양양문화원, 2010,

『열성어제』(列聖御製), 『선원보감』 1-3, 선원보감편찬위원회, 계명사, 1989.

『영월군지』, 영월군, 1992.

『울진군지』, 울진군, 1984.

『인제군지』, 인제군, 1980.

『정선군지』, 정선군, 2004.

『춘천군의 역사와 문화유적』, 춘천군, 한림대학교박물관, 1994.

『통천군지』, 통천군지편찬위원회, 통천군민회, 1995.

『평창군지』, 평창군, 1979.

「평해군읍지」, 『울진문화』 31호, 울진문화원, 2017.

『한국의 사찰』 상·하, 대한불교진흥원출판부, 2004.

『한국지명총람』 2 강원편, 한글학회, 1967.

『화천군지』, 화천군, 1988.

『횡성군지』, 횡성군, 2001.

― 사전

권상노, 『한국사찰사전』, 이화문화출판사, 1994.
김영윤, 『한국서화인명사서』, 한양문화사, 1959.
손성우, 『한국지명사전』, 경인문화사, 1986.
오세창, 『근역서화징』, 계명구락부, 1928.
유복열, 『한국회화대관』, 문교원, 1969.
이민우, 『한국지명사전』, 한국교열기자회, 1993.
전용신, 『한국고지명사전』, 고려대학교 민족문화연구소, 1993.
『한국역대서화가사전』, 국립문화재연구소, 2011.
한국민족문화대백과사전 https://encykorea.aks.ac.kr
한국향토문화전자대전 http://www.grandculture.net/korea

― 안내서

『강원도 오대산 일대 문화유적지답사』, 선우건축문화연구회, 1997.
『관광레저 365 강원도』, 한국자료정보사, 1992.
배희선, 『강원도 동해안을 가다』, 산악문화, 2009.
우리사찰답사회, 『설악산 신흥사』, 문예마당, 2001.
우리사찰답사회, 『오대산 월정사 상원사』, 문예마당, 2000.
이규만, 『설악산 봉정암 가는 길』, 참글세상, 2018.
일우자현, 하지권, 『오대산을 가다』, 조계종출판사, 2017.
『전통사찰총서 강원도』 1, 2, 사찰문화연구원, 1992-2008.
정희일, 『설악산』, 김영사, 2004.
조명환, 『설악산 그대로』, 생것미디어, 2015.
최낙민, 『천의 자태, 설악산』, 차림, 1993.
최욱철, 『관동팔경』, 강원미래연구소, 2007.
최화수 지음, 허구 사진, 『설악산』, 국제신문, 1994.
한국문화유산답사회, 『답사여행의 길잡이』 1-5, 돌베개, 1994-2004.
『한국의 발견』 1-5, 뿌리깊은 나무, 1986.
『한국의 여로』 1-13, 한국일보사, 1981~1986.
『한국의 여행』 1-8, 중앙서관, 1983.
『한국의 향토문화자원』 1-6, 전국문화원연합회, 2000.

― 지도

『고지도를 통해 본 강원지명연구』, 국립중앙도서관, 2019.
김정호, 『대동여지도』(경희대 전통문화연구소 편, 『대동여지도 원도』, 백산자료원, 1991.)
＿＿＿, 『청구도』 상·하, 민족문화추진회, 1971.

『대동여지도색인』, 경희대 전통문화연구소, 1976.

『영남대학교박물관 소장 한국의 옛지도』 도판편, 자료편, 영남대학교 박물관, 1998.

『이찬 기증 우리 옛지도』 서울역사박물관, 2006.

이찬, 『한국의 고지도』, 범우사, 1991.

『지도예찬』, 국립중앙박물관, 2018.

문화재청, 『한국의 옛지도』, 예맥, 2008.

『해동지도』 상·하, 해설색인, 서울대학교 규장각, 1995.

— 도록

『간송문화』 1-87, 한국민족미술연구소, 1971-2014.

『겸재 정선』, 국립중앙박물관, 1992.

『겸재정선전』, 대림화랑, 1988.

『겸재 정선』, 국립중앙박물관, 2009.

『겸재 정선』, 겸재정선기념관, 2009.

『경기도박물관 명품선』, 경기도박물관, 2004.

『경포대』, 국립춘천박물관, 2012.

『고려조선도자회화명품전』, 진화랑, 2004.

『9인의 명가비장품전』, 공화랑, 2003.

『국민대학교박물관 소장유물도록』, 국민대학교박물관, 2006.

『규장각 그림을 펼치다』 서울대학교 규장각한국학연구원, 2015.

김상성 외 지음, 김남기 옮김, 『관동십경』 효형출판, 1999.

『단원 김홍도』, 국립중앙박물관, 1992.

『단원 김홍도』, 삼성문화재단, 1995.

『단원 김홍도 논고집』 삼성문화재단, 1995.

『동유첩』, 성균관대학교박물관, 1994.

『동유첩』, 성균관대학교 출판부, 2005.

『동환선생수집문화재』, 국립중앙박물관, 1981.

『동환선생수집문화재 회화』, 국립중앙박물관, 1984.

『명품도록』, 서울대학교 규장각한국학연구원, 2000.

『몽유금강』, 일민미술관, 1999.

『보묵』, 아라재, 2008.

『사진으로 보는 북한회화』, 국립문화재연구소, 2007.

『산수화』, 국립광주박물관, 2004.

『삼척 죽서루』, 국립춘천박물관, 2015.

『서울대학교박물관 소장 한국전통회화』, 서울대학교박물관, 1993.

『서울역사박물관』, 서울역사박물관, 2002.

『선문대학교박물관 명품도록』 2, 선문대학교출판부, 2000.

『소장품 도록』, 관동대학교박물관, 2004.

『소장품 도록』, 부산박물관, 2005.

『신사임당 가족의 시서화』, 강릉시, 관동대학교 영동문화연구소, 2006.

『18세기의 한국미술』, 국립중앙박물관, 1993.

『18세기의 한국미술』, 국립중앙박물관, 1993.

『아름다운 금강산』, 국립중앙박물관, 1999.

안휘준, 『국보 10 회화』, 예경산업사, 1984.

『양양 낙산사』, 국립춘천박물관, 2013.

『우리 강산을 그리다』, 국립중앙박물관, 2019.

『우리 땅, 우리의 진경』, 국립춘천박물관, 2002.

『장서각』 18, 한국학중앙연구원, 2007.

『조선시대 기록화의 세계』, 고려대학교박물관, 2001.

『조선시대 선비의 묵향』, 고려대학교박물관, 1996.

『조선시대회화명품전』, 공창화랑, 진화랑, 1990.

『조선시대회화명품집』, 진화랑, 1995.

『지리산』, 국립진주박물관, 2009.

『진경산수화』, 국립광주박물관, 1991.

최순우 편, 『한국미술전집 12 회화』, 동화출판공사, 1973.

『표암 강세황』, 예술의전당 서예박물관, 2003.

『표암 강세황』, 국립중앙박물관, 2013.

『화원』, 삼성미술관Leeum, 2011.

— 단행본

고연희, 『조선후기 산수기행예술연구』, 일지사, 2001.

권상준, 『금수강산의 근원 8경의 미』 충북편, 마음의숲, 2012.

권혁진, 『강원의 산하 선비와 걷다』, 산책, 2016.

_____, 『관동800리 인문기행』, 산책, 2020.

_____, 『김시습 호탕하게 유람하다』, 산책, 2018.

_____, 『설악인문기행』 1-2, 산책, 2016-2017.

김소원 지음, 『김금원』, 원주시, 2014.

박용수, 『오대산』, 대원사, 1996.

박정혜·이예성·양보경, 『조선왕실의 행사그림과 옛지도』, 민속원, 2005.

박해훈, 『한국의 팔경도』, 소명출판, 2017.

손경석, 『설악산』, 대원사, 1993.

손영우, 『겸재 정선 연구』, 대유학당, 2018.

신정일, 『관동대로』, 휴머니스트, 2008.

안장리, 『우리 경관 우리 문학』, 평민사, 2000.

_____, 『한국의 팔경문학』, 집문당, 2002.

유준영 외, 『권력과 은둔』, 북코리아, 2010.

유홍준·이태호, 『만남과 헤어짐의 미학』, 학고재, 2000.

_____, 『조선후기 그림과 글씨』, 학고재, 1992.

이동주, 『우리 옛그림의 아름다움』, 박영사, 1975.

이석우, 『겸재 정선, 붓으로 조선을 그리다』, 북촌, 2016.

이성현, 『노론의 화가, 겸재 정선』, 들녘, 2020.

이재준, 『한국의 폐사』, 한국문화사, 1995.

이태호, 『옛 화가들은 우리 땅을 어떻게 그렸나』, 생각의 나무, 2010.

이풍익 지음, 이충구·이성민 옮김, 『동유첩』, 성균관대학교 출판부, 2005.

이혜순 외, 『조선 중기의 유산기 문학』, 집문당, 1997.

장정룡, 『허균과 강릉』, 강릉시, 1998.

장진성, 『단원 김홍도』, 사회평론, 2020.

정준, 『송강 정철과 함께 걷는 관동별곡 8백리』, 청동거울, 2013.

진준현, 『우리땅 진경산수』, 보림출판사, 2004.

최병헌 외, 『조선 선비 설악에 들다』, 문자향, 2015.

최완수, 『겸재 정선』, 범우사, 1993.

_____, 『겸재 정선』1-3, 현암사, 2009.

최완수 외, 『진경시대』1-2, 돌베개, 2014.

허영환, 『겸재 정선』, 열화당, 1978.

━ 논문

김현지, 「조선중기 실경산수화 연구」, 홍익대학교 대학원 석사학위논문, 2001.

김현정, 「19세기 조선 기행사경도 연구」, 홍익대학교 대학원 석사학위논문, 2005.

명세라, 「곡운구곡도첩을 판매한 박준화」, 『곡운구곡』, 국립춘천박물관, 2021.

박희연, 「근대 한국의 기행사생화 연구」, 이화여자대학교 대학원 미술사학과 석사학위논문, 2010.

선학균, 「진경산수와 이념산수의 비교연구」, 중앙대학교 대학원 석사학위논문, 1984.

송준화, 「조선후기 문인화가의 실경산수화에 관한 연구」, 홍익대학교 교육대학원 석사학위논문, 1995.

신민, 「영정조시대의 화단」, 성신여자대학교 대학원 석사학위논문, 1988.

유준영, 「실경산수의 연원으로서 구곡도」, 『계간미술』19호, 1981년 가을호.

_____, 「곡운구곡도를 중심으로 본 17세기 실경도 발전의 일례」, 『정신문화연구』8호, 한국정신문화연구원, 1982.

윤진영, 「김수증의 은둔과 곡운구곡도」, 『권력과 은둔』, 북코리아, 2010.

_____, 「조선시대 구곡도 연구」, 한국정신문화연구원 석사학위논문, 1997.

이경순, 「조선후기 사족의 산수유람기에 나타난 승려 동원과 불교전승 비판」, 『한국사상사학』제45집, 2013.

이보라, 「조선시대 관동팔경도의 연구」, 홍익대학교 대학원 석사학위논문, 2005.

이상균, 「조선시대 유람문화 연구」, 강원대학교 사학과 박사학위논문, 2010.

이상아, 「조선시대 팔경도 연구」, 이화여자대학교 대학원 석사학위논문, 2008.

이태호, 「조선후기의 진경산수화 연구-정선 진경산수화풍의 계승과 변모를 중심으로」, 『한국미술사논문집』1, 한국정신문화연구원, 1984.

정치영, 「조선시대 사대부들의 교통수단」, 『문화역사지리』제25권 2호, 문화역사지리학회, 2013.

인명 색인

ㄱ

강세황 24, 26, 27, 31~33, 70, 127, 133, 138, 183, 188, 285
거연당 24, 165
경혜공주 309
고종 103, 306, 322, 327
공양왕 298
궁예 225
권동수 277
권진규 144
김극기 179
김금원 12, 13, 25, 50, 68, 100, 222, 223
김남길 94
김동명 276
김부식 224
김상성 35, 41, 56, 57, 94, 101, 188
김상헌 323
김수증 32, 41, 323, 325~329, 335, 339, 343, 347, 351, 355, 361, 365
김수항 325
김시습 16, 195, 217, 220, 243, 245, 246, 275, 280, 299, 308, 319, 323, 326, 335, 355
김오헌 25, 35, 56, 57, 99, 123, 133, 177, 192, 197, 217
김용집 126
김유신 101
김유성 25, 145
김윤겸 25, 45, 232, 319, 351, 355
김응환 24, 26, 27, 75, 116, 127, 151, 167, 188, 196, 209, 229, 306
김일성 124
김정호 250
김창업 67
김창집 325
김창협 325, 326

김창흡 325
김춘추 140
김하종 26, 47, 87, 116, 151, 160, 225, 228, 235, 238, 245, 248, 270
김형진 277
김홍도 24, 26~30, 40, 45, 67, 75, 79, 109, 116, 117, 127, 133, 138, 142, 145, 151, 167, 172, 177, 183, 188, 196, 197, 209, 229, 232, 234, 235, 238, 254, 255, 260, 261, 265, 275, 280, 284, 285, 290, 294, 298, 302, 306
김효원 290

ㄴ

나옹 260
남몽선 299
남사고 126, 195, 299
남석랑 103, 208, 285

ㄷ

단종 308, 309, 312, 313
담무갈 126, 127
동명왕 21

ㅁ

마고선 238, 239
마의태자 225, 232, 246, 268, 270
명종 209
묘청 145
문무왕 182
문수 249, 250, 252, 260, 261
민인백 55

ㅂ

박기정 316
박사해 27, 79, 145, 165
박상 55
박인환 225

이 책을 둘러싼 날들의 풍경

한 권의 책이 어디에서 비롯되고, 어떻게 만들어지며,
이후 어떻게 독자들과 이야기를 만들어가는가에 대한 편집자의 기록

2002년. 이 책의 저자 미술사학자 최열이 하나은행 사보 『하나은행』에 조선 실경에 관한 연재를 시작하다. 2006년 삼성문화재단에서 펴내는 『문화와 나』에 조선 실경에 관한 연재를 이어가다. 이 연재를 통해 관동팔경, 단양팔경, 서울, 제주를 비롯한 조선 팔도 전역의 승경지를 대상으로 삼은 수많은 실경도를 알리다.

2009년. 『서울아트가이드』에 새로운 연재를 시작했으며 특히 2013년 『FORBES KOREA』에 관동팔경을 연재하다. 이 밖에도 여러 매체와 지면에 관련 주제를 담은 글을 지속적으로 싣다.

2017년. 이제 막 다니던 회사를 그만두고 독립 후 출판사를 시작할 계획을 가지고 있던 편집자는 저자가 지난 수십 년 동안 조선 팔도의 옛 그림에 대해 꾸준히 연구해왔으며, 2002년부터는 그 가운데 일부를 여러 지면을 통해 연재해왔음을 떠올리고, 저자에게 그 글을 묶어 책을 펴낼 것을 제안하다. 다만 우선 서울에 관한 책을 한 권으로 출간한 뒤 시간을 두고 나머지 지역을 모두 묶어 따로 출간하자는 계획을 전하다.

2018년 9월. 편집자는 첫 권으로 '서울'에 관한 책을 먼저 만들되 서울을 그린 옛 그림의 집성본이자 결정판을 만들어 세상에 내보이고 싶다는 뜻을 품다.

2018년 12월. 본격적인 원고의 검토 및 책의 편집에 들어가다. '서울'에 관한 책을 준비하며 출간 후 독자들의 관심이 있어야만 서울을 제외한 나머지 전역의 그림을 묶은 또 한 권의 책의 출간이 가능한 현실의 무거움을 홀로 간직하다.

2020년 4월 5일. 혜화1117의 여덟 번째 책 『옛 그림으로 본 서울-서울을 그린 거의 모든 그림』을 출간하다. 출간 이후 독자들의 뜨거운 관심을 받다. 이 관심으로 인해 후속권을 낼 수 있는 동력이 만들어지다.

2020년 5월. 서울에 이어 후속권의 출간을 확정하다. 임시 제목을 '옛 그림으로 본 조선'으로 정하고 서울을 제외한 나머지 전역의 실경을 한 권에 담기로 하다. 『옛 그림으로 본 서울』의 판형과 디자인 등을 맞춰 일관성을 부여하기로 방향을 정하다.

2020년 9월. 저자로부터 연재 원고를 먼저 받은 뒤 뒤이어 책에 수록할 이미지 파일을 받다. 편집자는 이어지는 추석 연휴 동안 원고와 그림을 통해 조선 팔도를 순례하는 안복을 누리다. 전체 원고와 이미지를 살핀 뒤 편집자는 그 방대한 분량을 책 한 권에 담는 것이 무리라는 것을 깨닫다. 그리하여 우선 '제주'에 관한 그림과 글을 묶은 책을 만든 뒤 이후 나머지를 묶어 출간하는 것으로 계획을 세우다. 국내에서 최초로 출간하는 '제주에 관한 거의 모든 그림을 집대성한 책'으로 만들기 위해 제주를 그린 옛 지도는 물론 제주를 거쳐간 인물들의 관련 도판을 최대한 수록하기로 하다.

2020년 10월. 책의 구성안을 1차 확정한 뒤 그에 맞춰 편집 체계에 맞춰 정리를 시작하다. 『옛 그림으로 본 서울』 출간 후 1년이 되는 시기에 맞춰 2021년 4월 5일 『옛 그림으로 본 제주』를 출간하기로 하다. 이 날은 혜화1117이 출판사를 시작한 지 만 3년이 되는 날이기도 하여 기념의 의미를 담기로 하다. 아울러 2022년 4월 5일 서울과 제주 이외 지역의 그림을 집대성한 『옛 그림으로 본 조선』의 출간을 홀로 기약하다.

2020년 12월. 한 해의 정리를 위해 파일 정리를 하던 중 원고 및 도판 폴더를 전체 삭제하는 실수를 하다. 3개월 동안의 작업이 수포로 돌아가다. 눈앞이 캄캄해졌으나 누구를 탓할 수도 없는 상황이라 마음을 다잡는 것 외에 다른 도리가 없다. 저자에게 상황을 전달하다. 우선 제주에 관한 부분의 원고와 이미지 파일 일체를 다시 받고, 원점에서 작업을 시작하다. 다른 지역의 원고 및 이미지 등은 추후에 받기로 하다.

2021년 4월 26일. 혜화1117의 열세 번째 책 『옛 그림으로 본 제주-제주를 그린 거의 모든 그림』 초판 1쇄본을 출간하다. 4월 5일 출간일을 맞출 수는 없었으나 더 늦어지지 않은 것을 다행으로 여기다. 2020년에 출간한 『옛 그림으로 본 서울』에 이어 많은 독자들로부터 환영을 받다. 특히 제주 지역 동네책방에서 출간 전부터 두 손을 번쩍 들어 이 책을 반겨주다.

2021년. 출간 이후 여러 차례 이루어진 독자와의 만남에서 다른 지역의 실경을 담은 책의 출간 여부를 묻는 질문이 계속 이어지다. 편집자는 전작들의 출간으로 인해 높아진 독자들의 기대치를 충족시켜야 한다는 책임감과 명실상부 조선 실경의 총합을 책에 담아내고 싶다는 욕심을 동시에 품게 되다. 이를 위해서는 그동안 저자가 연재해온 글을 묶어서 내기보다 이를 바탕으로 삼되 완전히 새로운 구성으로 시작해야 할 필요에 직면하다. 이는 곧 그동안 써온 원고에서 출발하는 것이 아닌, 전면적으로 새로운 작업을 전제하는 것으로, 결정하는 순간 감당해야 할 엄청난 작업의 양 앞에 저자의 고민이 길어지다. 고민의 핵심은 체력적으로 과연 감당할 수 있을까, 하는 것으로 이를 짐작한 편집자는 그저 저자의 결심만을 기다리는 상황에 처하다. 새로운 구성이 어렵다면 기존의 원고들을 최대한 묶어서라도 책을 만들고 싶었던 편집자는 2020년 12월 실수로 삭제해버린 나머지 지역의 원고와 이미지 파일을 다시 보게 해달라고 저자에게 요청하다. 그 요청에 저자는 조금 더 생각해보자는 회신을 거듭하다. 편집자는 재촉해서 될 일이 아니라는 것을 깨닫고 저자의 결심이 설 때까지 기다려 보기로 하다. 그러나 이런 마음과 달리 이후로 저자를 만날 때마다 후속권에 대한 압박이 입 밖으로 새어나오다.

이런 편집자에게 저자는 그동안 연구해온 바를 새롭게 정리하는 일도 큰일이겠으나, 서울과 제주를 제외한 나머지 지역을 그린 조선 실경을 묶어 한 권으로 만드는 것이 가능할까 하는 근본적인 어려움을 밝히다. 또한 현실적으로 각 지역을 그린 그림들을 오늘날의 행정 구역과 비교하여 놓고 볼 때 찾을 수 없는 그림들이 많고, 있는 그림들이라 할지라도 서술의 범위를 어디까지 할 것인가에 대한 고민을 전하다. 편집자는 언제나 그렇듯 저자가 이 어려움과 고민에 대한 해결의 방안을 만들어 제안해줄 것으로 믿고 기다리기로 하다. 어느덧 해가 저물고 새해가 밝아오다. 2022년 4월 출간은 기약할 수 없게 되다. 부디 2023년 4월에는 출간할 수 있기를 편집자는 홀로 소망하다.

2022년. 이런 와중에 『옛 그림으로 본 서울』은 독자들의 꾸준한 사랑을 받아 쇄를 거듭하다. 쇄를 거듭할 때마다 뒤늦게 발견한 새로운 그림들에 관한 내용을 추가하고 보완하는 작업을 저자도 편집자도 게을리하지 않다. 후속권을 향한 독자들의 기대도 여전하여, 만날 때마다 다른 이야기를 나누는 사이사이에 저자도 편집자도 후속권에 대한 이야기를 빼놓을 수 없게 되다. 그런 와중에 일본 마이니치신문사 서울 특파원 오누키 도모코 기자가 이중섭 화가와 그의 아내에 관해 쓴 책의 한국어판을 혜화1117에서 출간하기로 하다. 이에 맞춰 저자의 주요 저작 중 하나인 『이중섭 평전』을 만든 편집자는 과거의 인연을 들어 저자에게 화가 이중섭의 편지화에 관한 새 책의 출간을 제안하다. 이에 응한 저자는 이로써 옛 그림 연작에 대한 고민은 당분간 미뤄둔 채 당분간 이중섭 편지화 원고 집필에 매진하기로 하다.

2022년 12월. 저자가 제4회 혜곡 최순우 상을 수상하다. 시상식장에서 『옛 그림으로 본 서울』을 주제로 수상 기념 강연을 하다. 편집자는 시상식에서 저자의 강연을 들으며 『옛 그림으로 본 조선』을 꼭 출간하겠다는 다짐을 거듭하다. 다시 또 해가 저물고 새해가 밝아오다. 2023년 4월 출간은 기약할 수 없게 되다.

2023년 2월 6일. 저자로부터 이중섭 화가의 편지화에 관한 새 책의 원고를 받다. 새 책의 원고를 마무리하면서 저자는 그동안 고민해온 『옛 그림으로 본 조선』 작업에 관하여 이야기를 꺼내다. 저자의 이야기를 들으며 편집자는 저자가 30여 년 동안 모아놓은 조선실경의 그림들과 관련 텍스트들의 분량이 엄청나고, 이를 토대로 집필을 시작한다면 한 권의 분량으로는 감당할 수 없겠다는 생각을 하다. 분량을 줄여 한 권으로 펴낸다면 오히려 출간을 하지 않는 편이 낫겠다고 생각하다. 그럴 바에야 조선실경의 총집성이라는 목표를 설정하여 지역별로 권을 나눠 출간하는 것이 좋겠다고 여기다. 그리하여 금강산을 그린 그림으로 한 권, 강원도를 그린 그림으로 한 권, 한강 이남인 경기도·충청도·전라도·경상도를 묶어 한 권으로 하여 전체 세 권을 동시에 출간하기로 마음을 먹다. 대표이자 편집자이자 영업자이자 관리부 업무까지 혼자 다 하는 1인 출판사에서 과연 감당할 만한 일이겠느냐는 근심 가득한 저자의 눈길을 애써 외면하며, 감당할 수 있다고 큰소리를 치다. 저자는 어디 한 번 해보자고, 드디어 오랜 고민의 마침표를 찍다. '이제 무조건 앞을 향해 간다'고 편집자는 반은 떨리고 반은 설레는 마음으로 출간을 기정 사실화하다. 책의 판형 및 체제는 기본적으로 『옛 그림으로 본 서울』과 『옛 그림으로 본 제주』와 동일하게 하여 '옛 그림으로 본' 연작으로서의 흐름을 이어가기로 하다. 저자는 집필을 시작하기로 하고, 편집자는 당분간 화가 이중섭의 편지화에 관한 책을 잘 만드는 것에 집중하기로 하다.

2023년 8월. 『이중섭, 편지화』를 출간하다. 저자와 혜화1117에서 펴낸 저자의 네 번째 책으로, 출판사를 처음 시작할 때부터 지금까지 이어져온 인연에 새삼스럽게 감사하다. 아울러 저자와 처음 편집자로 만든 책이 이중섭 화가의 평전임을 떠올릴 때 이 책의 출간이 갖는 의미는 더욱 각별해지다. 새 책을 만드는 동안 저자의 원고 집필이 이어지다. 집필을 시작하자 그동안 볼 수 없던 새로운 그림들이 곳곳에서 저자 앞에 등장하다. 분량은 갈수록 늘어나나 새로운 그림이 등장할수록 책의 완성도는 높아지게 마련이니 저자와 편집자가 더불어 즐거워하다. 뒷일은 뒤에 가서 고민하기로 하고, 무조건 원고를 마무리하는 데 전념하기로 하다.

2023년 10월 19일. 『옛 그림으로 본 조선』(전3권)의 출간 계약서를 작성하다. 2024년 4월에는 출간을 하는 것으로 저자와 편집자가 결의하다. 저자는 거의 칩거에 가까운 일상을 유지하며 원고의 집필에 전념하다. 디자이너 김명선에게 이후 작업할 내용에 관해 미리 고지하여 일정에 차질이 생기지 않도록 준비하다.

2023년 12월 12일. 『옛 그림으로 본 조선』의 첫 번째 원고인 금강편의 원고가 당도하다. 편집자는 바로 화면 초교를 시작하다. 수십 년 동안 집필해온 원고의 묶음과는 달리 비교적 짧은 시간에 집중적으로 다시 정리한 원고라는 점, 기존에 출간한 책의 체제에 맞춰 집필되었다는 점으로 인해 비교적 빠른 속도로 교정을 진행하다.

2023년 12월 25일. 『옛 그림으로 본 조선』의 두 번째 원고인 강원편의 원고가 당도하다. 역시 편집자는 바로 화면 초교를 시작하다. 다시 또 해가 저물고 새해가 밝아오다. 2024년 4월 출간은 기약할 수 있게 되다.

2024년 1월 18일. 『옛 그림으로 본 조선』의 세 번째 원고인 경기, 충청, 전라, 경상의 원고가 당도하다. 이로써 세 권의 원고 집필의 마침표를 찍다. 화면 초교를 시작하다.

2024년 1월 29일. 전체 구성 및 체제의 일관성을 확인한 뒤 디자이너 김명선에게 드디어 『옛 그림으로 본 조선』의 첫 번째 원고인 금강편부터 본문의 조판 작업을 의뢰하다.

2024년 2월. 금강편에 이어 강원편, 그리고 경기·충청·전라·경상편의 1차 조판이 순차적으로 완료되고, 본격적인 교정에 착수하다. 편집자와 디자이너의 손을 거친 교정용 파일이 저자에게 순차적으로 전해지고, 동시다발적으로 세 권에 관한 교정 작업이 이루어지다. 교정을 보면서 이전에 미처 생각하지 못했던 여러 요소에 대한 아이디어가 더해지다. 저자는 금강과 강원과 전국 주요 행정 지역을 표시하는 손지도를 그려야 했으며, 설악산과 오대산, 화천의 곡운구곡의 주요 위치를 표시하는 손지도를 더하여 그려야 했으며, 조선시대 여러 지역을 유람한 선비와 화가들을 소개하는 별도의 원고를 추가로 집필해야 하다. 여기에 원고를 쓸 때는 발견할 수 없던 그림들이 여기저기에서 새롭게 등장하여 추가 원고를 거듭 써야 하는 일이 이어지다. 세 권의 표지에 사용할 그림의 후보를 미리 정해두다.

2024년 3월. 겨울이 지나고 바야흐로 봄이 되었으나 책 세 권을 동시에 진행하는 일에 빠져 계절이 바뀌는지, 눈이 오는지, 비가 오는지, 미세먼지가 창궐하는지를 느낄 새도 없이 시간을 보내다. 그러는 동안 점차 원고는 책의 꼴을 갖춰가다. 책의 출간을 앞두고 펀딩 프로젝트를 진행하는 와디즈와 함께 새로운 마케팅 방안을 논의하다. 편집자는 2020년 4월 『옛 그림으로 본 서울』 출간을 앞두고, 1인 출판사를 시작한 뒤 가장 큰 판형과 분량의 책을 펴내는 일에 대한 떨림과 불안으로 잠 못 이루던 그때를 떠올리다. 그때로부터 만 4년이 지난 뒤 어느덧 그때의 책보다 훨씬 더 두꺼운 분량을, 그것도 세 권이나 동시에 펴내게 되었음을 새삼스럽게 직시하다. 출판 산업이 갈수록 어려워지고 있다고 온 세상이 아우성치고 있는 듯하나 그럼에도 불구하고 홀로 지켜온 작은 영토가 조금씩 넓어지고, 조금은 더 단단해진 듯하다는 소회를 품게 되다. 그러나 출간을 앞두고 그때의 불안과는 다른 차원의 불안과 떨림으로부터 여전히 자유롭지 못하다는 것 또한 부인하지 않기로 하다.

2024년 4월. 애초에 4월 출간이면 좋겠으나 국회의원 선거일인 4월 10일 이후 출간하는 것이 좋을 듯하여 모든 작업을 끝낸 뒤 선거가 끝난 뒤 바로 출간을 하기로 계획했으나 어디까지나 계획에 그치다. 예정보다 편집에 시간이 오래 걸려 4월 출간은 5월로 미뤄지다. 표지의 시안을 입수하다. 여러 후보 가운데 비교적 순조롭게 의견의 일치를 보아 큰 방향을 정하다. 그러는 동안 점차 책의 꼴을 더욱 더 갖춰가다. 책의 제목 및 부제 등을 정하다. 라이프디자인 펀딩 플랫폼 와디즈에서 책 출간 이후 와디즈 이용자들을 위한 별도의 이벤트를 제안해오다. 관련하여 출간 전 이벤트 시작을 고려했으나, 우선 출간에 집중하고 이후 새로운 독자층에게 알리는 쪽으로 일정을 정하다. 출간 전후로 이벤트의 형식 및 내용을 의논하고, 이후 상황은 2쇄 이후 기록을 더하기로 하

이 책을 둘러싼 날들의 풍경

다. 와디즈 펀딩 사은품과는 별도로 전체 세 권을 동시 출간하는 것을 기념하여 구매 독자를 위한 별도 사은품을 구상하다. 몇 가지 방안을 두고 고민한 결과 조선 정조 임금께 진상한 단원 김홍도의 《해산도첩》 중 24점을 골라 별도의 화보집을 꾸리기로 하다. 이를 위해 저자가 그림을 고르고 앞뒤의 설명글을 쓰다. 의도한 것은 아니었으나 일정은 예정보다 지체되어 결국 5월 5일을 전후한 연휴 내내 디자이너와 저자와 편집자가 책상 앞에 붙어 일을 하게 되다. 저자와 디자이너가 이미지의 보정 작업을 위해 이틀 꼬박 나란히 앉아 책에 수록한 모든 그림을 점검하고 살피는 과정을 거치다.

2024년 5월 7일. 인쇄 및 제작에 들어가다. 표지 및 본문의 디자인은 김명선이, 제작 관리는 제이오에서(인쇄 : 민언프린텍, 제본 : 책공감, 용지 : 표지-아르떼210그램, 본문-뉴플러스100그램 백색, 백색 모조 80그램, 면지-화인페이퍼 110그램),기획 및 편집은 이현화가 맡다.

2024년 5월 25일. 혜화1117의 스물일곱 번째에서 스물아홉 번째 책 『옛 그림으로 본 조선』(전3권) 초판 1쇄본이 동시에 출간되다. 여기에 더해 별도의 화보집도 함께 출간하다. 이후 기록은 2쇄본 이후 추가하기로 하다.

서울과 제주를 그린 현전하는 거의 모든 그림의 집결集結,

닿을 수 없는 땅, 금강

관동팔경으로부터 설악산과 오대산을 거쳐 영동과 영서의 땅까지

실경의 나라, 실경의 천국 우리 땅의 산과 강과 마을을 그린

조선실경 정수精髓의 총합總合,

미술사학자 최열, 그가 쌓은 안목의 집성集成으로

우리 앞에 조선의 옛 풍경을 펼치다

옛 그림으로 본 서울 - 서울을 그린 거의 모든 그림

최열 지음 · 올컬러 · 436쪽 · 값 37,000원

"모처럼 좋은 책을 한 권 읽었습니다. 평생 한국 미술사에 매달려온 미술사학자 최열 선생의 『옛 그림으로 본 서울』, 125점의 조선시대 그림이 최고의 해설과 함께 수록되어 있으니, 저자로서도 출판사로서도 역작이라고 할 만합니다." _ 문재인, 대한민국 제19대 대통령 SNS에서

옛 그림으로 본 제주 - 제주를 그린 거의 모든 그림

최열 지음 · 올컬러 · 480쪽 · 값 38,500원

제주에 관한 현전하는 거의 모든 그림의 집결, 미술사학자 최열의 안목의 집성! 조선의 변방, 육지와는 다른 풍광과 풍속의 제주, 그곳의 그림을 바탕으로 풀어낸 풍경과 사람과 문자향의 향연. 출간 전 바로 그곳, 제주의 독자들로부터 뜨겁게 환영 받은 책.

옛 그림으로 본 조선 1, 금강 - 천하에 기이한, 나라 안에 제일가는 명산

최열 지음 · 올컬러 ·528쪽 · 값 40,000원

옛 그림으로 본 조선 2, 강원 - 강원이여, 우리 산과 강의 본향이여

최열 지음 · 올컬러 ·400쪽 · 값 35,000원

옛 그림으로 본 조선 3, 경기·충청·전라·경상 -과연 조선은 아름다운 실경의 나라

최열 지음 · 올컬러 ·592쪽 · 값 45,000원

이중섭, 편지화 - 바다 건너 띄운 꿈, 그가 이룩한 또 하나의 예술
최열 지음 · 올컬러 · 양장본 · 320쪽 · 값 24,500원

"생활고를 이기지 못해 아내 야마모토 마사코와 두 아들을 일본으로 떠나보낼 수밖에 없던 이중섭은 가족과 헤어진 뒤 바다 건너 편지를 보내기 시작했다. 그 편지들은 엽서화, 은지화와 더불어 새로이 창설한 또 하나의 장르가 되었다. 이 책을 쓰면서 현전하는 편지화를 모두 일별하고 그 특징을 살폈음은 물론이다. 그러나 가장 중요한 것은 그의 마음과 시선이었다. 이를 파악하기 위해 나 자신을 이중섭 속으로 밀어넣어야 했다. 사랑하지 않으면 보이지 않고 느낄 수 없는 법이다. 나는 그렇게 한 것일까. 모를 일이다. 평가는 오직 독자의 몫이다." _ 최열, '책을 펴내며' 중에서

이중섭, 그 사람 - 그리움 너머 역사가 된 이름
오누키 도모코 지음 · 최재혁 옮김 · 컬러 화보 수록 · 380쪽 · 값 21,000원

"마이니치신문사 특파원으로 서울에서 일하다 이중섭과 야마모토 마사코 부부에 대한 취재를 시작한 지 7년이 지났습니다. 책을 통해 일본의 독자들께 두 사람의 이야기를 건넨 뒤 이제 한국의 독자들을 만나게 되었습니다. 이중섭 화가와 마사코 여사 두 분이 부부로 함께 지낸 시간은 7년 남짓입니다. 남편이 세상을 떠나고 70년 가까이 홀로 살아온 이 여성은 과연 어떤 생애를 보냈을까요? 사람은 젊은 날의 추억만 있으면, 그걸 가슴에 품은 채로 그토록 오랜 세월을 견딜 수 있는 걸까요? 그런 생각을 하면서 읽어주시길 기대합니다."

_ 오누키 도모코, 『이중섭, 그 사람』 '한국의 독자들께' 중에서

조선시대 사가기록화, 옛 그림에 담긴 조선 양반가의 특별한 순간들

박정혜 지음 · 누드사철양장제본 · 올컬러 · 712쪽 · 값 59,000원

한국 미술사 최고 권위자 박정혜 선생의 30여 년 탐구의 집성, 그림으로 기록한 조선 시대 일상 문화, 그 문화를 이끈 문화 지형도! 환갑 잔치, 결혼 60주년 기념 혼례식, 동기동창 모임, 관직의 이력, 가문의 온갖 영광, 조상의 업적, 평생도에 담긴 양반의 일생……조선시대 그림 속에 펼쳐지는 조선 양반가의 생생한 일상 풍경, 그동안 외부에 거의 공개되지 않던 국내외 소장품 대거 수록!

* 2023년 우현학술상 선정

동아시아 미술, 젠더Gender로 읽다 - 한중일 여성을 생각하는 11개의 시선

고연희 엮음 · 유미나, 고연희, 지민경, 유순영, 유재빈, 이정은, 조인수, 서윤정, 김수진, 김소연, 김지혜 지음
올컬러 · 456쪽 · 값 40,000원

젠더Gender 라는 화두를 들고 21세기에서 출발, 예술의 시대와 지역, 매체를 타임슬립! 거침없이 자유롭게 전복적으로! 하나의 시대, 고정된 지역, 일정한 매체의 좁고 깊은 세계를 건너, 광폭의 합종 연횡을 통해 마침내 획득한 예술의 새로운 독법! 한중일 여성을 바라보는 11개의 시선, 대한한국 미술사의 중추, 11명 저자들의 빛나는 연대의 결과, 이들이 따로 또 같이 만들어낸 새로운 성취!

* 2023년 세종도서 교양 부문 선정

미술사 입문자를 위한 대화
- 미술사란 무엇이며, 어떻게 읽고 보아야 하는가에 관한후배의 질문 선배의 생각

최열, 홍지석 지음 · 300쪽 · 값 18,000원

미술사 기본 정보에서부터 우리 미술사의 지난 100년을 주제로 평생 한국미술사에 헌신해온 미술사학자 최열과 소장학자 홍지석이 나눈 미술사에 관한 매우 입체적이고 종합적인 대화.

화가 하인두 - 한국 추상미술의 큰자취

김경연, 신수경 지음 · 올컬러 · 372쪽 · 값 23,000원

전후 한국 화단에 추상미술을 들여놓은, 한국 추상미술의 큰 자취, 화가 하인두 최초의 평전. 약 6년여에 걸쳐 집성한 그의 일대기, 한국 현대미술사의 의미 있는 기록의 탄생.

도시는 왜 역사를 보존하는가
- 정통성 획득부터 시민정신 구현까지, 역사적 경관을 둘러싼 세계 여러 도시의 어제와 오늘

로버트 파우저 지음 · 올컬러 · 336쪽 · 24,000원

역사적 경관 보존을 둘러싼 전 세계 수많은 도시들의 복잡한 맥락과 그 이면을 살펴봄으로써 우리는 왜 역사적 경관을 보존해야 하며, 그것의 가치는 어디에 있는가를 되묻는 로버트 파우저의 남다른 사유!

도시독법 - 각국 도시 생활자의 어린 날의 고향부터 살던 도시 탐구기

로버트 파우저 지음 · 올컬러 · 444쪽 · 26,000원

언어를 도구 삼아, 수많은 도시의 이면을 살피는 로버트 파우저의 도시를 읽는 법. '도시란 무엇인가', '도시는 무엇을 향해 움직이는가'를 되묻게 하는 도시 생활자, 로버트 파우저의 매우 복합적인 시선과 태도! 책을 통해 그가 던지는 도시에 관한 질문은 우리 스스로 '삶의 터전으로서의 도시' 나아가 도시 그 자체에 대해 우리가 가지고 있는 '이미지'를 다시 바라보게 한다.

외국어 전파담 [개정판] - 외국어는 어디에서 어디로, 누구에게 어떻게 전해졌는가

로버트 파우저 지음 · 올컬러 · 392쪽 · 값 23,000원

고대부터 현대에 이르기까지 역사 전반을 무대로 외국어 개념의 등장부터 그 전파 과정, 그 이면의 권력과 시대, 문명의 변화 과정까지 아우른 책. 미국인 로버트 파우저 전 서울대 교수가 처음부터 끝까지 한글로 쓴 이 책은 독특한 주제, 다양한 도판 등으로 독자들의 뜨거운 관심을 받았다. 2018년 출간 후 개정판에 이른 뒤 현재까지 꾸준히 사랑을 받아 스테디셀러로 자리를 확고하게 잡았다.

외국어 학습담 - 외국어 학습에 관한 언어 순례자 로버트 파우저의 경험과 생각

로버트 파우저 지음 · 올컬러 · 336쪽 · 값 18,500원

"영어가 모어인 저자가 다양한 외국어의 세계를 누비며 겪은 바는 물론 언어학자이자 교사로서의 경험을 담은 책. 나이가 많으면 외국어를 배우기 어렵다는 기존 통념을 비틀고, 최상위 포식자로 군림하는 영어 중심 학습 생태계에 따끔한 일침을 놓는다. 나아가 미국에서 태어난 백인 남성이라는 자신의 위치에 대한 비판적인 인식은 특히 눈길을 끈다."
_ 김성우, 응용언어학자, 『단단한 영어 공부』 『유튜브는 책을 집어삼킬 것인가』 저자

* 2021년 교보문고 9월 '이 달의 책' * 2022년 세종도서 교양 부문 선정
* 2023년 일본어판 『僕はなぜ一生外国語を学ぶのか』 출간

4·3, 19470301-19540921 - 기나긴 침묵 밖으로

허호준 지음 · 컬러 화보 수록 · 양장본 · 400쪽 · 값 23,000원

"30년간 4·3을 취재해 온 저자가 기록한 진실. 1947년 3월 1일부터 1954년 9월 21일까지 제주에서 일어난 국가의 시민 학살 전모로부터 시대적 배경과 세계사와 현대 한국사에서의 4·3의 의미까지 총체적인 진실을 드러내는 책.

건조한 문체는 이 비극을 더 날카롭게 진술하고, 핵심을 놓치지 않는 문장들은 독서의 몰입을 도와 어느새 4·3에 대한 통합적인 이해가 자리 잡힌다. 이제 이 빼곡하게 준비된 진실을 각자의 마음에 붙잡는 일만 남았다. 희망 편에 선 이들이 만들 수 있는 가장 큰 힘이다."

_ 알라딘 '편집장의 선택' 중에서

* 2023년 세종도서 교양 부문 선정 * 대만판 번역 출간 예정

호텔에 관한 거의 모든 것 - 보이는 것부터 보이지 않는 곳까지

한이경 지음 · 올컬러 · 348쪽 · 18,500원

미국 미시간대와 하버드대에서 건축을, USC에서 부동산개발을 공부한 뒤 약 20여 년 동안 해외 호텔업계에서 활약한, 현재 메리어트 호텔 한국 총괄PM 한이경이 공개하는 호텔의 A To Z. 호텔 역사부터 미래 기술 현황까지, 복도 카펫부터 화장실 조명까지, 우리가 궁금한 호텔의 모든 것!

웰니스에 관한 거의 모든 것 - 지금 '이곳'이 아닌 나아갈 '그곳'에 관하여

한이경 지음 · 올컬러 · 364쪽 · 값 22,000원

호텔에 관한 완전히 새로운 독법을 제시한 『호텔에 관한 거의 모든 것』의 저자 한이경이 내놓은 호텔의 미래 화두, 웰니스!

웰니스라는 키워드로 상징되는 패러다임의 변화는 호텔이라는 산업군에서도 감지된다. 호텔이 생긴 이래 인류가 변화를 겪을 때마다 엄청난 자본과 최고의 전문가들이 일사불란하게 그 변화를 호텔의 언어로 바꿔왔다. 거대한 패러다임의 변화에 따라 이미 전 세계 호텔 산업은 이에 발맞춰 저만치 앞서 나가고 있다. 이는 달리 말하면 호텔을 관찰하면 세상의 변화를 먼저 읽을 수 있다는 의미이기도 하다. 또 달리 말하면 변화를 따라가지 못하면 도태된다는 뜻이기도 하다."

_ 한이경, 『웰니스에 관한 거의 모든 것』 중에서

동네책방 생존탐구 - 출판평론가 한미화의 동네책방 어제오늘 관찰기+지속가능 염원기
한미화 지음 · 272쪽 · 값 15,000원

"책방을 꿈꾸거나 오래 하고 싶은 이들에게 시의적절한 책! 동네책방을 사랑하는 분들께 20여 년 넘게 책 생태계를 지켜본 저자의 애정과 공력 가득한 이 책의 일독을 권한다."
_ 김기중, 삼일문고 대표

* 한국출판문화산업진흥원 2020년 '10월의 추천도서' * 대한출판문화협회 2020년 '한국도서해외전파사업 기증 도서'
* 2022년 일본어판 『韓国の街の本屋の生存探究』 출간

유럽책방 생존탐구(근간)
개별적 존재로서의 자생과 지속가능의 모색을 넘어 한국의 서점 생태계의 미래를 위한 책방들의 고군분투를 살핀 『동네책방 생존탐구』의 저자이자 꼬박 30년을 대한민국 출판계에 몸 담아온 출판평론가 한미화가 유럽의 전통과 현재를 잇는 책방 탐방을 통해 우리 동네책방의 오늘과 미래를 그려본 유의미한 시도!

경성 백화점 상품 박물지 - 백 년 전 「데파-트」 각 층별 물품 내력과 근대의 풍경
최지혜 지음 · 올컬러 · 656쪽 · 값 35,000원

백 년 전 상업계의 일대 복음, 근대 문명의 최전선, 백화점! 그때 그 시절 경성 백화점 1층부터 5층까지 각 층에서 팔았던 온갖 판매품을 통해 마주하는 그 시대의 풍경!

* 2023년 『한국일보』 올해의 편집 * 2023년 『문화일보』 올해의 책 * 2023년 『조선일보』 올해의 저자

딜쿠샤, 경성 살던 서양인의 옛집 - 근대 주택 실내 재현의 과정과 그 살림살이들의 내력
최지혜 지음 · 올컬러 · 320쪽 · 값 18,000원

백 년 전, 경성 살던 서양인 부부의 붉은 벽돌집, 딜쿠샤! 백 년 후 오늘, 완벽 재현된 살림살이를 통해 들여다보는 그때 그시절 일상생활, 책을 통해 만나는 온갖 살림살이들의 사소하지만 흥미로운 문화 박물지!

백 년 전 영국, 조선을 만나다 - '그들'의 세계에서 찾은 조선의 흔적
홍지혜 지음 · 올컬러 · 348쪽 · 값 22,000원

19세기말, 20세기 초 영국을 비롯한 서양인들은 조선과 조선의 물건들을 어떻게 만나고 어떻게 여겨왔을까. 그들에게 조선의 물건들을 건넨 이들은 누구이며 그들에게 조선은, 조선의 물건들은 어떤 의미였을까. 서양인의 손에 의해 바다를 건넌 달항아리 한 점을 시작으로 그들에게 전해진 우리 문화의 그때 그 모습.

우리가 사랑한 소녀들 - 캔디부터 삐삐까지, 다시 만난 '어린 나'의 그녀들
최현미, 노신회 지음 · 올컬러 · 324쪽 · 값 16,500원

"소녀 시절이 내게도 있었나 싶을 때 어린 시절 동경했던 그녀들을 다시 만나는 기쁨을 누리게
하는 책." _ 한미화, 출판칼럼니스트

"어린 시절 만난 최고의 여성 캐릭터에게 바치는 팬레터! 여성이라는 약속을 따라 우리가 오래
전부터 연대했음을 알게 하는 책" _ 김지은, 아동문학평론가

나의 집이 되어가는 중입니다 - 1936년 지어진, 작은 한옥 수선기
황우섭 사진, 이현화 글 · 올컬러 · 256쪽 · 값 16,000원

"어떤 집을 지을까보다 어떻게 살까를 고민한 흔적의 기록, 재료의 살갗이 살아 숨쉬는 듯한 사
진, 이 시대에 맞는 한옥 한 채의 탄생" _ 김동욱, 경기대 명예교수

"아름다운 한옥 한 채, 기억과 기록으로 집을 삼다 ". 황두진, 건축가

* EBS '건축탐구 집-도시한옥의 진화', '지식채널e - 내가 만든 우주' 방영

내 고양이 박먼지 - 아기 고양이와 함께 자란 어른 사람의 31개월 그림일기
박정은 지음 · 컬러 화보 · 320쪽 · 값 16,500원 · 컬러링 도안

처음 만난 날 밤새 울던 아기 고양이에게 솜털이 먼지 뭉치 같아 '박먼지'라는 이름을 붙여준
뒤로 서로 익숙해지고 존중해가며 서로 성장해 가는, 사랑스럽지만 뭉클한 이야기.

이 망할 놈의 현대미술 - 현대미술에 관한 조영남의 자포자기 100문 100답
조영남 지음 · 280쪽 · 값 15,000원

"미술작품 대작代作 사건으로 꼼짝 못하는 동안 '사람들이 현대미술에 대해 잘못 알고 있다'고
생각했습니다. 그래서 누구나 쉽게 읽을 수 있는 책을 써보자' 마음먹었습니다. 아마도 현대미
술에 관한 제 책의 끝판이 될 것 같습니다. 두루 고맙습니다." _ 조영남, '책을 펴내며' 중에서

보컬그룹 시인 李箱과 5명의 아해들 - 조영남의 시인 이상 띄우기 본격 프로젝트
조영남 지음 · 올컬러 · 312쪽 · 값 20,000원

"이 책은 시인 이상李箱이 피카소, 말러, 니체, 아인슈타인 같은 세계 최고 대가들과 동격이 될
만큼 천재라고 세상에 우기는 것이다. 평생 픽션을 멀리 했는데 픽션을 쓰게 됐다. '이를 어쩌
지?' 싶지만 '뭘 어째? 다시는 책도 못 쓸 텐데.' 그런 맘으로 내놓는다. 조수를 시켜서 쓴 대작代
作이 아니다. 몇 쪽만 보면 알 것이다." _ 조영남, '책을 펴내며' 중에서

옛 그림으로 본 조선 2-강원

2024년 5월 25일 초판 1쇄 발행

지은이 최열
펴낸이 이현화
펴낸곳 혜화1117 **출판등록** 2018년 4월 5일 제2018-000042호
주소 (03068)서울시 종로구 혜화로11가길 17(명륜1가)
전화 02 733 9276 **팩스** 02 6280 9276 **전자우편** ehyehwa1117@gmail.com
블로그 blog.naver.com/hyehwa11-17 **페이스북** /ehyehwa1117
인스타그램 / hyehwa1117

ⓒ 최열

ISBN 979-11-91133-23-3 04910
ISBN 979-11-91133-21-9[세트]